陕西省不同创新创业主体环境评价及优化对策研究

杜跃平　王林雪　段利民　著

西安电子科技大学出版社

内 容 简 介

本书综述和比较分析了国内外关于创业环境研究的相关成果，在此基础上应用经济学、管理学、创新经济学、创新管理学、创业学等相关理论和方法，建立了创业环境评价研究的框架体系，并通过大量调查研究，分析了陕西省不同类型创业者创业环境存在的主要问题及产生的原因，提出了不同类型创业者创业环境优化的对策建议和政策措施。

本书共五章，主要内容包括陕西省创业经营环境满意度评价与对策研究、女性创业环境满意度及关键影响因素研究、众创空间的服务满意度评估与对策研究、理工科专业大学生创业意愿影响因素研究和西安市浐灞生态区创新创业人才政策研究。

本书适合创业者、创业管理研究者和政府、社会各方面关心创业管理问题的人士阅读。

图书在版编目(CIP)数据

陕西省不同创新创业主体环境评价及优化对策研究 / 杜跃平，王林雪，段利民著. —西安：西安电子科技大学出版社，2021.1

ISBN 978-7-5606-5937-4

Ⅰ. ①陕…　Ⅱ. ①杜…　②王…　③段…　Ⅲ. ①创业—研究—陕西
Ⅳ. ①F249.274.1

中国版本图书馆 CIP 数据核字(2020)第 252323 号

策划编辑　戚文艳
责任编辑　杨　璠　戚文艳
出版发行　西安电子科技大学出版社(西安市太白南路 2 号)
电　　话　(029)88242885　88201467　　邮　　编　710071
网　　址　www.xduph.com　　电子邮箱　xdupfxb001@163.com
经　　销　新华书店
印刷单位　陕西天意印务有限责任公司
版　　次　2021 年 1 月第 1 版　　2021 年 1 月第 1 次印刷
开　　本　787 毫米 × 960 毫米　1/16　　印　　张　17.75
字　　数　256 千字
印　　数　1～1000 册
定　　价　53.00 元
ISBN 978-7-5606-5937-4 / F
XDUP　6239001-1
如有印装问题可调换

目　录

第一章　陕西省创业经营环境满意度评价与对策研究

一、引　言

自从我国政府提出大众创业、万众创新(简称“双创”)以来，创新与创业已经成为社会经济中的一股热潮，为我国经济持续快速发展提供了新的动力源泉。除此之外，创业活动还提供了大量就业岗位，提高了居民的收入水平，为和谐社会的建设做出了贡献。在创新创业持续升温的大背景下，与创业活动成功与否息息相关的创业环境及其优化也开始越来越多地受到政府和学术界的关注。良好的创业环境，不仅可以为创业活动的发起奠定基础，也从各个方面影响创业活动的全过程。

在“双创”政策的推动引领下，陕西及其省会西安的创业氛围日渐浓厚，创业环境逐步向好，在打造中国西部“创业之城”的路上疾步迈进。2015 年，在清华大学启迪创新研究院评定的“中国城市创新创业环境排行榜”中西安排名第七位。如今，作为丝绸之路经济带的新起点、西部大开发的桥头堡、关天经济区的核心城市，西安被中央确定为全面创新改革试验区。

鉴于创业环境对创业者和创业企业生存的重要性，以及为进一步提升和优化陕西省创业经营环境，本章主要基于模糊综合评价法对陕西省创业经营环境满意度进行综合评价。本研究将环境分为政策法规环境、金融环境、市场环境、科技环境、教育与人才环境、社会文化环境、基础设施、创业支持与机会、自然环境 9 个一级环境指标进行分析，旨在明确在陕创业者对陕西省创业经营环境的满意度情况，并提出提高和改善陕西省创业经营环境条件的对策建议。本研究对陕西省发展创业型经济具有十分重要的理论意义和实用价值。

二、相关文献综述

(一) 关于创业环境的研究

相对我国而言，国外的创业活动历史较长，因此国外学者开展创业环境的研究也相对较早。国外对创业环境的研究可以上溯到20世纪30年代，其背景是1929年美国经济陷入萧条、濒临崩溃的困境，罗斯福政府为了重振经济，出台了一系列鼓励创业的政策，由此催生了国内一系列的创业行为，由此，学者们对创业环境的研究也开始起步。但随着第二次世界大战的爆发以及战后资本主义与社会主义阵营之间的对峙，创业活动处于低潮，创业环境的研究进度一直较为缓慢。直到20世纪80年代，世界上爆发了以互联网应用为代表的新一轮科技革命，经济全球化渐成趋势，再加上对外开放已经成为各国共识，世界市场上的商业机会无比广阔，创业活动又开始蓬勃兴起。由于创业企业在促进地区经济发展、产业转型升级、解决就业、增加居民收入等方面的作用越来越突出，而良好的创业环境是保证创业活动有序开展的必备条件，因此学术界对创业环境的研究又丰富了起来。目前有关创业环境的研究成果主要体现在以下三个方面。

1. 创业环境的内涵

Child(1972)认为，创业环境是创业者在成立和经营企业过程中自身对政府政策、法律、文化、制度的感知。Aldrich (1979)则认为，创业环境是企业必须适应的一系列外部条件的综合。Desai、Gompers、Lerner (2003)则提出，创业环境实际上就是一种制度环境，包括规制、认知和规范的制度三个方面。对此，国内的学者也有相应的研究，如池仁勇(2002)认为，创业环境是一个非常复杂的社会系统，由政策、技术、经济、文化和制度等多方面组成，是企业创办初期及长期经营运作良好的基础，是创业者能亲身感受到的一种特殊商品。张玉利等(2004)则指出，创业环境是一个多方面要素构成的组合体，对创业活动起着关键作用，能影响创业者获取创业帮助和支持的可能性。

2. 环境因素对创业活动的影响

创业环境因为看不见摸不着，是只能亲身感受的一种特殊虚拟“产品”，概念较为抽象。所以学者们在探究创业环境对创业活动构成的影响时，一般会将环境因素进行分离，单独对其进行研究。例如，Swan 等(1975)在他们的文中写道：民众对创业的看法、态度会影响创业者创办企业的决心，如果民众不认可创业行为，创业者在创办企业时就容易丧失信心，相反，如果民众艳羡企业家并且尊重创业行为，那么创业者就会备受鼓舞；Pennings(1982)指出，创业者创办企业时融资的难易程度，附近交通的便利程度以及是否拥有接受培训的机会对创业都会产生较大的影响；Young 等(1993)认为，过多的政府规章制度、高税收及持续增长的通胀率是新企业创立的关键障碍；Dana(2003)也认为，如果与政府相关的商业部门权力过于集中及对创立企业有过多的程序要求会影响创业者的创业积极性；Kirchoff(1991)指出，经济萧条、物价房价过高以及工作中被提拔的机会缺乏等都会对创业动机的形成产生影响；Gnyawali 等(1994)认为，政府对创业者的政策、个人职业发展空间的大小及企业成立后所面对的竞争压力都是影响创业活动的关键因素；Gohmann(2012)则指出，国家经济自由度越大，市场竞争机制、法制越完善，创业者的创业意愿也越强。还有许多的学者认为，某些国家或地区的文化更容易培养创业行为，所以他们将文化差异看作是影响创业的关键性因素。

改革开放以来，随着我国创业活动的兴起，国内学者们也进行了相应的研究。马建珍(2004)认为，政府对创业活动程序的审批效率对创建新的企业顺利与否至关重要，并提出通过专业化的培训培养政府人员的专业素养来提高政府工作效率从而优化创业环境；赵学清(2004)认为，体制机制的僵化、落后也会对创业活动产生消极影响，因此他提出通过制度革新来改善创业环境；段利民、杜跃平(2012)则发现，对创业活动影响最大的几个因素主要有政府政策、融资支持、市场开放度等，当然国家(地区)文化及社会规范也会对其产生影响，最不显著的因素则为商业环境的好坏和基础设施的可得性。

在针对大学生的创业动机及影响因素的研究中，吴启运等(2008)认为，大学生是否具有创业意向，主要取决于政策的完善程度、家庭的支持力度以及教育环境的状态；高静等(2014)也认为创业者的家庭环境与学校环境明显影响着创业行为的形成，但最重要的因素当归为个人的创业者特质，其中，社会环境因素的影响并不高；周勇等(2014)则通过对长三角区域内20所高校的在校大学生的考察发现，信贷融资支持和政府激励引导对大学生自主创业动机的形成作用最大，而高校创业支持条件对其的影响则最弱；蔡莉等(2013)则从制度、市场和文化三个方面探讨了中国情境下的创业环境。

综上所述，促进和妨碍创业活动的因素有很多，不仅仅只包括政治和经济方面的，也包含社会和文化方面对创业活动的影响。但绝大多数学者都只是从其中的一点或几点来研究，缺乏对创业环境的组成要素进行全面、系统、整体的概括分析。

3. 关于创业环境分析框架的研究

目前学术界关于创业环境的分析框架主要有以下两种：

(1)“GEM创业环境框架模型”，该分析框架的创业环境包含九个方面，分别是金融支持、政府政策、政府项目、教育和培训、研发转移、商业环境和基础设施、国内市场开放程度、实体基础设施的可得性、文化规范(邢蕊等，2015)。

(2)“国家制度框架模型”，该框架的制度环境主要包含三个方面，分别是规制、认知和规范。它们的具体含义分别是：规制维度反映的是国家的法律规章及政府政策；认知维度反映的是创业者自身具备的有关创业的知识、技能和商业机会把握能力；规范维度代表一个国家(地区)的民众对创业、企业家的看法及尊敬程度(王校培，2009)。

目前，我国关于城市(地区)创业环境的研究大多数都是采用GEM分析框架，如对南京市(陈兴琳，1999)、肇庆市(周丽，2006)、长春市(李雪灵等，2010)等的创业环境的研究。然而GEM问卷也有不足，因为通过GEM模型对某个城市(地区)创业环境的分析，最终获得的总体指数是各个方面所涵盖问题的算术平均数。虽然它所包含的每个问题都从多个视角描述该方面的情况，但由于问题过于细致，得分差异可能会很大，因此该方面的内部一致性较弱，在此种情形下，通过算术平均计算得出的综合指标意义就较小，这对于今后分析问题和解决问题，从而提出对策建议的现实帮助就很小。此外，少部分学者根据自己对创业环境的理解，在有关创业环境的文献基础上，结合某个城市(地区)的实际情况设计了相应的评价指标体系。孙琪(2011)基于管理学、创业学的基本理论，按照 GEM 模型，对大连市留学归国人员的创业环境构建了相应的评价指标体系。郭晓丹(2009)在 GEM 模型框架的基础上，对辽宁省创业环境进行了分析与评价。

综上所述，国内学者对创业环境的研究使用分析框架还不多，并且大部分对此的研究还是基于 GEM 的理论框架和问卷。

(二) 关于满意度和创业环境满意度的研究

早在 20 世纪 50 年代，顾客满意的思想就引起了学者们的重视，自 Dardozo(1965)首次引出顾客满意度以来，直到今天，顾客满意度仍是研究的焦点，相关的文献层出不穷。

许多学者认为，顾客满意度是指消费者在购买某种产品或服务时所花费的代价与购买后享受该产品或服务时所获得的满足感是否对等的一种对比结果，顾客满意为消费者在购买期间对产品或服务满足自身需求程度的感受。Belkin 等(1976)则认为顾客满意的程度由消费者期望的产品收获的实现程度决定。

我国学者对满意度的内涵也有相应的研究。白芙蓉等(2002)在《员工满意度及顾客满意度》一文中指出，员工满意度是员工通过比较薪酬、工作环境等方面组合的预期与实际工作后的对比所产生的感受。刘芸(2004)在《如何实现员工满意与绩效的双赢》一文中指出，如果员工可以感觉到工作能够满足自身工作价值观的需要，就会产生一种满足感的程度，此即员工满意度。李成文(2005)则将满意度定义为员工在心理和生理上欲望满足的程度。吉文昌(2015)对教育的满意度的理解是，教育满意度是指民众将其所感知到的教育机会、过程、结果同自己的预期、投入相对比所产生的复杂的主观感受。

从前人对满意度的定义可以发现，虽然学者们对顾客满意度的定义有些许不同，但绝大多数都赞同顾客满意度是消费者购买产品或服务后的一种心理满足程度的反映。基于此，本章中陕西省创业经营环境满意度是指创业者在陕西省创立和运作企业的过程中对陕西省创业环境的现实感受和需求得到满足时所共同产生的结果，若需求都能较好地得到满足，满意度就会较高，相反就会较低。

在创业环境满意度方面，目前我国学者也做了很多相应的研究。

1. 区域创业环境满意度研究

李雪灵等(2010)运用“环境-认知-行为”理论模型对长春市创业制度环境进行评价，得出了创业者对长春创业制度环境满意度一般的结论，并进行了原因分析。

2. 侨资及海外留学归国人员创业环境满意度研究

王校培(2009)根据国家制度模型，运用二级模糊综合评价法对福建省厦门市和福州市创业的制度环境满意度进行评价，得出了留学生对福建各地创业制度环境基本上满意(其中厦门市的满意程度相对较高)的结论。张再生、李萌(2014)认为天津市创业型留学归国人员对工作和生活的满意度不是很高，主要表现在工作环境、生活环境和政策环境方面。张亚芳、杨敏(2015)认为苏南地区有近 60%的海外高层次人才对创业现状存在不满，问题产生于政策落实、平台服务、软环境建设等方面。刘炜(2017)根据三因素国家制度模型，运用模糊综合评价法对海南省侨资企业创业环境进行了评价，认为侨资企业基本满意海南省创业环境但满意度不高。王金丽(2017)将海南省创业环境分为工作和生活两大类，运用模糊综合评价法测评回国留学人员对海南省创业环境的满意度，作者认为海南省回国留学人员对创业环境基本满意且生活方面占较大权重。

3. 农民工创业环境满意度研究

朱红根、陈昭玖、张月水(2011)通过实证分析农民工返乡创业政策满意度的影响因素，发现作为中间变量的创业培训评价、创业园区评价、用地优惠评价、简化工商登记评价、信贷扶持评价、信息咨询评价、税收减免评价直接影响农民工返乡创业政策满意度。张晓芸、朱红根(2014)认为江西省农民对农村创业环境满意度一般。高琴(2014)运用多元回归模型和路径分析法对安徽省六个城市(南部、中部及北部各两个城市，分别是宣城、芜湖、合肥、六安、阜阳、宿州)乡镇中回乡创业的农民工进行分析，认为农民工返乡创业金融支持满意度还比较低。徐晋(2017)基于 GEM 模型对浙江省返乡的农民工创业者进行调查分析，发现农民工创业者对浙江省创业环境基本满意，但个别方面分数较低。

由此可见，由于数据的易获得性，关于创业环境满意度的研究多为某一区域某一类型人员的单一研究，对于总体的研究较少。

三、陕西省创业经营环境评价设计

本节将主要介绍环境满意度的内在含义，构建陕西省创业经营环境满意度评价模型，并在此基础上，科学、合理设计陕西省创业经营环境评价指标体系。接下来介绍测评指标采用什么方式进行量化以及各级指标权重的确定方法。最后介绍为什么采用模糊综合评价法对创业经营环境进行评价以及评价的具体步骤。

(一) 创业经营环境评价理论基础与模型

技术、资金、人才是创业企业必备的三种初始资源，创业企业必然对这三类初始资源有需求。那么我们可以根据创业企业的需求将创业环境细分，结合自然条件(硬环境)和宏观环境(软环境)，形成本章创业环境的具体划分。

政策法规环境是宏观环境，是创业的基础环境。良好的政策法规环境会提供更多的创业机会、减少创业成本并为创业者提供更好的服务，增加创业者的动力和信息。政策法规环境是否对创业企业有足够的正向影响、能否为企业提供清晰明了的创业信息都应是政策法规环境的重要考虑范围。其次，政府的工作效率和企业运用政府创业资源的效率都影响着企业创业需求的满足程度，进而影响企业对环境的满意度。

社会文化环境传递着社会对创业的支持态度、容忍程度及相关的支持，良好的社会环境会营造良好的创业氛围，影响人的观念，减少创业成本。所以在划分这个环境时，我们要先考虑除了政府的政策支持外，创业当地的城市文化是否鼓励创业冒险、创新和创造，是否对当地或者来到此处创业的人有一定的正向影响，因为这会影响企业后续的人才发展和整体发展。如果一个城市的城市文化非常年轻、包容，非常鼓励创业，那么这个城市的人的观念和知识能力可能都会非常时尚，能够走在创业前线。有创业知识、能力甚至是经验的人才，一定会成为创业企业不可或缺的人才保证。所以创业支持与机会也将是分析创业经营环境必不可少的一部分。

资本对创业者而言是其他资源无法取代的，持续的资金投入是创业机会转变成产品或服务的重要保障，因此，良好的金融环境是创业成功和新创企业可持续发展的重要保障。创业企业获取资金的难易程度、获取资金的渠道和金融机构的工作质量和效率都是影响企业资金链的关键，资金链又是企业运营的核心，金融环境将会大大决定企业对创业环境的满意度。

市场环境关系到创意能否成为一个创业机会以及创业机会的优劣。没有顾客需求的创意不能够成为创业机会，同时，供应商、替代品、潜在进入者以及竞争对手都影响到竞争环境和市场竞争的公平性。此外，企业进入市场的成本也直接影响企业是否进入市场的决策。对于创业者而言需要对市场环境进行有效评估，以决定是否建立新企业，将创业机会转化为现实的产品或服务。

良好的科技环境能够为创业者以较低的成本获得创业所需要的技术，有利于科技成果的转化。企业是一个资源的转化体，通过企业系统的转化，将一定的投入转变为产出，以产品或服务的形式存在。然而任何投入都离不开资源，资源的可得性以及持久性决定创业机会是否可以持续地转变为产品或服务。除去资金和人才，这里的资源我们单说技术，公共技术平台的使用方便程度、区域内科研机构能否满足企业发展需求都是科技环境需要考虑的问题。

最后，新创企业还必须体现企业的社会责任，因为任何企业都是社会的一部分，企业的发展必须考虑到生态环境，良好的生态环境也会促进新创企业的可持续发展。自然环境对企业的影响是最基本的影响，因为企业选择创业时自然环境条件是第一个需要满足的条件，对于以自然资源为依赖的商业企业来讲，自然环境更是必不可少的部分。自然环境促进企业发展，企业发展维护建设自然环境，形成双赢局面(见图 1.1)。

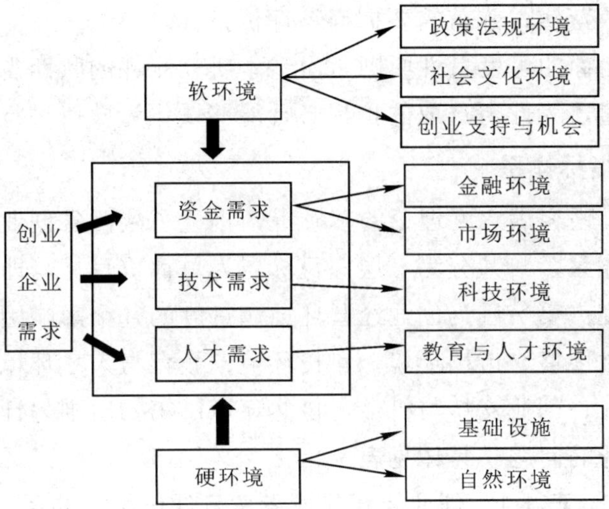

图 1.1　基于创业企业资源需求的环境划分

(二) 创业经营环境满意度评价指标体系设计

本章的研究目的是希望通过构建创业经营环境测评模型计算出陕西省的创业经营环境满意度分值，该目标实现的前提是需要设计一个科学、合理、全面的评价指标体系。

1. 构建测评指标体系的原则

本研究的指标设计与选取将遵循以下三个原则。

第一，指标选取的科学性、系统性原则。指标选取是否科学决定着本研究结论的准确性与实用性。为此，本研究的指标选取应结合创业经营环境的定义、具体包含的内容，以及以满意度的基本内涵为中心并结合陕西省的实际来确定。此外，选定的指标所构成的指标体系应该成为一个有机的组合整体，只有这样，才能较为科学、完整、系统、客观地描述出陕西省创业经营环境满意度的真实情况。

第二，指标选取的可行性原则。由于本研究对陕西省创业经营环境满意度进行评价，目的是了解陕西省创业经营环境的具体情况及存在的问题，并且根据问题提出建议。为此，本研究的指标选取需要具有可操作性，以便政府能采取有效措施改善本省的创业经营环境。如果某些指标暂时尚不能加以改进或落实，那就需要摒弃该评价指标。

第三，指标的可度量性原则。由于本研究测评的陕西省创业经营环境为具体的数值，为此所选取的指标必须能够量化为数值进行统计分析。

2. 评价指标体系

本研究在顾客满意度理论的基础上，构建了陕西省创业经营环境满意度评价指标体系，一共分为三层：目标层为总评价目标，即陕西省创业经营环境满意度；第一层为创业经营环境满意度的几个影响因素，即政策法规环境、金融环境、市场环境、科技环境、教育与人才环境、社会文化环境、基础设施、创业支持与机会、自然环境；第二层则为针对第一层指标在问卷上展开的问题。具体见表 1.1。

表 1.1　创业经营环境满意度评价指标体系

目标层	第一层指标	第二层指标	指标代码
陕西省创业经营环境满意度	E1：政策法规环境	地方政府出台的政策对企业的影响	E1_1
		政府部门给企业提供充分清晰的创业信息	E1_2
		政府部门工作人员的服务质量和工作效率	E1_3
		企业获得和利用政府政策、信息等资源的方便程度	E1_4
		企业从政府支持项目中获得所需要的帮助	E1_5
	E2：金融环境	企业获取创业资金的难易程度	E2_1
		企业获取创业资金的渠道数量	E2_2
		国家金融政策对企业融资的影响程度	E2_3
		信用体系建设对企业融资的影响程度	E2_4
		金融机构工作质量对企业融资的影响程度	E2_5
	E3：市场环境	企业的现有产品市场需求	E3_1
		企业进入市场的成本	E3_2
		企业能否负担起市场进入成本	E3_3
		陕西省市场竞争的公平性	E3_4
		是否容易得到良好的市场服务(比如:会计、法律服务等)	E3_5

续表一

目标层	第一层指标	第二层指标	指标代码
陕西省创业经营环境满意度	E4：科技环境	企业获得科技信息的方便程度	E4_1
		现有大学、科研机构及其分布是否满足贵企业发展的需要	E4_2
		陕西省建设的与企业相关的公共技术平台情况	E4_3
		企业使用公共技术平台的方便程度	E4_4
		是否拥有和大型、成熟公司同样的机会接触新技术、新科学、新成果	E4_5
	E5：教育与人才环境	大学培养的人才规模和机构是否满足企业的创业需要	E5_1
		陕西省劳动力市场的发展状况是否满足企业需要	E5_2
		陕西省教育的水平是否满足企业创业的需要	E5_3
		企业获得所需专业人才的难易程度	E5_4
	E6：社会文化环境	企业所处的城市文化是否鼓励个人通过努力获得成功	E6_1
		企业所处的城市文化鼓励创业冒险、创新和创造	E6_2
		陕西省传统文化对企业创办人及管理层的影响	E6_3
		作为创业企业管理者，在陕西省您是否受到充分尊重	E6_4
		陕西省传统文化是否能促进企业创业的发展	E6_5
	E7：基础设施	基础设施为企业提供的支持	E7_1
		企业的经营发展是否依赖基础设施	E7_2
		企业所处的城市各项收费	E7_3
		企业能否负担起各项基础设施费用	E7_4

续表二

目标层	第一层指标	第二层指标	指标代码
	E8：创业支持、机会、能力和部门协调	政府对企业的创业活动是否重视	E8_1
		陕西省是否具有很多创办新企业的好机会	E8_2
		企业是否具有创办新企业经验的员工	E8_3
		企业员工能否对开发新项目的好机会迅速做出反应	E8_4
		企业创业团队的合作意识和承受风险的能力	E8_5
	E9：自然环境	企业的发展是否依赖自然环境	E9_1
		陕西省的自然环境对企业发展的影响	E9_2
		企业目前所处的自然环境	E9_3
		是否有合适的创业资源(煤矿、农业资源等)	E9_4

(三) 评价指标体系的测度与量化

本研究尝试使用量化手段对陕西省创业经营环境满意度进行评价。为了达到这一目的，我们首先需要对各级评价指标进行量化，即评价体系当中各个指标必须通过具体数值来测量。鉴于直接用询问或观察的方法来了解创业者对创业环境的满意度较为困难，我们只能借助于心理学研究常用的量表测度技术，使那些不易表达和衡量的“态度”客观、方便地表现出来。

本文采用李克特五级量表对创业者在各级指标上的态度进行测量。该量表是间接测量法中普遍运用的一种量表，询问问题一般以编成问卷的形式由受访者回答。此量表较为简单、易懂，是由许多关于客体的陈述构成，每一个陈述上均有不同的等级程度，需要被调查者根据自身判断做出选择，以表明其同意的等级水平。具体设计中，我们将测量创业者的满意度水平分为非常满意、满意、一般、不满意和非常不满意五个等级，相应的赋值为 5、4、3、2 和 1。

(四) 各级评价指标权重设计

由于每个指标在测评体系中的重要程度不同，所以不同的指标对陕西省的创业经营环境满意度得分变化的影响程度也各不相同，反映其影响程度的大小即为权重。所以，为了尽可能准确地测量陕西省创业经营环境满意度，必须选取最为合适的方法确定各级指标的权重。为此，如何在评价指标体系中对各项指标分配权重至关重要，权重分配的科学、合理将对如实、客观地计算出满意度发挥着不可替代的作用。

我们整体采用顾客赋权法确定各指标的权重。该方法属于主观确定权重方法的一种，由被调查的顾客对被调查的问题进行赋权。

以本研究的第一层指标为例，第一层指标是陕西省创业经营环境满意度的主要影响因素，一共由 9 个指标构成，由于指标个数不多，实际操作中，我们要求被调查者按照自己的理解和实际感受将第一层次当中的 9 个指标的重要性进行排序，并给出 1～5 的分值，其中 1 代表最不重要，5 代表最为重要。最后对所有被调查的创业者的赋权进行统计分析，并分别计算出这 9 个一级指标的权重。9 个一级指标的权重的计算公式如下：

首先计算各个一级评价指标的相对重要性得分 ω_i：

$$\omega_i = \frac{a_1 \times 1 + a_2 \times 2 + a_3 \times 3 + a_4 \times 4 + a_5 \times 5}{A \times (1+2+3+4+5)} \quad (i = 1，2，3，\cdots，9)$$

其中：a_1 为第 i 个因素重要性评价中，选择对其赋值为 1 的人数，a_2 至 a_5 的含义以此类推；A 为被调查的人员总数，即 $A = a_1 + a_2 + a_3 + a_4 + a_5$。

然后，对相对重要性得分 ω_i 进行归一化处理，即可得到各指标的权重 A_i，即

$$A_i = \frac{\omega_i}{\sum_{i=1}^{9} \omega_i} \quad (i = 1, 2, 3, \cdots, 9)$$

(五) 创业经营环境满意度评价方法设计

本研究采用模糊综合评价法对陕西省创业经营环境满意度进行评价。

模糊综合评价法建立在模糊数学理论之上，是一种致力于对某种受到众多因素影响的事物或对象做出综合评判的一种数学方法，专门针对那种模糊、主观性较强的问题。

由于我们最终的目的是获得在陕创业者对陕西省创业经营环境的满意度，然而创业者对环境满意度与顾客对产品或服务的满意度具有一定的相似之处，都是指消费者在购买产品或服务后对其的实际感受与心理预期之间对比后产生的结果，因此环境满意度相当于创业者对环境的一种实际感知，较难直接测量，具有高度的模糊性，而模糊数学领域里的模糊综合评价法的定性与定量分析比较适合描述人对某一“态度”变量的心理感受，能够较好解决这一问题。由于本研究具有两层评价指标，故本研究将采用二级模糊综合评价法来进行陕西省创业经营环境满意度评价。这种评价方法填补了现有评价方法单一化、不够客观的缺陷，能较好地完成定性指标向定量转化的问题。

该方法的具体步骤如下：

1. 确定评价对象和评价因素集

根据前面建立的陕西省创业经营环境评价指标体系，本研究评价的对象 U 为陕西省创业经营环境。其第一层次评价因素集为 $U=\{U_1, U_2, \cdots, U_9\}$，依次代表 9 个一级评价指标：政策法规环境、金融环境、市场环境、科技环境、教育与人才环境、社会文化环境、基础设施、创业支持与机会、自然环境。

由于第一层次评价因素集中的每一个指标都由第二层次的多个指标所反映，因此可以在此基础上继续构建第二层次评价因素集：

$$U_i=\{U_{i1}, U_{i2}, \cdots, U_{in}\}$$

其中：$i=1, 2, \cdots, 9$；n 代表每个一级指标下二级指标的数量。

2. 建立总体评价的权重集

按照上述评价对象集和两层级的评价因素集之后，可建立对应层次的权重集。具体来说，第一层评价因素集 U 所对应的权重集为 $A=\{A_1,$

A_2，…，A_9}，并且$\sum_{i=1}^{9}A_i=1$。按此方法类推，第二层次各因素子集 U_i 的权重集为 A_i = {A_{i1}，A_{i2}，…，A_{in}}，且$\sum_{j=1}^{n}A_{ij}=1$(n 代表每个一级指标下二级指标的数量)。由此，可最终确定总体评价的权重集。

3. 建立评价集 V 和评价等级向量 $\boldsymbol{H}$

评价集又称为评语集，是所有评价结果的集合。根据上述我们设计的五级量表，不难设定评价集 V = {非常不满意，不满意，一般，满意，非常满意}。相应地，评价等级向量 $\boldsymbol{H}$ 代表评价集 V 的具体量化数值，在这里 $\boldsymbol{H}$ = [1，2，3，4，5]。

4. 构建模糊关系矩阵

本研究采用二级模糊综合评价法对指标进行评价。我们需要对每一个 U_i 构建一个模糊关系矩阵 $\boldsymbol{R}_i$，$\boldsymbol{R}_i$ 中的隶属度为 r_{ijk}(i 代表该因子归属第 i 个一级指标，j 代表该因子所属一级指标下第 j 个二级指标，k 代表评语集中第 k 个评语)。具体如下：

$$\boldsymbol{R}_i=\begin{bmatrix} r_{i11} & r_{i12} & \cdots & r_{i1k} \\ r_{i21} & r_{i22} & \cdots & r_{i2k} \\ \vdots & \vdots & & \vdots \\ r_{ij1} & r_{ij2} & \cdots & r_{ijk} \end{bmatrix}$$

其中：i = 1，2，…，9；j = 1，2，…，n(n 为对应一级指标下二级指标的个数)；k = 1，2，…，5。

在实际操作中，r_{ijk} 用每个二级指标满意度评价时第 k 个评语所对应的被调查人数比例来表示。

5. 构建最终模糊综合评价模型

然后，根据评价因素集 U_i 所对应的各个二级指标的权重向量 $\boldsymbol{A}_i$ 及模糊关系矩阵 $\boldsymbol{R}_i$，建立一级模糊综合评价模型：

$$\boldsymbol{B}_i=\boldsymbol{A}_i*\boldsymbol{R}_i=[b_{i1},\ b_{i2},\ \cdots,\ b_{i5}]$$

其中，* 表示模糊合成运算法则。

将全部因素 U_i 变成一个因素，$\boldsymbol{B}_i$ 作为它的单因素评价结果，可得到综合模糊关系矩阵：

$$R=\begin{bmatrix} B_1 \\ B_2 \\ \vdots \\ B_9 \end{bmatrix}$$

根据 U 的权重向量 A 和关系矩阵 R，则最终模糊综合评价模型为

$$B = A * R$$

6. 计算满意度得分

最终根据公式：

$$S = B * H^{\mathrm{T}}$$

计算出陕西省创业经营环境满意度。

四、陕西省创业经营环境满意度评价实施

按照上面所构建的陕西省创业经营环境满意度的测评指标体系，我们设计本研究所需的调查问卷，问卷涉及的主要内容为企业创业者的个人基本信息和在创业期间对陕西省创业环境的实际感知。然后进行了问卷的发放、回收和数据录入，由于本研究的目的是获得陕西省创业经营环境满意度水平，因此问卷主要针对陕西省创业企业发放。

在统计、整理数据的基础上，确定各级指标的权重，再结合使用二级模糊综合评价法，对陕西省创业经营环境做出测评，以获得满意度的具体分数。

(一) 基本数据统计特征分析

1. 创业者基本情况

创业者基本情况见表 1.2。

表 1.2　创业者基本情况

统计内容	类　别	测量代码	样本数量	百分比
性别	男	1	69	67.65%
	女	2	33	32.35%
创业时身份	科技机构人员	1	14	13.73%
	大学生	2	11	10.78%
	留学归国人员	3	5	4.90%
	农民	4	14	13.73%
	下岗职工	5	9	8.82%
	公务员	6	1	0.98%
	教师	7	6	5.88%
	其他	8	42	41.18%
职位	董事长	1	32	31.37%
	总经理	2	26	25.49%
	董事长兼总经理	3	7	6.86%
	高层管理人员	4	19	18.63%
	中层管理人员	5	10	9.80%
	其他	6	8	7.84%
年龄	20～25	1	1	0.98%
	26～30	2	10	9.80%
	31～35	3	13	12.75%
	36～40	4	20	19.61%
	41 以上	5	58	56.86%
是否已婚	已婚	1	85	83.33%
	未婚	2	17	16.67%
最高学历	专科	1	22	21.57%
	本科	2	44	43.14%
	硕士	3	25	24.51%
	博士	4	7	6.86%
	其他	5	4	3.92%

续表

统计内容	类　别	测量代码	样本数量	百分比
最高学历所学专业	自然科学	1	11	10.78%
	社会科学	2	17	16.67%
	人文科学	3	8	7.84%
	工学	4	19	18.63%
	农学	5	2	1.96%
	法学	6	1	0.98%
	商科	7	31	30.39%
	医学	8	2	1.96%
	其他	9	11	10.78%
是否陕西户籍	是	1	82	80.39%
	否	2	20	19.61%
创业动机	实现个人理想和自我价值	1	67	65.69%
	提升自己能力和素质	2	8	7.84%
	高收益	3	3	2.94%
	就业困难	4	6	5.88%
	想当老板	5	1	0.98%
	遇到创业机会	6	8	7.84%
	其他	7	9	8.82%
选择在陕西创业的主要因素	创业政策好	1	26	25.49%
	经济效益好	2	14	13.73%
	交通运输便利	3	10	9.80%
	自然资源丰富	4	19	18.63%
	发展前景好	5	38	37.25%
	当地的社会关系丰富	6	34	33.33%
	居住地	7	37	36.27%
	其他	8	11	10.78%

从表 1.2 的统计结果显示，来陕西省创业的企业创业者 67.65%属于男性，接近于女性创业者的二倍，这点与其他所有类型企业的创业者相类似，相对而言，男性比女性对创业的渴望度更强，承受压力的能力也更大；另外，男性相比女性更具身体及生理上的优势，并且从东西方文化来看，男性一般都是家庭经济收入的主要来源者。从被调查者的年龄区间来看，56.86%的创业者分布在 41 岁以上，结合 83.33%的创业者为已婚人士来看，这体现了来陕创业的创业者可能多为有一定工作经历和人脉、资金资源的社会人员。较少的为大学或硕博士毕业生直接就业，可能从侧面反映来陕创业人员受大学等学校影响较小。

从是否陕西户籍来看，80.39%的创业者为陕西户籍，结合 36.27%的创业者选择在陕创业的主要因素为居住地和 33.33% 的创业者选择当地的社会关系丰富来看，在陕创业的创业者多为陕西户籍或者在陕生活工作一定年限以上的人。来陕创业者创业时最高学历 43.14%为本科，最高学历所学专业最多为 30.39%的商科，其次为工学和社会科学，由此可见，来陕创业者多为学习过经济管理相关基础知识或有一定技术的人。

2. 创业公司基本情况

创业公司基本情况见表 1.3。

表 1.3　创业公司基本情况

统计内容	类　别	测量代码	样本数量	百分比
选择创业的行业	农、林、牧、渔业	1	12	11.76%
	制造业	3	9	8.82%
	国际组织	4	1	0.98%
	房地产业	5	7	6.86%
	电力、热力、燃气及水生产和供应业	6	4	3.92%
	建筑业	7	6	5.88%
	批发和零售业	9	9	8.82%
	住宿和餐饮业	10	2	1.96%
	信息传输、软件和信息技术服务业	11	13	12.75%

续表一

统计内容	类 别	测量代码	样本数量	百分比
	水利、环境和公共设施管理业	12	1	0.98%
	居民服务、修理和其他服务业	13	3	2.94%
	教育	14	7	6.86%
	金融业	15	2	1.96%
	租赁和商务服务业	16	3	2.94%
	科学研究和技术服务业	17	8	7.84%
	卫生和社会工作	18	3	2.94%
	文化、体育和娱乐业	19	5	4.90%
	公共管理、社会保障和社会组织	20	1	0.98%
	其他	21	6	5.88%
公司成立时间	1 年以下	1	4	3.92%
	1～3 年半	2	19	18.63%
	3 年半～5 年	3	15	14.71%
	5～10 年	4	16	15.69%
	10 年以上	5	48	47.06%
公司注册资本(万元)	10 以下	1	3	2.94%
	10～50	2	2	1.96%
	50～100	3	9	8.82%
	100～500	4	25	24.51%
	500 以上	5	63	61.76%
目前员工数	1～10 人	1	21	20.59%
	11～50 人	2	41	40.20%
	51～100 人	3	13	12.75%
	101～500 人	4	13	12.75%
	501 人及以上	5	14	13.73%

续表二

统计内容	类　别	测量代码	样本数量	百分比
年销售额(万元)	500 以上	1	25	24.51%
	1001～5000	2	32	31.37%
	100～1000	3	28	27.45%
	100 以下	4	6	5.88%
	暂无	5	11	10.78%
公司性质	国有企业	1	8	7.84%
	外商投资企业	3	2	1.96%
	股份有限公司	4	17	16.67%
	有限责任公司	5	36	35.29%
	集体企业	6	2	1.96%
	私营企业	7	29	28.43%
	(有限/普通)合伙制企业	8	8	7.84%
公司处于成长周期哪一段	初创期	1	22	21.57%
	成长期	2	49	48.04%
	成熟期	3	26	25.49%
	衰退期	4	5	4.90%
能接受的风险	高风险	1	17	16.67%
	零风险	2	9	8.82%
	低风险	3	76	74.51%

由表 1.3 中信息可知，在陕创业的企业所在行业基本平均分布，且多为创立 10 年以上，注册资金 500 万以上的企业，目前大多处于成长期，并且四分之三企业家能接受的风险程度为低风险。

(二) 问卷信度效度分析

1. 信度分析

为保证问卷的可靠性和稳定性，使问卷内容分析结果更为准确，需要对问卷做信度分析，满意度评价常用的信度检验方法是 L. J. Cronbach 所创的 α 系数。学术界对信度系数的界限值存在不同的看法，但总体来看，0.60～0.65 认为不可信；0.65～0.70 被认为是可接受的临界值；0.70～0.80 认为比较好；0.80～0.90 认为是相当好。本研究量表的信度检验结果如表 1.4 所示。

表 1.4 可靠性统计量检验

	Cronbach's α	项数
总体	0.900	42

从表 1.4 可以发现，问卷的总体 Cronbach's α 系数得分为 0.900，按照划分的标准，处在 0.80～0.90 之间，可认为量表信度相当好。因此，本书认为，用本研究的问卷数据来测评陕西省创业经营环境满意度分值是可信的，依此得出的结论和建议也是可靠的。

2. 效度分析

效度分析结果见表 1.5。

表 1.5 KMO 和巴特利特检验

KMO 取样适切性量数	0.722	
巴特利特球形度检验	近似卡方	2246.559
	自由度	861
	显著性	0.000

由表 1.5 可知，量表的 KMO 值为 0.722，大于 0.7，所以适合做因子分析。

(三) 二级模糊综合评价

1. 确定系统评价指标集

如上面所示，根据陕西省创业经营环境满意度测评指标体系，本研究的评价对象集为 U = 陕西省创业经营环境满意度。第一层次因素集为 $U=\{U_1, U_2, U_3, U_4, U_5, U_6, U_7, U_8, U_9\}$ = {政策法规环境，金融环境，市场环境，科技环境，教育与人才环境，社会文化环境，基础设施，创业支持与机会，自然环境}，第二层次因素集由第一层因素展开所得，如 $U_1=$

$\{U_{11}, U_{12}, U_{13}, U_{14}, U_{15}\}$，其他各因素依此类推。

2. 计算各级指标权重

1) 第一层次指标权重的确定

本研究第一层次指标权重的计算选择顾客赋权法。表 1.6 为陕西省创业者对 9 个一级指标影响满意度评价的重要性排序结果。

表 1.6　一级指标重要程度得分人数统计

	1	2	3	4	5
政策法规环境(U_1)	6	16	51	14	15
金融环境(U_2)	9	13	47	23	10
市场环境(U_3)	6	14	54	21	7
科技环境(U_4)	7	21	46	19	9
教育与人才环境(U_5)	9	23	37	25	8
社会文化环境(U_6)	8	18	42	22	12
基础设施(U_7)	8	14	55	18	7
创业支持与机会(U_8)	8	19	44	22	9
自然环境(U_9)	8	21	47	14	12

按照表 1.6 的统计结果及前面介绍的权重计算方法，9 个一级指标的权重计算结果如下：

$$\omega_1 = \frac{6\times1+16\times2+51\times3+14\times4+15\times5}{102\times(1+2+3+4+5)} = 0.2105$$

$$\omega_2 = \frac{9\times1+13\times2+47\times3+23\times4+10\times5}{102\times(1+2+3+4+5)} = 0.2078$$

$$\omega_3 = \frac{6\times1+14\times2+54\times3+21\times4+7\times5}{102\times(1+2+3+4+5)} = 0.2059$$

$$\omega_4 = \frac{7\times1+21\times2+46\times3+19\times4+9\times5}{102\times(1+2+3+4+5)} = 0.2013$$

$$\omega_5 = \frac{9\times1+23\times2+37\times3+25\times4+8\times5}{102\times(1+2+3+4+5)} = 0.2$$

$$\omega_6 = \frac{8\times1+18\times2+42\times3+22\times4+12\times5}{102\times(1+2+3+4+5)} = 0.2078$$

$$\omega_7=\frac{8\times1+14\times2+55\times3+18\times4+7\times5}{102\times(1+2+3+4+5)}=0.2013$$

$$\omega_8=\frac{8\times1+19\times2+44\times3+22\times4+9\times5}{102\times(1+2+3+4+5)}=0.2033$$

$$\omega_9=\frac{8\times1+21\times2+47\times3+14\times4+12\times5}{102\times(1+2+3+4+5)}=0.2007$$

归一化后，一级指标的权重集为

$$\boldsymbol{A}=[0.1145，0.1130，0.1120，0.1095，0.1088，0.1130，0.1095，0.1106，0.1091]$$

2) 二级指标权重的确定

根据上述顾客赋权法，我们对各二级指标权重进行了计算，其具体计算方法和过程同一级指标类似。在这里，我们仅给出了计算结果如下：

$$\boldsymbol{A}_1=[0.1426，0.3107，0.1094，0.2351，0.2021]$$

$$\boldsymbol{A}_2=[0.2667，0.1256，0.2784，0.1744，0.1551]$$

$$\boldsymbol{A}_3=[0.1590，0.1668，0.3507，0.1180，0.2054]$$

$$\boldsymbol{A}_4=[0.0955，0.1166，0.1216，0.5169，0.1493]$$

$$\boldsymbol{A}_5=[0.3401，0.2695，0.1849，0.2054]$$

$$\boldsymbol{A}_6=[0.2309，0.1759，0.1857，0.2044，0.2031]$$

$$\boldsymbol{A}_7=[0.1196，0.4097，0.2853，0.1854]$$

$$\boldsymbol{A}_8=[0.2532，0.2081，0.2983，0.1330，0.1074]$$

$$\boldsymbol{A}_9=[0.3991，0.2067，0.1986，0.1956]$$

3. 一级模糊综合评价

1) 确定模糊关系矩阵

根据前面节介绍的模糊关系矩阵确定的方法和回收的有效问卷数据，我们为每一个二级评价因素集 U_i 构建了对应的模糊关系矩阵。以 U_1 所对应的 $\boldsymbol{R}_1$ 为例，$\boldsymbol{R}_1$ 的行分别对应一级指标“政策法规环境”下的二级指标 E1_1 至 E1_5，列则对应对各二级指标对评语集 V 的隶属度，具体用评分分别为 1、2、3、4、5 的人数所占总人数的百分比替代。9 个因素的模糊关系矩阵分别如下：

$$R_1 = \begin{bmatrix} 0.2059 & 0.1275 & 0.2157 & 0.3431 & 0.1078 \\ 0.2059 & 0.2745 & 0.2745 & 0.1863 & 0.0588 \\ 0.0980 & 0.0882 & 0.5686 & 0.1569 & 0.0882 \\ 0.1765 & 0.2745 & 0.2549 & 0.2549 & 0.0392 \\ 0.2647 & 0.3922 & 0.0882 & 0.1961 & 0.0588 \end{bmatrix}$$

$$R_2 = \begin{bmatrix} 0.1765 & 0.4706 & 0.1765 & 0.0882 & 0.0882 \\ 0.3333 & 0.3627 & 0.1275 & 0.0980 & 0.0784 \\ 0.1373 & 0.2843 & 0.1373 & 0.3039 & 0.1373 \\ 0.1961 & 0.2353 & 0.1471 & 0.2843 & 0.1373 \\ 0.1373 & 0.2059 & 0.1863 & 0.3137 & 0.1569 \end{bmatrix}$$

$$R_3 = \begin{bmatrix} 0.0098 & 0.0490 & 0.3824 & 0.3137 & 0.2451 \\ 0.1078 & 0.3725 & 0.3824 & 0.0882 & 0.0490 \\ 0.0392 & 0.1373 & 0.1078 & 0.5882 & 0.1275 \\ 0.1471 & 0.2745 & 0.2255 & 0.3039 & 0.0490 \\ 0.0196 & 0.2157 & 0.1863 & 0.4216 & 0.1569 \end{bmatrix}$$

$$R_4 = \begin{bmatrix} 0.1373 & 0.2059 & 0.2059 & 0.3235 & 0.1275 \\ 0.0588 & 0.1569 & 0.1471 & 0.4804 & 0.1569 \\ 0.1667 & 0.2941 & 0.1863 & 0.2745 & 0.0784 \\ 0.1961 & 0.1961 & 0.2255 & 0.3137 & 0.0686 \\ 0.1765 & 0.2549 & 0.1275 & 0.3235 & 0.1176 \end{bmatrix}$$

$$R_5 = \begin{bmatrix} 0.1765 & 0.1373 & 0.1471 & 0.4412 & 0.0980 \\ 0.1373 & 0.1667 & 0.0882 & 0.4314 & 0.1765 \\ 0.0882 & 0.1373 & 0.1667 & 0.4118 & 0.1961 \\ 0.1471 & 0.2843 & 0.1373 & 0.3333 & 0.0980 \end{bmatrix}$$

$$R_6 = \begin{bmatrix} 0.0000 & 0.0588 & 0.2451 & 0.5000 & 0.1961 \\ 0.0000 & 0.0980 & 0.2941 & 0.4804 & 0.1275 \\ 0.0980 & 0.1275 & 0.3235 & 0.3431 & 0.1078 \\ 0.0294 & 0.2451 & 0.2549 & 0.3529 & 0.1176 \\ 0.0392 & 0.1471 & 0.2451 & 0.4412 & 0.1275 \end{bmatrix}$$

$$R_7 = \begin{bmatrix} 0.0686 & 0.1863 & 0.3824 & 0.2843 & 0.0784 \\ 0.1471 & 0.3529 & 0.0784 & 0.3725 & 0.0490 \\ 0.1176 & 0.1667 & 0.2647 & 0.4314 & 0.1961 \\ 0.0490 & 0.1275 & 0.1667 & 0.5392 & 0.1176 \end{bmatrix}$$

$$R_8 = \begin{bmatrix} 0.1569 & 0.1176 & 0.3725 & 0.2549 & 0.0980 \\ 0.2157 & 0.1275 & 0.1961 & 0.3824 & 0.0784 \\ 0.0784 & 0.2059 & 0.4314 & 0.2353 & 0.0490 \\ 0.0490 & 0.1275 & 0.4608 & 0.2941 & 0.0686 \\ 0.0098 & 0.1275 & 0.4118 & 0.3235 & 0.1275 \end{bmatrix}$$

$$R_9 = \begin{bmatrix} 0.2843 & 0.3039 & 0.1667 & 0.1373 & 0.1078 \\ 0.1961 & 0.2843 & 0.2157 & 0.2255 & 0.0784 \\ 0.0588 & 0.2353 & 0.1078 & 0.5196 & 0.0784 \\ 0.0980 & 0.1961 & 0.3627 & 0.2451 & 0.0980 \end{bmatrix}$$

2) 确立一级模糊综合评价向量

一级模糊综合评价向量如下：

$$\begin{aligned} B_1 &= A_1 * R_1 \\ &= [0.1426,0.3107,0.1094,0.2351,0.2021] * \\ &\quad \begin{bmatrix} 0.2059 & 0.1275 & 0.2157 & 0.3431 & 0.1078 \\ 0.2059 & 0.2745 & 0.2745 & 0.1863 & 0.0588 \\ 0.0980 & 0.0882 & 0.5686 & 0.1569 & 0.0882 \\ 0.1765 & 0.2745 & 0.2549 & 0.2549 & 0.0392 \\ 0.2647 & 0.3922 & 0.0882 & 0.1961 & 0.0588 \end{bmatrix} \\ &= \begin{bmatrix} 0.1991 & 0.2569 & 0.2560 & 0.2235 & 0.0644 \end{bmatrix} \end{aligned}$$

同理：

$$B_2 = A_2 * R_2 = [0.1826 \quad 0.3231 \quad 0.1558 \quad 0.2187 \quad 0.1198\ ]$$
$$B_3 = A_3 * R_3 = [0.0547 \quad 0.1948 \quad 0.2273 \quad 0.3934 \quad 0.1299\ ]$$
$$B_4 = A_4 * R_4 = [0.1679 \quad 0.2131 \quad 0.1951 \quad 0.3308 \quad 0.0930\ ]$$
$$B_5 = A_5 * R_5 = [0.1435 \quad 0.1754 \quad 0.1328 \quad 0.4109 \quad 0.1373\ ]$$
$$B_6 = A_6 * R_6 = [0.0322 \quad 0.1345 \quad 0.2703 \quad 0.4254 \quad 0.1376\ ]$$
$$B_7 = A_7 * R_7 = [0.1111 \quad 0.2381 \quad 0.1843 \quad 0.4097 \quad 0.0569\ ]$$
$$B_8 = A_8 * R_8 = [0.1156 \quad 0.1484 \quad 0.3693 \quad 0.2882 \quad 0.0786\ ]$$

$$\boldsymbol{B}_9 = \boldsymbol{A}_9 * \boldsymbol{R}_9 = [0.1849 \quad 0.2651 \quad 0.2035 \quad 0.2525 \quad 0.0940]$$

4. 二级模糊综合评价

1) 构建模糊综合关系矩阵

模糊综合关系矩阵为

$$\boldsymbol{R} = \begin{bmatrix} \boldsymbol{B}_1 \\ \boldsymbol{B}_2 \\ \boldsymbol{B}_3 \\ \boldsymbol{B}_4 \\ \boldsymbol{B}_5 \\ \boldsymbol{B}_6 \\ \boldsymbol{B}_7 \\ \boldsymbol{B}_8 \\ \boldsymbol{B}_9 \end{bmatrix} = \begin{bmatrix} 0.1991 & 0.2569 & 0.2560 & 0.2235 & 0.0644 \\ 0.1826 & 0.3231 & 0.1558 & 0.2187 & 0.1198 \\ 0.0547 & 0.1948 & 0.2273 & 0.3934 & 0.1299 \\ 0.1679 & 0.2131 & 0.1951 & 0.3308 & 0.0930 \\ 0.1435 & 0.1754 & 0.1328 & 0.4109 & 0.1373 \\ 0.0322 & 0.1345 & 0.2703 & 0.4254 & 0.1376 \\ 0.1111 & 0.2381 & 0.1843 & 0.4097 & 0.0569 \\ 0.1156 & 0.1484 & 0.3693 & 0.2882 & 0.0786 \\ 0.1849 & 0.2651 & 0.2035 & 0.2525 & 0.0940 \end{bmatrix}$$

2) 二级模糊综合评价向量

二级模糊综合评价向量为

$$\boldsymbol{B} = \boldsymbol{A} * \boldsymbol{R}$$

$$= [0.1145 \ 0.1130 \ 0.1120 \ 0.1095 \ 0.1088 \ 0.1130 \ 0.1095 \ 0.1106 \ 0.1091] *$$

$$\begin{bmatrix} 0.1991 & 0.2569 & 0.2560 & 0.2235 & 0.0644 \\ 0.1826 & 0.3231 & 0.1558 & 0.2187 & 0.1198 \\ 0.0547 & 0.1948 & 0.2273 & 0.3934 & 0.1299 \\ 0.1679 & 0.2131 & 0.1951 & 0.3308 & 0.0930 \\ 0.1435 & 0.1754 & 0.1328 & 0.4109 & 0.1373 \\ 0.0322 & 0.1345 & 0.2703 & 0.4254 & 0.1376 \\ 0.1111 & 0.2381 & 0.1843 & 0.4097 & 0.0569 \\ 0.1156 & 0.1484 & 0.3693 & 0.2882 & 0.0786 \\ 0.1849 & 0.2651 & 0.2035 & 0.2525 & 0.0940 \end{bmatrix}$$

$$= [0.1323 \quad 0.2168 \quad 0.2219 \quad 0.3276 \quad 0.1013]$$

5. 总体评价结果

陕西省创业经营环境满意度综合评价得分为

$$S = \boldsymbol{B} * \boldsymbol{H}^{\mathrm{T}} = [0.1323 \quad 0.2168 \quad 0.2219 \quad 0.3276 \quad 0.1013] * \begin{bmatrix} 1 \\ 2 \\ 3 \\ 4 \\ 5 \end{bmatrix} = 3.0489$$

从总体评价结果来看，3.0489 分高于 3 分，低于 4 分，处在不高不低，介于一般和满意之间，可认定为基本满意。这表明，陕西省创业者对陕西省创业经营环境持基本满意态度，但该结果同样表明陕西省的创业经营环境仍存在较大的改善空间，下节将就评价结果进行具体分析，找出陕西省创业经营环境所存在的不足之处，并试图提出针对性的建议。

五、结果分析与相关建议

本研究通过使用回收的有效问卷，运用 SPSS 统计软件对数据进行因子分析，确定了每个指标的权重，再通过模糊综合评价法计算出陕西省创业经营环境满意度分值。下面将就上节计算出的评价结果进行深入分析，发现其不足之处并探讨可能存在的原因，最后结合陕西省具体实际，提出有针对性、可操作的建议措施。

(一) 结果分析

1. 总体结果分析

由上一节的评价结果可知，在陕创业者对陕西省创业经营环境总体满意度得分为 3.0489。按照本研究问卷设计的等级标准：非常不满意(1 分)、不满意(2 分)、一般(3 分)、满意(4 分)、非常满意(5 分)来看，创业者对陕西省创业经营环境满意度水平还不高，需要继续努力改善与提高。从统计结果可知，陕西省创业经营环境满意度结果向量为(0.1323，0.2168，0.2219，0.3276，0.1013)，这表明，有 42.89%的创业者对陕西省创业经营环境持满意态度，22.19%的创业者对陕西省创业经营环境持一般态度，34.91%的创业者对陕西省创业经营环境表示不满意。上述结果表明，陕西省创业经营环境满意度提升还存在很大的改进与上升空间，为此对每个指标的评价结果进行具体分析，找出不足之处，并提出针对性意见就具有积极的现实意义。

下面本书将对陕西省创业经营环境满意度得分做深入的分析。表 1.7 为陕西省创业经营环境第一层级指标的满意度得分。

表 1.7　第一层指标满意度得分

	一级指标	得分
E1	政策法规环境	2.6974
E2	金融环境	2.7700
E3	市场环境	3.3489
E4	科技环境	2.9679
E5	教育与人才环境	3.2231
E6	社会文化环境	3.5019
E7	基础设施	3.0631
E8	创业支持与机会	3.0658
E9	自然环境	2.8057

由表 1.7 可知，社会文化环境指标得分最高，其次是市场环境和教育人才环境；基础设施和创业支持与机会得分接近，均在一般水平之上；政策法规环境、金融环境、科技环境和自然环境满意度得分均在 2.7～3.0 分之间，处于一般偏不太满意水平。这说明要改善与提高陕西省创业经营环境的满意度首先要从这四个指标入手进行改进。

2. 分指标结果分析

以下将分别对二级指标的满意度分值进行分析，找出得分低的题项，为以后有针对性的改进做好准备。由于每一项指标对企业创业者的重要程度都不一样，为此本研究将采用相对满意度对二级指标进行分析，其公式如下：

$$\text{相对满意度}=\frac{\text{各指标的满意度分值}}{\text{各指标权重}}$$

通过这一公式，各指标相对满意度结果如下。

1) 政策法规环境

表 1.8 为政策法规环境二级指标相对满意度。

表 1.8　政策法规环境二级指标相对满意度

指标	E1_1	E1_2	E1_3	E1_4	E1_5
相对满意度	21.17	8.42	27.87	11.51	11.84

从表 1.8 可知，E1_2 得分最低，其次是 E1_4 和 E1_5。E1_2 是政府部门给企业提供充分清晰的创业信息，E1_4 是企业获得和利用政府政策、信息等资源的方便程度，E1_5 是企业从政府支持项目中获得所需要的帮助。这三个二级指标得分低，表明我省在这几方面还有待加强，需要精准发力，重点解决好这三方面的不足以大幅提高创业者对创业经营的政策法规环境的满意度。

E1_3 和 E1_1 得分相对较高，说明我省创业者较为满意政府部门工作人员的服务质量和工作效率，政府出台的政策对企业的影响也较好。但需要指出的是，政策法规环境的满意度总体得分偏低，我省必须着力改善与提高该维度的种种不足之处。

2) 金融环境

表 1.9 为金融环境二级指标相对满意度。

表 1.9　金融环境二级指标相对满意度

指标	E2_1	E2_2	E2_3	E2_4	E2_5
相对满意度	9.15	17.72	10.85	16.81	20.29

从表 1.9 可知，E2_1 得分最低，E2_3 稍高，E2_2、E2_4、E2_5 得分较好但总体得分仍偏低。E2_1 是企业获取创业资金的难易程度，E2_3 是国家金融政策对企业融资的影响程度。说明在陕创业的企业获取创业资金困难，国家金融政策对企业融资正向影响小。E2_2、E2_4 和 E2_5 分别说明企业获取创业资金的渠道数量较多，信用体系建设对贵企业融资的影响程度较高，金融机构工作质量对企业融资的正向影响较大。

3) 市场环境

表 1.10 为市场环境二级指标相对满意度。

表 1.10　市场环境二级指标相对满意度

指标	E3_1	E3_2	E3_3	E3_4	E3_5
相对满意度	23.49	15.57	10.34	24.01	16.94

从表 1.10 可知，E3_1 和 E3_4 得分较高，E3_2 和 E3_5 得分一般，E3_3 得分最低。E3_1 是现有产品市场需求，E3_4 是陕西省市场竞争的公平性，这两项得分较高说明陕西省目前经济环境较好、市场竞争公平，能比较好地满足创业企业的经营，有助于企业资金的回收，保证企业正常运营。E3_2 是企业进入市场的成本，E3_5 是企业是否容易得到良好的市场服务(比如会计、法律服务等)。这两项得分中等，结合前述创业企业基本概况，在陕创业企业 61%以上注册资本大于 500 万，说明企业创业可能多需要大规模启动资金，且市场部能为企业提供良好的会计、法律等专业服务。E3_3 是企业能否负担起市场进入成本，则进一步说明，创业企业进入成本过高。

4) 科技环境

表 1.11 为科技环境二级指标相对满意度。

表 1.11　科技环境二级指标相对满意度

指标	E4_1	E4_2	E4_3	E4_4	E4_5
相对满意度	32.43	30.18	23.05	5.54	19.77

由表 1.11 可知，E4_4 得分明显低于其他，E4_5 和 E4_3 处于中等水平。E4_4 是企业使用公共技术平台的方便程度，说明我省在此方面还需加强。

5) 教育与人才环境

表 1.12 为教育人才环境二级指标相对满意度。

表 1.12　教育人才环境二级指标相对满意度

指标	E5_1	E5_2	E5_3	E5_4
相对满意度	9.25	12.40	18.88	14.36

由表 1.12 可知，E5_1 大学培养的人才规模和机构是否满足企业的创业需要这项指标得分最低，说明陕西省虽然高校数量较多，但是却不能很好地为创业企业提供专业人才，有可能是大学教育多为基础教育，与公司要求的专业技能仍有一定差距。

6) 社会文化环境

表 1.13 为社会文化环境二级指标相对满意度。

表 1.13　社会文化环境二级指标相对满意度

指标	E6_1	E6_2	E6_3	E6_4	E6_5
相对满意度	16.60	20.67	17.42	16.07	17.09

由表 1.13 可知，E6_2 企业所处的城市文化鼓励创业冒险、创新和创造得分最高，说明陕西省整体创业大环境较好，城市文化鼓励大家创业创新。E6_1、E6_3、E6_4 和 E6_5 分别代表城市文化是否鼓励个人通过努力获得成功、陕西省传统文化对企业创办人及管理层的影响、创业企业管理者在陕西省是否受到充分尊重和陕西省传统文化是否能促进企业创业的发展，得分都比较一致地处于中等水平，说明在鼓励创新创业的大环境下，陕西省对创业企业创立者和管理者的影响都在慢慢渗透，创业企业也能受到较好的尊重，整体社会文化环境较好。

7) 基础设施

表 1.14 为基础设施二级指标相对满意度。

表 1.14　基础设施二级指标相对满意度

指标	E7_1	E7_2	E7_3	E7_4
相对满意度	26.07	6.89	10.76	19.14

区域内的基础设施是一个企业选择是否在此创业的重要条件。由表 1.14 知，E7_1 和 E7_4 代表的城市基础设施为企业提供的支持和企业能否负担起各项基础设施费用这两项指标得分较高，E7_2 和 E7_3 代表的企业的经营发展是否依赖基础设施和企业所处的城市各项收费这两项指标得分较低。说明陕西省对于创业企业的基础设施环境建设较好，且创业企业能

较好负担该部分费用，但仍有冗杂收费等需要改善。

8) 创业支持与机会

表 1.15 为创业支持与机会二级指标相对满意度。

表 1.15 创业支持与机会二级指标相对满意度

指标	E8_1	E8_2	E8_3	E8_4	E8_5
相对满意度	11.93	14.32	9.96	24.11	31.95

由表 1.15 可知，E8_4 和 E8_5 代表的企业员工能否对开发新项目的好机会迅速做出反应和企业创业团队的合作意识和承受风险的能力得分较高，说明创业企业内部环境较好，人员素质较高，合作意识和对机会的把握能力较强。E8_1 政府对企业的创业活动是否重视、E8_2 陕西省是否具有很多创办新企业的好机会、E8_3 企业是否具有创办新企业经验的员工这三项得分都偏低，说明陕西省对中小创业企业的支持可能还有一定的缺乏，在陕创业者多为自己摸索，多数是首次创业的无经验人士，说明政府需在机会支持、人才支持方面加强。

9) 自然环境

表 1.16 为自然环境二级指标相对满意度。

表 1.16 自然环境二级指标相对满意度

指标	E9_1	E9_2	E9_3	E9_4
相对满意度	6.22	13.09	16.73	15.59

由表 1.16 可知，E9_1 得分明显低于其他，说明在陕创业的企业多不依赖于自然环境。E9_2 陕西省的自然环境对企业发展的影响、E9_3 企业目前所处的自然环境、E9_4 当地是否有合适的创业资源(煤矿、农业资源等)这三项得分较好。为此，问卷特别增加一个问题为对企业发展影响最大的自然环境，问卷回收结果如表 1.17 所示。

表 1.17 对企业发展影响最大的自然环境因素

气候	自然灾害	废弃物	空气质量	水质	食品质量	其他
17.65%	7.84%	12.75%	31.37%	8.82%	8.82%	10.78%

说明陕西省创业企业考虑最多的是空气质量和气候问题，陕西省在生

态保护和大企业的社会责任教育等方面还需加强。

（二）提高创业经营环境满意度的相关建议

从上一节的满意度测评结果及对各指标满意度分值的具体分析可知，陕西省的创业经营环境满意度分值处在不高不低的一种状态，可认定为基本满意，但满意的分值较低。且政策法规环境、金融环境、科技环境和自然环境皆未达到一般标准，为此，本节将从9个一级指标着手，主要针对这4个一级环境指标，有针对性地提出建议，以期完善陕西省创业经营环境。

1. 政策法规环境建议

根据研究结果发现，我省企业创业者对政策法规环境的满意度得分很低，在9个指标中排名倒数第一，所以当务之急是提高创业者对该环境的满意度水平，为此本书建议如下：

1）扩大创业政策宣传

扩大创业相关政策的宣传，在不同层面、不同领域，利用广播、电视、报刊及网络等新媒体进行宣传，扩大影响面；组织职能部门负责人、理论工作者、创业企业家等，通过政策宣讲、政策咨询会等方式，帮助更多的创业者，降低其创业过程中的交易成本。

2）强化企业政策辅导与支持

由调研结果可知，目前在陕创业的企业多为中小规模的成长期私人企业、有限责任公司，然而中小企业在信息获取方面不够灵通，为此我省各级政府应及时将国家创业企业的相关政策和扶持项目信息及时传递给企业创业者，并定期组织向创业者讲解如何才能获得国家产业基金和项目扶持的资助。此外，我省各级政府应在政府采购方面加大对创业企业支持的力度。

3）规范政府服务，保障企业合法权益

由前面知，政府出台的政策对企业的影响较大，因此我省各级政府应保持政策的持续性，凡是已经出台的优惠政策和奖励办法，地方政府要将文件落到实处，符合政策条件的要不折不扣地予以兑现，继续改善服务创业企业的软环境。

4) 增强服务意识、服务能力与效率

我省不能只注重创业企业引进来，却忽视了企业成立后的后续服务工作。为此，建议地方政府更要重视后期服务，企业一旦成立，相关的配套服务要迅速跟上，确保企业能按计划准时开工经营。此外，要积极加强相关公务人员的工作能力，建议对相关公务人员先培训后上岗，务必让其熟悉并掌握相关的法律法规知识和一系列配套政策制度，并积极通过自身优势帮助创业者抓住市场机会。

以陕西当前创业服务中介组织建设和规范为突破口，以简化和便捷为目标，设立好规则，推动中介组织能更好地为创业者、创业企业做好一条龙服务。

2. 金融环境建议

创新创业初期需要大量的资金支持，完善投融资体系是政府的首要职责。风险投资资本是创新创业重要的资金来源，无论是阿里巴巴、腾讯还是百度，初期都离不开风险投资的大力投入。为鼓励小微创业者，初期还是以政府投资为主，政府通过构建适合投资的环境，完善相关法律制度，鼓励民间风险资本的进入，必要时候可通过政府贷款担保措施，增加对风险资本的吸引力，慢慢过渡到创新创业资金以民间风险资本为主的格局。

一是建立起多层次、开放型的融资渠道，充分发挥陕西政府引导和整合资源的作用。通过政府相关部门与金融机构良性联动，稳定增加创业资金的规模水平和可得性。金融机构不断推进创业项目的金融产品创新，强化对小微企业、科技型企业的支持力度。二是加强对创业项目的金融支持。以西安示范孵化器为抓手和突破口，大胆尝试、不断创新金融支持，特别是对于具备自主产权和高成长性的企业，给予各类基金、专项资金和产学研资金支持，同时，积极尝试类似民间投资、天使投资等风险投资支持。三是发挥政府引导作用，金融机构加强支持，支持各类小微企业的创立和发展，通过构建和完善当前贷款担保制度，改变小微企业融资难的困局，改善其融资和发展环境，引导青年大胆创业，推动陕西就业型创业的大力发展。

3. 科技环境建议

科技创新创业平台的主要功能有技术研发功能、技术转移功能、资源共享功能和孵化企业功能，它是培育科技企业的摇篮，是区域科技创新创业体系的组成部分。区域可以通过整合内外科技资源，建设一批起点高、功能全、规模大的创新创业平台，对进一步提高区域科技创新能力，提升产业核心竞争力，加快创新型城市建设，促进科技、经济和社会的持续快速发展，具有十分重要的战略意义和现实意义。陕西省创新创业平台建设应围绕产业科技创新创业的迫切需求，整合科技资源、强化公共服务，完善以企业为主体、政府为主导、产学研相结合的体制机制，在充分发挥服务、研发、转化和产业化四大功能上突出重点、彰显特色。

1) 建设共性技术平台

针对企业技术创新需求，重点围绕区域产业结构升级和区域发展战略，以高新技术产业、特色产业园区(基地)和产业集群为重点，建设共性技术平台，为区域高新技术产业发展和技术创新提供有力的支撑。

2) 建设创业孵化平台

针对区域创新创业的现实需求，制定科技创业平台建设规划，以专业性科技创业平台为规划和建设的重点，兼顾综合性平台和区域性创业平台建设，统筹规划，科学布局，建设区域性科技创业平台服务体系。专业性创业孵化平台以培育重点产业和新兴产业领域的技术成果和创业企业为目标，为它们提供专业化的技术服务和创业服务；综合性创业服务平台以提供投融资服务、创业辅导服务、培训服务和技术产权交易服务为主；区域性创业服务平台向科技企业孵化器发展相对较弱的地区倾斜，通过加大政府财政投入力度，支持现有创业中心扩大孵化规模和提升孵化服务能力，加快培育具有区域特色的科技企业集群。

4. 自然环境建议

陕西省作为农业大省，根据前面的结果可知，仅 13.7%的创业者为农民创业者，所创立的企业仅 11.7%为农林牧渔行业，说明我省在鼓励农民创业方面还有待改善。对此，陕西省应在以上几种建议的基础上，加大对农民的政策偏向，将陕西省的农业资源转换为创业资源。

另外，极少创业者因为自然环境的优势选择在陕西省创业，说明陕西省在环境生态方面做得不够，不够吸引人才和企业，为此，提出以下建议：

1) 树立科学的生态环境保护与绿色发展理念

树立科学的生态理念是提升自然环境创业满意度的先导。为此，首先要求各级领导和有关部门提高对生态环境保护与发展的重要性的认识，建立科学的生态环境发展理念。要从战略的高度，把保护和发展生态环境作为自然环境建设工作的重中之重，切实加强领导与协作，力争把生态环境的保护和发展当地经济，增加创业企业收入结合起来。政府不仅要对生态保护和发展做出科学、全面、统一、协调的规划，而且还要充分利用电视、广播、地方报纸等各种宣传阵地和工具积极宣传，从而营造一个全社会共同保护和发展生态环境的良好导向。同时，还要不断强化广大干部群众的生态意识和环保意识，全方位普及和推广生态环境较好的城市生态环境发展的先进典型和成功经验，使创业企业从具体的事例中看到发展生态环境的好处，提高自觉维护生态环境的积极性，提高群众自觉参与意识。

2) 生态建设必须与富民增收相结合

搞生态建设必须考虑能够改善创业企业的基本生存条件，必须保障企业的经济利益有所增加。若生态建设没有生态效益，企业的发展就失去基础，所得的经济效益也不能长久。反过来若生态建设中没有经济效益，生态效益也难以持续，恢复的植被很容易遭到再次破坏。此外，要兼顾到长期效益项目和短期效益项目的结合，做到以短养长，长短结合。为解决企业创业经营问题当然要优先考虑发展一些有即时效果的项目，但在实施这些项目的同时，应以不损害现有环境为基本原则，并积极安排具有中、长期效益的项目。

3) 政府应设立有效的企业生态保护监督机制

在企业成立之初，就设定具体的企业需达到的生态安全标准，以防企业成长后由于规模太大而难以更改模式以致要花费更大的代价。并且政府应给达到生态保护标准的创业企业别的方面的优惠政策和技术支持，不应在生态保护方面加重企业的成本负担。后续对于企业的生态保护更应及时跟进，且技术更新方面也要同步跟进。

第二章　女性创业环境满意度及关键影响因素研究

一、引　言

随着我国经济的持续快速发展、创业环境的改善以及政府高度重视女性在经济建设和社会发展中的重要作用，越来越多的女性在经济领域大展身手，使得我国成为女性创业最活跃的国家之一。女性创业被认为是摆脱妇女贫困、提高妇女地位、缓解就业压力、取得经济发展与社会进步的重要途径。近年来，在大众创业、万众创新的背景下，西安市女性创业者数量不断增加，成为众多创业者中一抹特殊的颜色。女性创业者们的创业范围和创立的企业规模越来越大，促进女性创业进程加快的因素有很多，创业环境是不可忽视的重要方面。女性创业深受外部创业环境因素的影响，对于女性创业者而言，身边的创业环境满意度高低直接影响着其创业的进程。

本章以研究西安市女性创业环境满意度为目的，首先对相关文献进行梳理，奠定理论分析的框架；其次，通过问卷设计与调查研究分析，通过描述性分析来分析不同个体特征女性创业环境满意度与女性创业环境满意度的关键影响因素；然后通过因子分析法对西安市女性创业环境的满意度进行分析。最后，通过对存在问题的结果和原因进行讨论，提出应从政策环境、融资环境、人才环境、城市基础设施环境四大方面来进行改进以提升西安市女性创业环境满意度。

本研究的理论意义：经过现有文献梳理后，发现目前关于女性创业环境满意度的研究还是很少的，大多是关于女性创业个体特征或其需求、现状、困难等的文献。本研究在前者研究的基础上，以西安市为例将女性创业环境与满意度结合起来对女性创业环境满意度进行研究，在理论研究上弥补这一不足。

研究的实践意义：研究西安市女性创业环境满意度，一方面可以通过满意度测量对当下西安市女性创业环境满意度进行评估，另一方面可以不断促进与提升现有的女性创业环境，并给女性创业环境提升提供了参考量化数据。

二、国内外研究综述及相关理论

(一) 国内外女性创业相关研究

1. 国外女性创业相关研究

在女性创业者特征方面，Hisrich 和 Brush(1983)、Chaganti(1986)都认为教育水平在男女创业家之间一般都是相同的，但是女性在正式的商业或者经济类教育中存在欠缺；Moore 和 Buttner(1997) 认为女性创业家的创业动机主要是来自推动因素，例如生存压力、先前工作的消极处境、经济下滑以及失业。

在融资方面，Powell 和 Ansic(1997) 认为女性更倾向于规避风险和不自信，尤其是在金融领域的决策和投资、处理银行信誉问题方面；中国女企业家研究咨询中心的调查也显示出，50%以上的女企业家认为创业过程中的最大困难在于资金不足。实际上，融资问题被认为是女性开创和发展企业的关键障碍之一。Haynes P. J.和 Helms M. M.(2000)认为创业之初建立与银行的关系至关重要。但女性往往缺乏金融、财务、出口等知识，缺乏管理技能和知识，而且不能渗透到正式的金融网络中。

在管理和战略方面，Chaganti(1986)、Cliff(1998)、Lee-Gosselin 和 Grisé(1990)认为女人在增长预期方面是相对保守的，习惯适度的增长和扩张计划，很大程度上是由于时间的限制以及家庭责任的原因。

2. 国内女性创业相关研究

新中国改革开放以来，随着创业潮流的兴起，女性创业者不断涌现，学者开始把研究视角转向女性创业。通过文献分析，国内对女性创业的研究主要集中于女性创业者特征、创业动机和管理风格等方面。

在女性创业者特征方面，覃晟(2003)从企业文化、社会文化、社会心理学、女性心理学、社会经济政治制度等多个角度分析女企业家的自我限制心理的成因，探寻存在问题的解决之道；沈婉华(2012)分析女性企业家的优势素质及其成因，从家庭网络关系、人力资本积累和外部环境支持三个方面提出女性企业家优势素质的培育建议。

在女性创业动机方面，童亮和陈劲(2004)将其分为需求动机、成就动机、独立动机以及环境机会；厉校麟(2013)认为由自由动机、生存动机、理想动机和机会动机 4 个维度构成，女性创业态度可以由社会认可度、创业能力认识、创业公正性认识和创业适合度认识 4 个维度构成。

在女性管理风格方面，陆艳(2006)认为女性的个性特征更易于女性形成柔性管理、规避风险、直觉决策和承担社会责任的管理风格；李福英(2006)基于性别差异理论得出女性独特的领导风格：合作协调、正强化激励、授权管理和关怀伦理；朱慧(2010)通过分析女性领导的特质，如自信、直觉、合作、责任心，得到女性的柔性管理、规避风险、正强化激励和亲社会的管理风格。

综上所述，在国内外女性创业得到多个领域的重视和研究，并从中发现女性在管理风格、创业目的、风险规避、激励手段等方面与男性存在明显差异。因此女性创业将具有较大的发展空间，发挥女性优势，应用于创业管理，推动创业事业的发展。女性创业数量剧增，近年来得到国内学者从心理学、管理学、社会学等多维度研究，说明女性创业得到了较大的重视和推动，越来越多的目光转向女性，得到诸多学者的重视，并且越来越多的女性对创业具有动机性，因此女性创业具有较大的发展空间。

(二) 创业环境对创业的影响研究

1. 宏观环境

宏观的创业环境一般包括金融环境、政策支持、教育培训、社会文化、科学技术等方面，其中金融环境是研究相对较多的主题。对金融环境是否利于女企业家获得资金的问题，存在两种看法。一种看法认为现有的金融环境不利于女性获得创业资金。该观点认为，女性在金融机构中获取资金的过程中，存在信用歧视现象。Alsos、Isaksen 和 Ljunggren(2006)用挪威的时间序列数据研究了企业初创和后续成长过程中的融资差异问题，发现男性比女性创建的企业成长更快的关键原因在于男性融到的资金更多，这方面的确存在男女性间的融资差异。另一种看法则认为女性在获得资金方面，没有受到歧视的迹象，如 Orser、Riding 和 Manley (2006)通过控制企业规模等变量，对就加拿大中小企业(SME)进行了实证分析，发现虽然女性拥有的企业获得的权益资金显著的少，但男性和女性在获得资金方面机会是平等的。Buttner 和 Rosen(1988)、Riding 和 Swift(1992)的研究都支持这一观点。不过有学者认为，虽然男女性获得资金的过程而言并无性别差异，但男性获得资金的社会途径比女性更为广泛，而且男性获得资金的能力更高。在蔡莉、赵镝和朱秀梅(2005)的实证研究中发现，国内女性主要利用短期贷款作为创业资金，当借款比率在 20%以内时，女性比男性获得短期借款的比例大，而该比重增加时，男女差距不明显。

在社会观念和文化环境方面，中外女性在创业宏观环境方面都面临着类似的性别歧视和性别刻板问题。Baughn、Chua 和 Neupert (2006)考察了不同国家的女性创业状况，发现创业活动频繁的国家中，女性创业参与率更高，但却并不意味着性别平等程度高。王华锋、李生校(2009)提出女性在创业过程中的主要环节，如人力资本、发展战略、社会网络、创业团队等方面，几乎都面临一定程度的性别歧视；对于如何改变目前社会观念和文化对女性的偏见，Godwin、Brenner 和 Stevens (2006)建议，男女混合创建企业也许是女企业家克服性别偏见的一条途径。

2. 家庭环境

家庭环境与女性创业关系的研究，可以分为两个方面。一方面，有些创业行为的目的在于兼顾家庭和事业；另一方面，家庭环境的支持与否是一个重要因素。2001 年中国女企业家发展报告也提到女性更多承受家务负担，并对孩子承担更多的照顾重任。因此，如果家庭成员，尤其是丈夫能够给予大力支持，会让女性的创业历程轻松很多。Sexton 和 Kent(1981)调查样本中的 38%女企业家指出，她们的丈夫对她们创业的影响最大。Hisrich 和 Brush(1983)也发现，女企业家的配偶多为专业或技术人员，他们能够提供情感和财力上的支持。苏州市妇联在苏州的调查显示，创业女性成功的一个重要原因是家人的支持，家庭幸福是创业成功的基石。可见，配偶从情感到财力上的支持，既是幸福婚姻的重要保证，也是女性创业成功的重要条件，其使得女性获得事业和家庭的双赢。

综上所述，现有的文献大多是一方面关于女性创业不同环境的现状及存在的问题，多数学者探讨了女性创业环境中的性别歧视问题；另一方面是对男女不同创业环境的对比。对于女性创业环境满意度的研究少之又少，因而研究女性创业环境满意度是一块具有发展空间的研究领域。研究女性创业环境满意度一方面可以对当下女性创业环境满意度进行评估，另一方面通过满意度测量可以不断促进与提升现有的女性创业环境，给女性创业环境提升提供了参考量化数据。

(三) 相关理论

1. 创业环境理论

早期的创业研究侧重于考察创业者的才能、个性特质和社会文化背景等，随着研究深入，创业环境研究引起学者们重视，创业环境已成为影响创业的核心要素。

1) 创业环境概念

20 世纪 30 年代，Weberz、Barnard 等管理大师们开始对创业环境问题进行开创性研究。Barnard 从组织与协作理论角度，提出组织行为可看作是对环境条件的反应。达夫特(2003)定义组织环境为存在于组织边界之外，可能对组织局部或整体产生影响的所有因素。Gnywali 和 Fogel(1994)认为创业环境是创业者进行创业活动、实现创业理想过程中必须面对和能够利用的各种因素的总和。

国内学者对创业环境概念的研究大致包括三种：一是平台论，把创业环境看作创业活动的平台，认为创业环境是政府和社会为创业者创建新企业所搭建的一个公共平台(叶依广和刘志忠，2004)；二是因素论，认为创业环境是创业过程中发挥重要作用的各种因素的组合(张玉利和陈立新，

2004)；三是系统论，认为创业环境是创业的外部条件，是由综合因素构成的多层面的复杂系统(池仁勇，2002)。

2) 创业环境构成因素

创业环境构成因素研究是认识和评估创业环境的前提，从不同角度研究创业环境呈现出不同特征。

(1) 政策制度环境。

政策和制度环境可以为创业者创造新的市场机会，有利于企业创新性发展，例如，政府制定的税收优惠政策、金融政策、贸易政策、福利政策等会直接影响创业者的创业决策和企业选择。

(2) 经济环境。

创业机会不仅需要人口需求，还需要人口购买力。实际购买力取决于可支配收入、储蓄、信贷和债务等。不同国家和地区，收入水平和分配、产业结构差异很大。全球产业结构包括四种：自给型经济，无法产生创业机会；原料出口型经济，较容易出现工具、设备、消费品和奢侈品的创业机会；工业化进程中的经济，新的富有阶级和扩大的中产阶级对某些新产品有需要，这些市场容易产生创业机会；工业化经济，各种产品或服务都容易出现创业机会。经济环境影响着家庭收入分配、消费者储蓄、债务和信贷适用性等，从而影响消费支出能力。在高储蓄国家和地区，新创企业获得资本相对容易，并能以较低资金成本开展创业活动。而债务-收入比高的消费者更可能去购买新产品或服务，从而为创业者创造更多创业机会。

(3) 技术环境。

新技术和新产品不断涌现是未来技术创新的主要驱动力，新技术的“创造性破坏”带来无限的创业机会。同时，多样性的技术渠道和畅通性的技术转移对新创企业的绩效产生积极影响。

(4) 社会文化环境。

人们赖以生长的社会环境造就了人们的价值观和世界观。不同的社会文化环境影响人们的生活方式和消费方式，产生了来自不同地区、不同群体的消费需求，从而形成了不同的市场。随着地理迁移的便利性和追求个性化的需求，大众市场日益转变为更加分散的具有个体差异特性的小众市场，每一个群体都有其独特的爱好和消费特征。创业者对于社会文化环境的变化产生的新市场、新业态的深刻认识和有效把握可能会创造出新的创业机会。

(5) 自然环境。

原材料短缺、能源成本增加、环境污染治理使得创业者在勘探、开发和研发有价值新材料、新能源或节能产品等方面有很大的创业机会。面对自然环境的变化，人们在优化生态环境、促进社会经济可持续发展方面，为创业者提供了广阔发展空间。

2. 满意度理论

Cardozo(1965)在进行顾客投入、期望和满意度的实验性研究中提出了“顾客满意”这一概念。顾客满意度是顾客对其投入得到回报或补偿的一种心理认知。Oliver 等(1981)认为，顾客满意是一种心理状态，顾客根据消费经验所形成的期望与消费经历一致时而产生的一种情感状态。Churchill 等(1982)把顾客满意视为产品购买者比较预期结果的报酬与投入成本后的评价。

Westbrook 等(1983)认为顾客满意是一种情感反应，这种情感反应是伴随或者是在购买过程中产品陈列，以及整体购物环境对消费者的心理影响而产生的。Tse 等(1988)则认为，顾客满意是顾客在购买行为发生前对产品所形成的期望质量与消费后所感知的质量之间所存在差异的评价。菲利普·科特勒(1997)将顾客满意定义为“一个人通过对一种产品的可感知效果(或结果)与他或她的期望值相比较后所形成的愉悦或失望的感觉状态”。亨利·阿塞尔(2000)认为，当商品的实际消费效果达到消费者的预期时，就会导致顾客满意，否则会导致顾客不满意。

满意度是基于比较的一种评价，是顾客的一种情感或感知反映，是顾客在消费商品的过程中和消费后所形成的对比感受。本章女性创业环境满意度，是西安市女性创业者对创业环境的感知，即对西安市女性创业环境不同部分的满意度评价，是女性创业者对创业时的整体环境，包括政策环境、融资环境、人才环境、城市基础设施环境等是否有利于其创业的一种评价。

三、研究思路

本章的研究思路如图 2.1 所示。

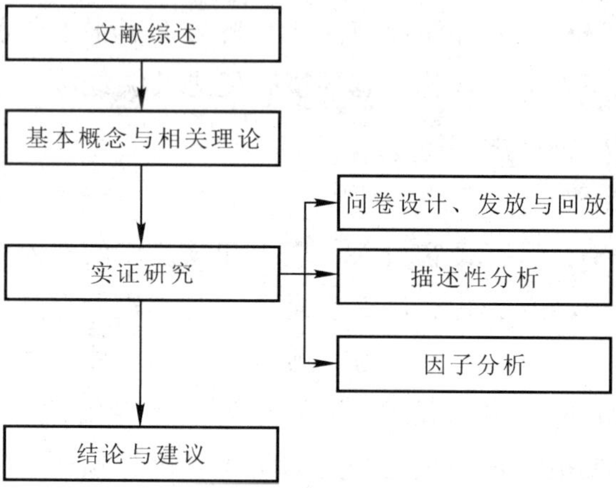

图 2.1　研究思路图

四、实证研究

(一) 问卷设计、发放与回收

在问卷最初制定之前，本研究的课题组对女性创业环境满意度相关理论及文献进行了大量研究梳理，参考分析了类似调查工具包括调查问卷及访谈提纲。整个问卷的问题整体分为个人基本信息、企业基本信息、创业环境、创业环境满意度四个部分。通过四个部分 21 道题对问卷填写者的个人及其企业基本信息有了基本了解，然后在创业环境满意度部分通过李克特量表来评估问卷填写者的创业环境满意度。

调查对象设定为西安市的女性创业者，抽样调查区域以西安市为主，课题组通过委托企业家协会协助进行问卷数据采集、集中女性企业负责人现场采集问卷数据、深入企业现场采集问卷数据、集中企业负责人开展焦点小组访谈和单独走访企业负责人等多渠道、多方式的数据采集策略，力求调查方法具有科学性、统计无偏性。

本研究共发放问卷200份，收回问卷 159份，回收率为 79.5%，剔除严重空白、缺答、漏项、答案含混不清晰及不客观的无效问卷，有效问卷 145份，有效回收率 72.5%。

(二) 样本统计性描述

对样本特征的相关描述性统计分析如表 2.1 所示。被调查对象性别全部为女性。

表 2.1　样本特征的相关描述性统计分析表

样本特征	类　别	测量代码	样本数量	百分比
创业年龄	20～25 岁	1	0	0%
	26～30 岁	2	41	28%
	31～35 岁	3	17	12%
	36～40 岁	4	16	11%
	41 以上	5	71	49%
婚姻及子女状况	未婚	1	17	12%
	已婚无孩子	2	9	6%
	已婚有孩子	3	112	77%
	离婚	4	7	5%
创业者学历	专科	1	28	19%
	本科	2	30	21%
	硕士	3	83	57%
	博士	4	4	3%
成立企业时身份	家庭主妇	1	0	0%
	大学生	2	9	6%
	留学归国人员	3	4	3%
	下岗职工	4	25	17%

续表

样本特征	类别	测量代码	样本数量	百分比
成立企业时身份	公务员	5	10	7%
	教师	6	17	12%
	其他	7	80	55%
企业员工数目	1～10 人	1	0	0%
	11～50 人	2	38	26%
	50～100 人	3	23	16%
	100～500 人	4	28	19%
	500 人以上	5	56	39%
创业企业所属行业	农林牧渔业	1	23	16%
	制造业	3	7	5%
	房地产业	5	35	24%
	住宿和餐饮业	11	4	3%
	信息传输、软件和信息技术服务业	12	16	11%
	金融业	14	13	9%
	科学研究和技术服务业	15	9	6%
	卫生和社会工作	16	9	6%
	公共管理、社会保障和社会组织	18	9	6%
	其他	21	20	14%
创业企业性质	股份有限公司	4	29	20%
	有限责任公司	5	70	48%
	私营企业	7	30	21%
	有限(普通)合伙制企业	8	16	11%
创业企业成立时间	1～3 年半	2	28	19%
	3 年半～5 年	3	33	23%
	5～10 年	4	25	17%
	10 年以上	5	59	41%

女性创业者的年龄具体分布情况是：本次被调查者的年龄大多分布在40岁以上。其中年龄26～30岁的有41人，占比28%；年龄在31～35岁的人数有17人，占比12%；年龄在36～40岁的人数有16人，占比11%；年龄在41岁以上的有71人，占比49%。

女性创业者的婚姻及子女状况：本次被调查者大多为已婚有孩子。其中被调查者未婚的有17人，占比12%；已婚无孩子的有9人，占比6%；已婚有孩子的有112人，占比77%；离婚的有7人，占比5%。

女性创业者学历的分布情况是：本次被调查者的学历大多为硕士。其中被调查者学历为专科的有28人，占比19%；本科的有30人，占比21%；硕士的有83人，占比57%；博士的有4人，占比3%。

女性创业者成立企业时的身份是：家庭主妇的有0人，占比0%；大学生的有9人，占比6%；留学归国人员的有4人，占比3%；下岗职工的有25人，占比17%；公务员的有10人，占比7%；教师的有17人，占比12%；其他职业的有80人，占比55%。

女性创业者创业企业员工数目分布情况是：目前员工数目为1～10人的有0人，占比0%；11～50人的有38人，占比26%；51～100人的有23人，占比16%；101～500人的有28人，占比19%；501人以上的有56人，占比39%。

女性创业者创业企业所属行业的分布情况是：所属行业为农、林、牧、渔业的有23人，占比16%；制造业的有7人，占比5%；房地产业的有35人，占比24%；住宿和餐饮业的有4人，占比3%；信息传输、软件和信息技术服务业的有16人，占比11%；金融业的有13人，占比9%；科学研究和技术服务业的有9人，占比6%；卫生和社会工作的有9人，占比6%；公共管理、社会保障和社会组织的有9人，占比6%；其他行业的有20人，占比14%。

女性创业者创业企业所属的性质分布情况是：股份有限公司的有29人，占比20%；有限责任公司的有70人，占比48%；私营企业的有30人，占比21%；(有限/普通)合伙制企业的有16人，占比11%。

女性创业者创业企业成立的时间分布情况是：1～3年半的有28人，

占比 19%；3 年半～5 年的有 33 人，占比 23%；5～10 年的有 25 人，占比 17%；10 年以上的有 59 人，占比 41%。

(三) 不同个体特征创业环境满意度差异分析

1. 年龄差异的影响

1) 关于融资环境满意度的年龄差异

经过单因素分析，得出西安市女性融资创业环境满意度在年龄因子上的差异结果如表 2.2 所示。

表 2.2　融资创业环境满意度在年龄因子上的差异结果表

因变数：融资环境满意度

Tamhane

I	*J*	平均差异 (*I* - *J*)	标准误差	显著性	95% 信任区间	
					下限	上限
31～35	36～40	0.5385*	0.0997	0.000	0.283	0.794
	41 以上	-0.1563*	0.0526	0.010	-0.283	-0.030
36～40	31～35	-0.5385*	0.0997	0.000	-0.794	-0.283
	41 以上	-0.6947*	0.1127	0.000	-0.975	-0.414
41 以上	31～35	0.1563*	0.0526	0.010	0.030	0.283
	36～40	0.6947*	0.1127	0.000	0.414	0.975

注：* 为平均值差异在 0.05 层级显著。

通过表 2.2 可知，31～35 岁、36～40 岁、41 岁以上三个年龄段的被调查者关于融资环境满意度的不同分类比较的显著性都小于 0.05，说明 31～35 岁、36～40 岁、41 岁以上这三个年龄段的女性创业者对融资创业环境满意度具有显著差异。在女性创业过程中，由于 31～35 岁、36～40 岁、41 岁以上各个年龄段的创业女性其创业企业处于不同阶段，或是由于其创业企业性质不同，对于资金的要求都各不相同，但是整个社会的融资环境水平是一致的，所以会造成不同年龄阶段的创业女性对于融资环境满意度有差异。

2) 关于市场环境满意度的年龄差异

经过单因素分析，得出西安市女性市场创业环境满意度在年龄因子上的差异结果如表 2.3 所示。

表 2.3　市场创业环境满意度在年龄因子上的差异结果表

因变数：市场环境满意度

Tamhane

I	*J*	平均差异 (*I* - *J*)	标准误差	显著性	95% 信任区间	
					下限	上限
31～35	36～40	0.2718	0.1292	0.116	-0.047	0.591
	41 以上	-0.5479*	0.0949	0.000	-0.782	-0.314
36～40	31～35	-0.2718	0.1292	0.116	-0.591	0.047
	41 以上	-0.8197*	0.1104	0.000	-1.096	-0.544
41 以上	31～35	0.5479*	0.0949	0.000	0.314	0.782
	36～40	0.8197*	0.1104	0.000	0.544	1.096

注：* 为平均值差异在 0.05 层级显著。

通过表 2.3 可知，31～35 岁年龄段的被调查者在关于市场环境满意度与 41 岁以上年龄段被调查者有显著差异。36～40 岁年龄段的被调查者在关于市场环境满意度与 41 岁以上年龄段被调查者有显著差异。41 岁以上年龄段的被调查者与31～35岁和36～40岁年龄段的被调查者有显著差异。由于各个年龄段的女性创业者所处于的创业阶段不同，或是其创业的公司需要的市场资源不同，因而不同年龄段的被调查者对于创业环境的市场环境满意度不同。

2. 学历差异的影响

1) 关于人才环境满意度的学历差异

经过单因素分析，得出西安市女性人才创业环境满意度在学历因子上的差异结果如表 2.4 所示。

表 2.4　人才创业环境满意度在学历因子上的差异结果表

因变数：人才环境满意度

Tamhane

I	J	平均差异 ($I-J$)	标准误差	显著性	95% 信任区间	
					下限	上限
专科	本科	0.1070	0.1319	0.962	−0.249	0.463
	硕士	0.1764	0.0961	0.346	−0.080	0.433
	博士	1.2609*	0.0655	0.000	1.081	1.441
本科	专科	−0.1070	0.1319	0.962	−0.463	0.249
	硕士	0.0693	0.1344	0.996	−0.292	0.431
	博士	1.1538*	0.1145	0.000	0.840	1.467
硕士	专科	−0.1764	0.0961	0.346	−0.433	0.080
	本科	−0.0693	0.1344	0.996	−0.431	0.292
	博士	1.0845*	0.0703	0.000	0.897	1.272
博士	专科	−1.2609*	0.0655	0.000	−1.441	−1.081
	本科	−1.1538*	0.1145	0.000	−1.467	−0.840
	硕士	−1.0845*	0.0703	0.000	−1.272	−0.897

注：* 为平均值差异在 0.05 层级显著。

通过表 2.4 可知，专科在与本科、硕士、博士市场环境满意度相比较时，专科与博士的人才环境满意度具有差异性。同理，本科与博士的人才环境满意度具有差异性。硕士与博士的人才环境满意度具有差异性。博士在与专科、本科、硕士相比较时，关于人才环境满意度都具有差异性。可见，由于女性创业者学历不同，其在创业时公司性质不同，会导致其对于招聘人才的要求不同。一般而言，学历越高的创业者，其创业公司类别会越高，所需要的人才素质也会越高。因而不同学历的创业者对于人才环境的满意度具有差异。

2) 关于政策法规环境满意度的学历差异

经过单因素分析，得出西安市女性政策法规创业环境满意度在学历因子上的差异结果如表 2.5 所示。

表 2.5　政策法规创业环境满意度在学历因子上的差异结果表

因变数：政策法规环境满意度

Tamhane

I	*J*	平均差异 (*I* − *J*)	标准误差	显著性	95% 信任区间	
					下限	上限
专科	本科	0.4264*	0.0925	0.000	0.178	0.675
	硕士	0.4140*	0.0868	0.000	0.181	0.647
	博士	0.6957*	0.0686	0.000	0.507	0.884
本科	专科	−0.4264*	0.0925	0.000	−0.675	−0.178
	硕士	−0.0125	0.0818	1.000	−0.231	0.206
	博士	0.2692*	0.0621	0.000	0.099	0.439
硕士	专科	−0.4140*	0.0868	0.000	−0.647	−0.181
	本科	0.0125	0.0818	1.000	−0.206	0.231
	博士	0.2817*	0.0532	0.000	0.140	0.424
博士	专科	−0.6957*	0.0686	0.000	−0.884	−0.507
	本科	−0.2692*	0.0621	0.000	−0.439	−0.099
	硕士	−0.2817*	0.0532	0.000	−0.424	−0.140

注：* 为平均值差异在 0.05 层级显著。

通过表 2.5 可知，专科学历的被调查者与其他学历的被调查者关于政策法规环境满意度具有差异。本科学历的被调查者与其他学历的被调查者关于政策法规环境满意度上，本科与专科和博士具有差异性，而本科与硕士差异性不大。同理，硕士与其他三个学历被调查者相比较，硕士与专科和博士具有差异性，硕士与本科差异性不大。博士在与其他三个学历被调查者相比较时，都具有差异性。总体而言，在关于政策法规环境满意度方面，本科与硕士满意度差异不大，博士与专科、本科、硕士政策法规环境满意度具有差异。由于学历的差异，创业者的学习时间与能力具有差异，导致了不同学历的创业者对于政策法规的普及、了解、运用能力不同。高学历的创业者所要求的政策法规层面与低学历者具有差异，因而不同学历的创业者对于当下政策法规环境满意度具有差异。

3. 创业者职业的影响

关于政策法规环境满意度的创业者职业差异。经过单因素分析，得出西安市女性政策法规创业环境满意度在创业者职业因子上的差异结果如表2.6所示。

表 2.6 政策法规创业环境满意度在创业者职业因子上的差异结果表

因变数：政策法规环境

Tamhane

I	*J*	平均差异 (*I* − *J*)	标准误差	显著性	95% 信任区间	
					下限	上限
大学生	留学归国人员	0.0000	0.0000	0.000	0.000	0.000
	下岗职工	1.3182*	0.0710	0.000	1.098	1.538
	公务员	1.0000	0.0000	0.000	1.000	1.000
	教师	1.0000	0.0000	0.000	1.000	1.000
	其他	0.4265*	0.0426	0.000	0.300	0.553
留学归国人员	大学生	0.0000	0.0000	0.000	0.000	0.000
	下岗职工	1.3182*	0.0710	0.000	1.098	1.538
	公务员	1.0000	0.0000	0.000	1.000	1.000
	教师	1.0000	0.0000	0.000	1.000	1.000
	其他	0.4265*	0.0426	0.000	0.300	0.553
下岗职工	大学生	−1.3182*	0.0710	0.000	−1.538	−1.098
	留学归国人员	−1.3182*	0.0710	0.000	−1.538	−1.098
	公务员	−0.3182*	0.0710	0.001	−0.538	−0.098
	教师	−0.3182*	0.0710	0.001	−0.538	−0.098
	其他	−0.8917*	0.0828	0.000	−1.142	−0.641
公务员	大学生	−1.0000	0.0000	0.000	−1.000	−1.000
	留学归国人员	−1.0000	0.0000	0.000	−1.000	−1.000
	下岗职工	0.3182*	0.0710	0.001	0.098	0.538
	教师	0.0000	0.0000	0.000	0.000	0.000
	其他	−0.5735*	0.0426	0.000	−0.700	−0.447

续表

I	*J*	平均差异 (*I* − *J*)	标准误差	显著性	95% 信任区间	
					下限	上限
教师	大学生	−1.0000	0.0000	0.000	−1.000	−1.000
	留学归国人员	−1.0000	0.0000	0.000	−1.000	−1.000
	下岗职工	0.3182*	0.0710	0.001	0.098	0.538
	公务员	0.0000	0.0000	0.000	0.000	0.000
	其他	−0.5735*	0.0426	0.000	−0.700	−0.447
其他	大学生	−0.4265*	0.0426	0.000	−0.553	−0.300
	留学归国人员	−0.4265*	0.0426	0.000	−0.553	−0.300
	下岗职工	0.8917*	0.0828	0.000	0.641	1.142
	公务员	0.5735*	0.0426	0.000	0.447	0.700
	教师	0.5735*	0.0426	0.000	0.447	0.700

注：* 为平均值差异在 0.05 层级显著。

通过表 2.6 可知，创业者职业为大学生、留学生、公务员、教师、下岗职工与其他身份的创业者对政策法规环境满意度具有差异。下岗职工身份的创业者与其他身份的创业者政策法规满意度具有差异。因而可知，大学生、留学生、公务员、教师、下岗职工与其他身份的创业者对于当下创业环境的政策法规满意度具有差异，由于不同的创业者身份对政策法规理解与了解程度不一，再加之不同身份的创业者创业企业性质不同，对于政策法规要求层面不一致，但当下社会所提供的政策法规水平不能覆盖所有层面，所以引起不同身份的创业者对于政策法规环境的满意度存在差异。

(四) 西安市女性创业者面临的困难分析

1. 总体困难分析

在本研究中，通过设置“您目前创业面临的困难是”题目来发现目前西安市女性创业的困难。表 2.7 数据显示，融资难(52.6%)被创业者认为是其创业所遇困难之首，其次是招聘不到满意的人(34.8%)和税费太沉重

(34.4%)。因此，在调查中融资难、招聘不到满意的人和税费太沉重这三项成为影响西安市女性创业满意度的关键因素。

表 2.7　西安市女性创业困难具体项占比表

创业困难测量指标	样本数量	百分比(%)
家人不支持	0	0
工作与家庭冲突	24	9.7
税费太沉重	85	34.4
融资难	130	52.6
招聘不到满意的人	86	34.8
享受优惠政策较难	56	22.7
知识产权应用难	0	0
国情及市场运作环境了解不足	40	16.2
社会人际关系处理困难	48	19.4
创业孵化平台支持功能不足	8	3.2
缺少配套的基础设施	22	8.9
自身能力素质不到位	12	4.9
创业团队管理经验不足	42	17
其他	18	7.3

2. 具体方面分析

1) 创业金融环境分析

(1) 创业金融环境存在问题。

在“您目前创业面临的挑战是”题目中，融资难这一指标占比 52.6%，被创业者认为是其创业所遇困难之首。一方面突显了资金保障在西安市女性创业中起着决定性驱动作用，反映了西安乃至全国的创业形态仍处于重资产创业模式；另一方面也体现了创业的金融环境依然不好，创业融资渠道不发达，间接和直接融资十分困难，极大地制约了创业企业的起步和快速成长。通过问卷调查分析发现，目前女性创业环境存在着创业者创业观念的落后、创业融资知识的缺失、创业金融机构的不足和创业金融政策及执行的缺陷等问题。这些问题的存在直接影响了西安市女性创业者对创业环境的满意度高低。

由图 2.2 可知，女性创业者创业资金来源主要依靠银行贷款和个人储蓄，而风险投资所占比重最小，这完全背离了当代创业的主流投资融资渠道。在调查中发现，还是有一些人在创业开始时选择申请政府资金帮扶创业。虽然目前西安市政府帮扶创业资金占比不高，但对启动创业的作用不容小觑，说明政府帮扶资金在启动创业初期发挥了关键作用。但这样的帮扶毕竟在时间和数量上是有限的，试图带动风投跟进等直接融资成为主流融资模式的期许未能如愿。在我国上海、深圳、北京、浙江等经济发达区域，以及创业经济活跃的发达国家，企业创业成长所需资金主要来源于完善的资本市场各类资金融资渠道，特别是天使投资、风险投资等。可见，西安市女性创业资金来源渠道过于狭窄单一，融资方式仍然传统，必然会压抑创业者的创业积极性，制约企业快速成长发展。

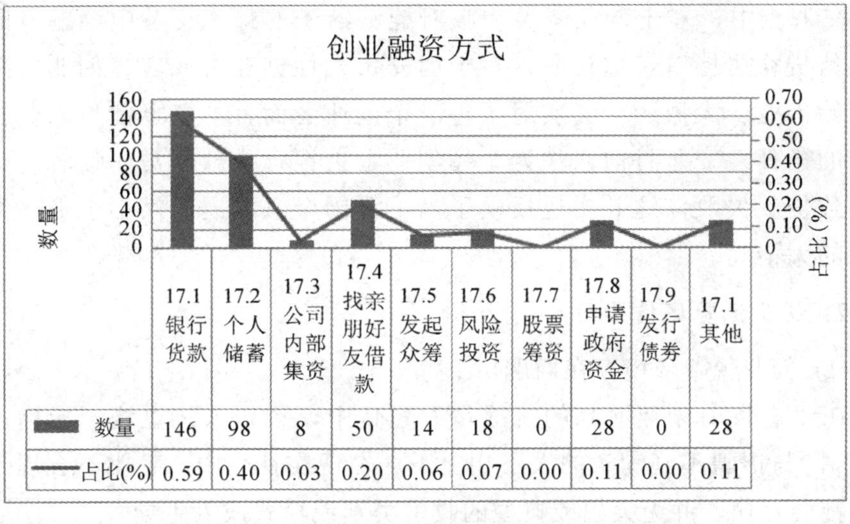

图 2.2　各项创业融资方式数量及占比图

(2) 创业者金融政策愿景分析。

在本研究设置的问卷中，专门有一题是“创业者希望政府能够给予的最大支持是什么”。具体题项见图 2.3。在该题中设置了多个选项，试图寻找西安市女性创业者的相关直接诉求，以便能够对接前文的数据分析与研究结果，最终为西安市女性创业相关政策的改进与完善提出切实有效的对策建议，使政策真正落到实处。

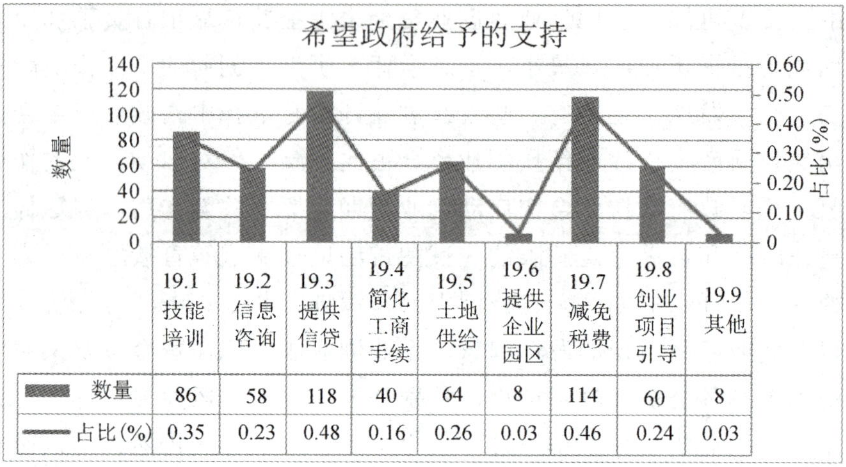

	19.1 技能培训	19.2 信息咨询	19.3 提供信贷	19.4 简化工商手续	19.5 土地供给	19.6 提供企业园区	19.7 减免税费	19.8 创业项目引导	19.9 其他
数量	86	58	118	40	64	8	114	60	8
占比(%)	0.35	0.23	0.48	0.16	0.26	0.03	0.46	0.24	0.03

图 2.3　希望政府给予的各项支持数量及占比图

在调查中，对于创业者希望政府能够给予的最大支持中金融方面的提供信贷稳居榜首。这说明，对于西安市女性创业者而言，创业资金成为初始创业一大瓶颈。其实对于每一个创业者而言，资金都是创业初最需要的条件之一。目前，作为个体创业者去银行贷款常常面临着一些问题导致贷款失败。这其实也反映了当下我国金融发展的供小于求、供需失衡的大格局。

2) 创业税费环境分析

(1) 创业税费环境存在问题。

在“您目前创业面临的挑战是”题目中，税费太沉重这一指标占比34.4%，与招聘不到满意的人不相上下。在现实社会中，各类不合理收费多少都会存在，并无突出或典型的收费类别或模式成为主导。

(2) 创业者税费政策愿景分析。

如图 2.4 所示，在对于“我的企业目前承担的税费”这一题项中，主要想得知被调查者对于其目前承担的税费是否合理的态度。由图可知绝大部分的人持有一般或满意态度，占比 74%。只有极个别的人是非常满意。这表明政府在税费政策这一方面还需改革，这意味着工商部门成为企业行政事业性收费的主力部门，应当进一步加大修订并压缩行政事业性收费目录，列出清单，设立统一的违规举报平台，多管齐下，给企业减负。

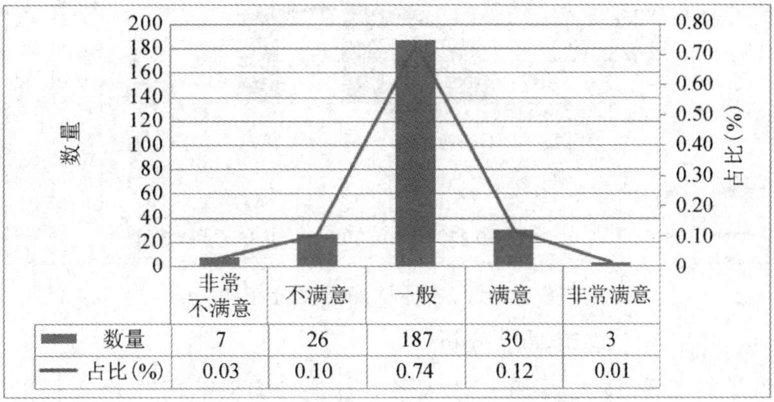

图 2.4　企业承担税费的满意度分布图

3) 创业人才环境分析

(1) 创业人才环境存在问题。

在“您目前创业面临的挑战是”题目中，招聘不到满意的人这一指标占比 34.8%。

通过问卷调查分析发现目前西安市女性创业环境中人才环境存在着创业人才环境高层次人才以及符合企业需求的人才缺乏、人才获取渠道单一等问题，这些问题影响了企业创业中的人才队伍建设，影响了企业健康发展。

在问卷中，对于人才环境满意度这一题项，可以看出绝大部分被调查者对于创业环境中的人才环境持一般态度。持非常满意态度的人数寥寥无几(见图 2.5)。对于“目前劳动力市场能满足企业发展需要”大部分人还是认可的，但是对于“企业想要获取专业人才比较容易”这一题项，有部分人认为获取专业人才还是很难的。西安市高校聚集，加之 2018 年初人才引进政策实施，高科技人才数量还是很多的。但是创新创业型的专才能为创业企业用之还是一大困难。

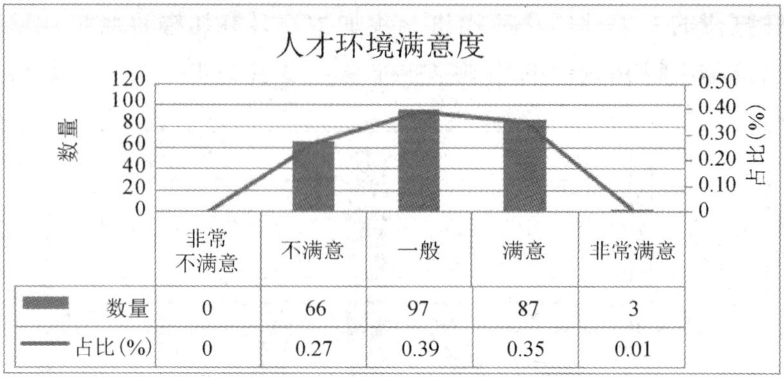

图 2.5　人才环境满意度分布图

(2) 创业者人才政策愿景分析。

陕西是教育科技大省和人才大省，加之 2018 年初开始实行的人才引进政策，不缺乏高学历人才。但是现实表明，高学历高科技人才不等于创新创业人才，创新创业人才是一类具有特殊素质和能力的复合型稀缺人才。导致人才缺乏的基本原因：一是传统教育模式培养的那类人才不适应创新创业的需求；二是创新创业的人才政策环境有待进一步优化，以吸引和留住更多的创新创业人才。因此，我们需要反思传统的人才培养模式，加快教育创新，需要给予创业者更高的社会地位，创造更好的创业者、创业家、企业家的生长环境。

(五) 女性创业环境满意度因子分析

本研究对女性创业环境满意度因子分析采用探索性因子分析方法，使用 SPSS 22 软件对数据进行统计分析。通过常规因子分析过程对数据进行 KMO 统计量检验、求相关系数矩阵、建立因子载荷矩阵并命名、计算各因子得分及综合评价得分并排序。然后得出各个公因子的排名，即女性创业环境满意度影响因子排序。

1. 因子分析过程

1) 计算相关系数矩阵并进行统计检验

在做因子分析之前，要对数据进行统计检验，以确定该数据是否适合于进行因子分析。需要检验一组变量之间是否具有相关性，倘若各变量间没有共享信息，就不适合做因子分析。因此，引入了 KMO 统计量检验(见表 2.8)。KMO 是用于比较变量间的简单相关系数的统计量，其值越接近于 1，则表明数据越适合于进行因子分析。

KMO 统计量：用于探查变量间的偏相关性，它比较的是各变量间的简单相关系数，取值范围在 0～1 之间。如果各变量之间存在内在的联系，则由于计算偏相关时需要控制其他因素，就会同时控制潜在变量，从而导致偏相关系数远远小于简单相关系数，此时 KMO 统计量接近 1，做因子分析的效果好。Kaiser 给出了常用的 KMO 度量标准：0.9 以上表示非常适合；0.8 表示适合；0.7 表示一般；0.6 表示不太适合；0.5 以下表示极不适合。

表 2.8　KMO 与 Bartlett 检定

Kaiser-Meyer-Olkin 测量取样适当性		0.826
Bartlett 的球形检定	大约卡方	1520.587
	df	36
	显著性	0.000

从表 2.8 可以看出，检验结果显示，KMO = 0.826 > 0.7。因此，本研究中的数据适合于进行因子分析。

2) 求相关系数矩阵

因子分析中，提取因子可以按照特征值大于 1 的标准或者累积贡献率达 70%至 80%左右的方法提取因子。本研究按特征值大于 1 的标准，采用主成分分析法来提取因子，碎石图输出结果见图 2.6。可以看出，该特征值曲线中前 7 个因子的特征值大于 1。输出结果见表 2.9，从中也可以看出，特征值 > 1 的因子有 7 个累积贡献率为 86.289% > 70%，累积方差贡献率也达到 70%以上，数值包含了全部指标的大部分信息。因此，本研究按照特征值大于 1 的标准，采用主成分分析法提取了 7 个因子。

表 2.9　特征值及方差贡献率

因子	特征值	贡献率(%)	累计贡献率(%)
1	6.203	29.539	29.539
2	3.746	17.840	47.379

续表

因子	特征值	贡献率(%)	累计贡献率(%)
3	2.241	10.672	58.051
4	1.979	9.425	67.476
5	1.599	7.614	75.090
6	1.306	6.221	81.310
7	1.045	4.978	86.289
8	0.751	3.574	89.862
9	0.644	3.067	92.930
10	0.493	2.347	95.277
11	0.333	1.584	96.861
12	0.241	1.145	98.006
13	0.138	0.655	98.661
14	0.108	0.515	99.176
15	0.077	0.365	99.541
16	0.048	0.230	99.771
17	0.031	0.148	99.918
18	0.016	0.074	99.993
19	0.002	0.007	100.000
20	8.411E-16	4.005E-15	100.000
21	-3.117E-15	-1.484E-14	100.000

提取方法：主成分分析。

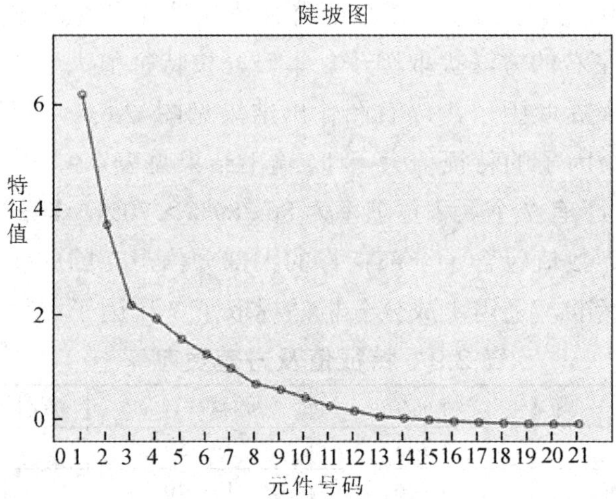

图 2.6　碎石图

3) 建立因子载荷矩阵并命名

为了更好地寻求因子的意义，我们进行因子旋转，它的目的是通过改变坐标轴的位置，重新分配各个因子所解释的方差比例，使因子结构更简单，更易于理解。这里我们采用方差极大旋转法对初始因子载荷矩阵进行旋转，得到前 7 个因子的旋转因子载荷矩阵(如表 2.10 所示)，它表示所提取的各因子与原始指标之间的线性关系，即各因子是原始指标的线性组合。在旋转后的因子载荷矩阵中，找出在每个因子上载荷较大的变量，根据这些变量的意义给因子命名。实际中，一般认为绝对值大于 0.3 的因子负载就是显著的。因子负载的绝对值越大，在解释因子时越重要。

表 2.10　方差极大正交旋转因子载荷矩阵

因子	F_1	F_2	F_3	F_4	F_5	F_6	F_7
X_{24}	0.928	0.165	0.130	−0.043	−0.075	0.111	−0.023
X_{25}	0.776	0.051	0.491	0.147	0.224	−0.057	0.101
X_{23}	0.684	−0.269	0.325	0.028	0.093	0.442	0.219
X_{20}	0.614	0.406	0.260	−0.055	0.283	0.313	−0.310
X_{10}	−0.010	0.891	0.160	0.229	0.018	0.002	0.033
X_{11}	0.263	0.880	0.064	0.111	−0.090	0.079	0.203
X_{12}	−0.020	0.755	0.055	0.032	0.234	0.248	−0.138
X_8	−0.025	0.085	0.920	0.133	0.198	0.182	−0.092
X_6	0.304	0.008	0.838	−0.281	0.014	0.019	0.059
X_5	0.285	0.142	0.825	0.040	−0.065	−0.207	0.086
X_{15}	−0.161	0.142	0.067	0.929	0.085	0.042	0.009
X_{17}	0.343	−0.001	0.006	0.683	0.033	0.494	−0.088
X_{16}	0.167	0.496	−0.198	0.671	0.132	−0.052	0.071
X_{22}	0.538	0.159	0.002	−0.080	0.768	0.180	0.021
X_{21}	0.281	−0.389	0.322	0.053	0.731	−0.061	0.248
X_{13}	−0.228	0.279	0.067	0.400	0.713	0.118	0.148
X_{18}	0.182	0.160	0.015	0.017	0.052	0.859	0.238
X_{14}	−0.084	0.311	−0.095	0.329	0.498	0.553	0.015
X_{19}	0.418	0.430	−0.080	0.308	0.121	0.485	0.027
X_3	0.223	−0.223	0.035	0.134	−0.379	0.027	0.816
X_1	0.211	−0.081	0.084	0.111	−0.026	0.292	0.783

提取方法：主成分分析。

转轴方法：具有 Kaiser 正规化的最大变异法。

设 $F_i(i=1, 2, 3, \cdots)$代表所提取的 7 个主因子，则 7 个公因子分别表示为 F_1，F_2，F_3，F_4，F_5，F_6，F_7。从表 2.10 中可以看到：

第一公因子 F_1 在 X_{24}，X_{25}，X_{23}，X_{20} 上的系数为 0.928，0.776，0.684，0.614，明显大于该因子在其他变量上的载荷。其中 X_{24} 是“我的生活方式需要改变时，家人能够接受并满足这种改变”；X_{25} 是“当我遇到创业中的挫折而情绪发生变化时，家人能容忍并安慰我”；X_{23} 是“当我在创业中遇到困难和问题时，我能够从家庭中得到帮助”；X_{20} 是“我创业所在城市的资源很适合创业”。其中前 3 个因子反映的是有关女性创业家庭环境方面的一些情况，最后一个因子反映的是有关女性创业资源环境方面的一些情况。因此，命名公因子 F_1 为家庭与资源环境满意度因子，该因子的方差贡献率为 29.539%。

第二公因子 F_2 在 X_{10}，X_{11}，X_{12} 上的系数为 0.891，0.880，0.755，明显大于该因子在其他变量上的载荷。其中 X_{10} 是“我的企业获取资金比较容易”；X_{11} 是“我能拿到创业资金的渠道比较多”；X_{12} 是“国家的金融政策有利于我企业的融资”。这 3 个因子都是有关女性创业融资环境方面的一些表现。因此，命名公因子 F_2 为融资环境满意度因子，该因子的方差贡献率为 17.840%。

第三公因子 F_3 在 X_8，X_6，X_5 上的系数为 0.920，0.838，0.825，明显大于该因子在其他变量上的载荷。其中 X_8 是“政府非常重视创业”；X_6 是“政府设立项目鼓励支持女性自主创业”；X_5 是“目前政府一直为创业提供优惠政策”。这 3 个因子都是反映女性创业环境中政策环境的一些情况。因此，命名公因子 F_3 为政策环境满意度因子，该因子的方差贡献率为 10.672%。

第四公因子 F_4 在 X_{15}，X_{17}，X_{16} 上的系数为 0.929，0.683，0.671，明显大于该因子在其他变量上的载荷。其中 X_{15} 是“目前的劳动力市场能满足我企业发展的需要”；X_{17} 是“我身边有许多跟我一样在创业的人”；X_{16} 是“我的企业目前想获取人才比较容易”。这 3 个因子都是有关女性创业环境中人才环境的一些表现。因此，命名公因子 F_4 为人才环境满意度因子，该因子的方差贡献率为 9.452%。

第五公因子 F_5 在 X_{22}，X_{21}，X_{13} 上的系数为 0.768，0.731，0.713，明

显大于该因子在其他变量上的载荷。其中 X_{22} 是“我创业所在的城市自然资源丰富”；X_{21} 是“我创业所在的城市宜居”；X_{13} 是“我的企业目前可以很便捷地获取到高科技信息”。这 3 个因子都是反映女性创业环境中城市环境的一些情况。因此，命名公因子 F_5 为城市环境满意度因子，该因子的方差贡献率为 7.614%。

第六公因子 F_6 在 X_{18}，X_{14}，X_{19} 上的系数为 0.859，0.553，0.485，明显大于该因子在其他变量上的载荷。其中 X_{18} 是“我因是创业者的身份而被周围的人尊重”；X_{14} 是“我有接触企业相关的新技术、新科学、新成果的机会”；X_{19} 是“我创业所在城市的各项基础设施比较完善”；其中 X_{14}、X_{18} 是女性创业环境中有关社会文化的一些体现，X_{19} 是女性创业环境中有关基础设施的体现。因此，命名公因子 F_6 为社会文化与基础设施环境满意度因子，该因子的方差贡献率为 6.221%。

第七公因子 F_7 在 X_3，X_1 上的系数为 0.816，0.783，明显大于该因子在其他变量上的载荷。其中 X_3 是“目前的行业竞争很激烈”；X_1 是“市场上有很多的创业机会”。这两个因子都是女性创业环境中行业环境的一些体现。因此，命名公因子 F_7 为行业环境满意度因子，该因子的方差贡献率为 4.978%。

因子命名见表 2.11。

表 2.11　因子命名

因子	因子命名	指 标 变 量
F_1	家庭与资源环境满意度因子	X_{24}：我的生活方式需要改变时，家人能够接受并满足这种改变 X_{25}：当我遇到创业中的挫折而情绪发生变化时，家人能容忍并安慰我 X_{23}：当我在创业中遇到困难和问题时，我能够从家庭中得到帮助 X_{20}：我创业所在城市的资源很适合创业
F_2	融资环境满意度因子	X_{10}：我的企业获取资金比较容易 X_{11}：我能拿到创业资金的渠道比较多 X_{12}：国家的金融政策有利于我企业的融资

续表

因子	因子命名	指 标 变 量
F_3	政策环境满意度因子	X_8：政府非常重视创业 X_6：政府设立项目鼓励支持女性自主创业 X_5：目前政府一直为创业提供优惠政策
F_4	人才环境满意度因子	X_{15}：目前的劳动力市场能满足我企业发展的需要 X_{17}：我身边有许多跟我一样在创业的人 X_{16}：我的企业目前想获取人才比较容易
F_5	城市环境满意度因子	X_{22}：我创业所在的城市自然资源丰富 X_{21}：我创业所在的城市宜居 X_{13}：我的企业目前可以很便捷地获取到高科技信息
F_6	社会文化与基础设施环境满意度因子	X_{18}：我因是创业者的身份而被周围的人尊重 X_{14}：我有接触企业相关的新技术、新科学、新成果的机会 X_{19}：我创业所在城市的各项基础设施比较完善
F_7	行业环境满意度因子	X_3：目前的行业竞争很激烈 X_1：市场上有很多的创业机会

4) 计算各因子得分及综合评价得分并排序

通过 SPSS 软件因子分析得出因子得分系数矩阵，其输出结果见表 2.12。

表 2.12　因子得分系数矩阵

指标变量	因子						
	F_1	F_2	F_3	F_4	F_5	F_6	F_7
X_1	0.040	−0.057	0.006	0.061	−0.166	0.099	0.494
X_2	0.085	−0.109	0.032	0.124	−0.124	0.083	−0.483
X_3	0.010	0.052	0.304	0.071	−0.102	−0.151	0.069
X4	−0.043	0.023	0.314	−0.124	−0.047	0.053	0.013
X_5	−0.234	−0.019	0.430	0.040	0.018	0.174	−0.122
X_6	−0.046	0.300	0.068	0.012	−0.058	−0.087	0.036
X_7	0.081	0.308	−0.022	−0.041	−0.138	−0.083	0.161

续表

指标变量	因　子						
	F_1	F_2	F_3	F_4	F_5	F_6	F_7
X_8	−0.095	0.247	0.028	−0.138	0.087	0.106	−0.128
X_9	−0.146	0.024	0.035	0.096	0.319	−0.031	0.003
X_{10}	−0.142	0.016	−0.012	0.012	0.181	0.274	−0.085
X_{11}	−0.066	−0.071	0.082	0.469	−0.050	−0.078	0.009
X_{12}	0.134	0.097	−0.128	0.297	0.001	−0.238	0.067
X_{13}	0.067	−0.137	−0.004	0.311	−0.099	0.188	−0.079
X_{14}	−0.101	−0.010	0.033	−0.121	−0.111	0.529	0.086
X_{15}	0.098	0.072	−0.083	0.047	−0.039	0.157	−0.010
X_{16}	0.129	0.104	0.006	−0.131	0.117	0.084	−0.250
X_{17}	0.069	−0.177	0.031	0.043	0.359	−0.153	0.065
X_{18}	0.173	0.019	−0.151	−0.141	0.392	−0.075	−0.085
X_{19}	0.154	−0.154	0.043	0.019	−0.062	0.185	0.098
X_{20}	0.357	0.041	−0.110	−0.018	−0.088	−0.102	0.006
X_{21}	0.258	−0.023	0.051	0.102	0.045	−0.218	0.051

提取方法：主成分分析。

转轴方法：具有 Kaiser 正规化的最大变异法。

设 $F_i(i = 1, 2, 3, \cdots, 21)$为 21 个指标变量在 7 个因子上的得分，用各个公因子在每个指标上的得分作权重，则 7 个公因子的表达式为

$$F_1 = 0.040X_1 + 0.085X_2 + 0.010X_3 + \cdots + 0.258X_{21}$$

$$F_2 = -0.057X_1 - 0.109X_2 + 0.052X_3 + \cdots - 0.023X_{21}$$

$$F_3 = 0.006X_1 + 0.032X_2 + 0.304X_3 + \cdots + 0.051X_{21}$$

$$F_4 = 0.061X_1 + 0.124X_2 + 0.071X_3 + \cdots + 0.102X_{21}$$

$$F_5 = -0.166X_1 - 0.124X_2 - 0.012X_3 + \cdots + 0.045X_{21}$$

$$F_6 = 0.099X_1 + 0.083X_2 - 0.151X_3 + \cdots - 0.218X_{21}$$

$$F_7 = 0.494X_1 - 0.483X_2 + 0.069X_3 + \cdots + 0.051X_{21}$$

其中，X_1，X_2，X_3，…，X_{21} 为各项生活质量指标经预处理之后的标准化数据。

根据表 2.9 中各公因子的方差贡献率，构造出西安市女性创业环境满意度总的表达式

$$F = 0.29539F_1 + 0.17840F_2 + 0.10672F_3 + 0.09425F_4 + 0.07614F_5 + 0.06221F_6 + 0.04978F_7$$

2. 研究结果

西安市女性创业环境满意度平均因子权重得分和平均排名见表 2.13。如表 2.13 所示，通过 SPSS 软件因子分析得出西安市女性创业环境满意度排序：公因子家庭与资源环境满意度因子权重(%)为 29.539，因子满意度得分第一；融资环境满意度因子权重(%)为 17.840，因子满意度得分第二；政策环境满意度因子权重(%)为 10.672，因子满意度得分第三；人才环境满意度因子权重(%)为 9.425，因子满意度得分第四；城市环境满意度因子权重(%)为 7.614，因子满意度得分第五；社会文化与基础设施环境满意度因子权重(%)为 6.221，因子满意度得分第六；行业环境满意度因子权重(%)为 4.978，因子满意度得分第七。

表 2.13 西安市女性创业环境满意度平均因子权重得分和平均排名

因子	权重(%)	排序	指标变量
家庭与资源环境满意度因子	29.539	1	X_{24}：我的生活方式需要改变时，家人能够接受并满足这种改变 X_{25}：当我遇到创业中的挫折而情绪发生变化时，家人能容忍并安慰我 X_{23}：当我在创业中遇到困难和问题时，我能够从家庭中得到帮助 X_{20}：我创业所在城市的资源很适合创业
融资环境满意度因子	17.840	2	X_{10}：我的企业获取资金比较容易 X_{11}：我能拿到创业资金的渠道比较多 X_{12}：国家的金融政策有利于我企业的融资
政策环境满意度因子	10.672	3	X_8：政府非常重视创业 X_6：政府设立项目鼓励支持女性自主创业 X_5：目前政府一直为创业提供优惠政策

续表

因子	权重(%)	排序	指 标 变 量
人才环境满意度因子	9.425	4	X_{15}：目前的劳动力市场能满足我企业发展的需要 X_{17}：我身边有许多跟我一样在创业的人 X_{16}：我的企业目前想获取人才比较容易
城市环境满意度因子	7.614	5	X_{22}：我创业所在的城市自然资源丰富 X_{21}：我创业所在的城市宜居 X_{13}：我的企业目前可以很便捷地获取到高科技信息
社会文化与基础设施环境满意度因子	6.221	6	X_{18}：我因是创业者的身份而被周围的人尊重 X_{14}：我有接触企业相关的新技术、新科学、新成果的机会 X_{19}：我创业所在城市的各项基础设施比较完善
行业环境满意度因子	4.978	7	X_3：目前的行业竞争很激烈 X_1：市场上有很多的创业机会

通过表 2.13 可知，对西安市女性创业环境满意度分析可得：家庭与资源环境满意度因子权重占比最大，说明在影响西安市女性创业环境满意度中家庭环境与资源环境因子得分较高。这表明，对于西安市女性创业者而言，在创业过程中可以得到较多的家庭支持与帮助，并且西安市的城市资源很适合创业，这使得其满意度因子得分较高。融资环境满意度因子权重占比第二，虽然融资环境满意度因子得分排名第二，但与第一的因子得分差距太大，说明融资环境满意度因子得分比并不高。资金问题一直以来都是创业者们在创业时遇到的困难之一。缺乏创业资金常常会阻碍创业进程，甚至中断。因而十分需要改善西安市女性创业者的融资环境来提升其满意度因子得分。政策环境满意度因子权重占比第三，因子得分排序第三。说明被调查者对创业环境中的政策环境满意度因子得分一般。目前对于西安市女性创业者而言，一方面是因为政策宣传落实不到位，另一方面，一些专项政策或是针对女性创业的优惠政策不是很多。人才环境满意度因子、城市环境满意度因子、社会文化与基础设施环境满意度因子、行业环境满意度因子满意度权重占比第四至第七，因子得分排序也为第四至第七。说

明被调查者对创业环境中的人才环境满意度、城市环境满意度、社会文化与基础设施环境满意度、行业环境满意度打分依次降低。人才环境满意度、城市环境满意度、社会文化与基础设施环境满意度、行业环境满意度有待提升。

五、实证研究结果讨论与对策建议

(一) 结果与讨论

为研究西安市女性创业环境满意度，本次调查首先通过在西安市女性创业企业家范围内发放调查问卷，然后用 SPSS 22 对问卷调查结果进行统计与分析。实证研究分为两部分，第一部分为描述性统计分析，包括不同个体特征女性创业环境满意度分析以及女性创业环境满意度关键影响因素分析；第二部分为因子分析，使用因子分析法分析得出各个环境满意度因子得分。通过调查研究与数据分析得出结论如下：西安市女性创业环境中家庭与资源环境满意度因子得分第一。说明在西安市女性创业环境中可以得到较好的家庭支持与资源，这使得其因子满意度得分较高。融资环境与政策环境满意度因子得分排名第二与第三。这反映出目前西安市女性创业环境中的融资环境与政策环境仍存在一些问题使得其因子满意度得分不高。人才环境满意度因子、城市环境满意度因子、社会文化与基础设施环境满意度因子、行业环境满意度因子得分依次往后排序，说明被调查者对创业环境中的人才环境、城市环境、社会文化与基础设施环境、行业环境满意度因子得分依次降低。其中西安市女性创业的困难中税费太沉重、融资难、招聘不到满意的人占据前三位。税费太沉重、融资难、招聘不到满意的人等问题可能是导致西安市女性创业融资环境满意度一般的原因。调查中很多女性创业者招聘不到满意的人，虽然每年有很多毕业生进入人才市场，但是适合创业企业的创新型与素质型的人才还是短缺。政策环境满意度低，调查结果显示，一方面是由于政策宣传与落实不到位；另一方面则是由于针对性政策较少。对于女性创业而言，现在西安市一些针对性的政策还是很少。目前西安市的城市基础设施建设还不够完善，行业规则制定不完善等一些问题导致城市环境、社会文化与基础设施环境、行业环境满意度不高。因此提高西安市女性创业环境满意度迫在眉睫。

(二) 提高女性创业者环境满意度的对策建议

结合调查研究与数据分析结果，通过对西安市女性创业环境关键问题的识别与分析以及7个满意度因子的分析，总结后发现西安市女性创业环境存在政策、融资、人才、城市基础设施这四大类问题。因此本研究认为政府应该从以下四个方面来提升西安市女性创业环境的满意度：一是优化政策环境，保障女性创业；二是优化融资环境，为女性创业提供良好的金融环境；三是提升人才环境，为女性创业提供合适人才；四是提升城市基础设施环境，为女性创业提供良好的基础设施。具体政策建议分述如下：

1. 优化政策环境

1) 加强政策宣传度

通过调查可知，多数女性创业者对于政策满意度低大都是源于其对政策的了解度不够。所以政府应该高度重视相关创业及女性创业政策的传播。一方面，在当下网络高速发展的时代利用网络的力量，比如可以设立相关的女性创业信息网络平台，在平台上及时更新和发布新信息和新政策；另一方面，定期开展创业者座谈会、讨论会等帮助其理解政策内容，寻求女性创业者的切实建议与诉求。专门编制一本创业政策汇编书，采取纸质版或电子版形式向下发放，定期制作更新小册子附件。高效利用报纸、杂志、电视、广播、互联网等媒体，加强传播媒介融合，为女性创业者获取政策信息建立多元媒介渠道。例如，通过电视，实现政策在多媒体渠道的不断传播和扩散；依托报纸，开展深入研究；运用网络和手机等，实时发布并更新政策信息。另外，还可以大力依托微博、微信等方式，宣传推广那些科技创新水平高、市场前景发展好的创业项目和新生企业，从而促进和鼓励创业者与天使投资以及相关投资机构的直接沟通和合作；给予创业家资金、专业人员等方面支持；建立杂志、网站、微博等丰富多样的创业宣传平台，分享和传播典型的创业人物、出色的创业商机、重点创业投资以及丰富的创业经验等方面的重要创业信息。

2) 提高女性创业政策实施过程的效率

政府应该切实提高女性创业者对创业政策的满意度，加强政策在实施过程中的评价以及执行后的评价与反馈。可联合妇联等女性组织，用电视、互联网、移动终端等途径与方式将创业激励政策普及到广大女性创业者，确保其及时了解政策、正确理解政策。保证政策在执行过程中不流于形式，政府应该加大投资将创办企业、申请优惠政策过程自动化；严格选拔和培训专门负责创业工作的服务人员以确保其对已有政策内容、适用范围、申请条件等的理解与熟悉程度，确保为创业者提供优质的服务，真正将优惠政策惠及广大女性创业者。利用信息化网络平台实时发放政策执行效果的在线问卷调查，跟踪并分析已有创业政策，及时收集反馈信息并听取创业者意见，反复修缮政策内容，形成创业政策的良性反馈机制以及互动机制。

2. 优化融资环境

1) 优化融资渠道与机制

资金问题对于任何一个创业者而言都是一大难题，女性创业者也不例外。在调查中，融资难成为西安市女性创业者们公认的头等难题。因此政府优化融资环境迫在眉睫。首先，对于一个女性创业者而言，创业资金来源十分重要，因此政府应该为创业企业创造全面、多元、灵活的资金投入机制，引导商业银行、民间资本对小企业发放贷款或者投资。

2) 加强女性创业的融资支持，需要政府、金融机构和社会的共同努力

政府应扩大专项基金或补贴规模，并制定相应的配套措施。银行等金融机构应根据女性创业实际情况与需求，建立有效的信贷机制，创新融资模式，拓宽融资渠道，缓解女性创业面临的资金难问题。

3) 健全金融市场中介服务体系

一方面，创设更多担保的专业机构，创新管理机制，根据女性创业者

不同企业的不同发展阶段提供不同期限和条件的贷款担保，充分发挥政策性担保机构、商业担保机构、再担保机构的融资担保作用。另一方面，创新更多的保险险种，扩大保费补贴企业的范围，进而降低企业创业的成本、保障其融资环境、支持其资金需求以及化解女性创业的风险。

3. 提升人才环境

1) 提升人才质量

自2018年初，西安市颁布了人才引进政策，大量高学历人才落户西安。人才引进的同时也带来了一些问题。创业企业所需要的创新型、高科技人才仍是短缺，一些创业企业仍寻觅不到合适其企业的人才。提高省内人才资源整体综合素质，为创业人才提供高素质团队组建服务，注重团队引进，对参与女性创业的高层次人才给予一定的物质奖励，重视所聘人员的创新意识和能力。

2) 不定期帮助企业进行人才培训

帮助女性创业企业开展创业创新宣传教育活动和培训工作，及时更新员工工作理念、提高员工工作能力。鼓励高校对服务社会性人才的定向培养，特别是技术性可用人才，扩大社会上人才培训机构的数量和规模。鼓励已参加工作的女性创业企业人员回炉深造，掌握最新专业技术理论知识并学以致用。

3) 制定具备高度吸引力的人才使用政策

一方面，政府应该为高层次女性创业人才生活提供配套的福利性政策以给予其良好的生活环境，包括年薪、住房、配偶就业、子女安排与教育、户籍制度、医疗保险、生活补贴、休闲娱乐等。另一方面，政府应该为高层次女性创业人才构建一套完整的发展性政策体系，充分发挥和激励人才的潜能。

4. 提升城市基础设施环境

1) 提升城市配套设施与资源环境

在调查中发现，女性创业者们对于自己所在城市的基础设施环境也是十分看重的。优良的城市配套设施与资源环境一方面会对创业者形成良好的资源条件，另一方面也会吸引更多女性创业者聚集创业。因而政府应加强现有交通、通信、水电气等公共基础设施供给，合理有效开发当地自然资源。对创业环境的优化，要综合考察各项创业环境的作用效果及供给优先次序。

2) 提供便利的条件和宜居的环境

自西安市人才引进政策实行推广以来，许多高学历人才落户西安。但也出现了许多问题，比如城市房价上涨、升学问题、城市拥堵等问题此起彼伏。这些对于女性创业者而言都是她们起初创业选择城市时所要考虑的问题。同时，这些问题也属于一个城市的基础设施环境问题。提升城市基础设施环境，一方面为创业者提供了更加便利的条件和更宜居的环境，另一方面也是吸引创业者聚集创业的优势条件。

第三章 众创空间的服务满意度评估与对策研究

一、引 言

2014 年 9 月，第八届夏季达沃斯论坛上，李克强总理在致开幕词时提到，要掀起“大众创业”“草根创业”的新浪潮，形成“人人创新”“万众创新”的新局面。2015 年 3 月，国务院办公厅颁布了《关于发展众创空间推进大众创新创业的指导意见》，加快营造良好的双创环境。此后，国务院相继颁布了一系列促进与实体经济合作，加快废止不科学的法律法规，支持创客空间发展，推进大众创业步伐的政策文件。在各项政策的号召下，各地高校、企业和社会人士做出响应，在全国形成了“双创”热潮。截至 2018 年 8 月，陕西省纳入火炬统计系统的各类孵化载体达到 300 余家，其中有 73 家国家级和 146 家省级众创空间，31 家国家级和 68 家省级科技企业孵化器。陕西省各类孵化载体拥有孵化场地 500 余万平方米，在孵企业和团队超过 1 万家，累计“毕业”企业 3054 家，已上市(挂牌)企业 128 家，提供就业岗位近 6 万个。虽然发展迅速，但满足创客需求的创客空间数量还很有限。不少创客空间的发展经营陷入困境，引起人们的反思。

本研究在参考了大量中外文献的基础上，依据有关创客、众创空间、创业生态系统和满意度方面的文献研究，建立了分析模型。通过研究分析来自西安市 100 余位创客的调研数据，进行实证分析和研究。运用描述性统计分析、因子分析、方差分析和四分象限模型图分析讨论了西安市创客空间的服务需求和质量。最后，主要从完善创客空间服务内容，以及重视创客空间内企业间网络链接两个方面入手为西安市优化创客空间服务需求和质量提供了对策建议。

从理论意义看，本研究通过梳理有关创客、众创空间、创业生态系统和满意度方面的文献研究，系统阐述了创客的定义、众创空间的发展模式、创业生态系统的运作机制等问题。同时，对西安市创客空间服务内容和质量情况进行了实证分析，通过分析提出了针对性的建议，期望为创客空间的发展提供一些参考。

从实践意义看，本研究对西安市创客空间的服务需求和质量进行了分析，研究了创客空间发展过程中存在的问题，探索适合西安市市场基础的对策建议，为西安市乃至全国更好的服务创新创业提供新思路。

二、国内外研究综述

(一) 关于创客概念的研究

创客一词最初来源于英文 maker，起源于 DIY 文化和美国硅谷“车库精神”，具体是指利用开源硬件和互联网将各种创意变为实际产品的人。Chris Anderson(2012)指出，创客运动可以推动网络在现实世界的应用，促进全民创新的热潮，可能会引起新一轮的科技革命。创客运动自 2009 年来到中国，虽然时间不长，却依靠国家强大的创业生态体系和丰富的创业资源要素在国内迅速发展。黄翠(2016)对创客的含义进行了概括，分析了全球以及中国创客的发展现状，并预测了创客未来的发展趋势。穆胜(2015)认为创客作为时下最具创造力的一个群体，人们可以从中看到商业的未来以及目前所在企业的未来。朱丽(2015)认为将创客平台从制造业搬到“桌面”上，意味着从制造到智造的转变，会产生个体创新能力的重大变化。

(二) 关于众创空间的研究

Alex Megelas(2014)认为众创空间是一个物理站点，是由黑客文化发展出来的，在众创空间中，人们可以分享知识和信息，并且可以开展项目的合作。Rivas(2014)认为众创空间是一个社区式的物理空间，人们可以在其中分享学习，并且自己动手完成项目。Chesbrough(2003)认为经济环境发生新的变化后，创新的形式应该由封闭式向开放式转变，促进企业间隐性知识的交流，同时对内部资源进行有机整合。

在国家政策的大力支持下，众创空间的发展受到了大量的关注，也引起了众多学者对它的研究。目前，国内对众创空间的研究主要集中在含义界定、类型概括和发展意义。芦亚柯(2017)认为众创空间与传统的孵化器不同，是一种新型的孵化器，在运行过程中，它通过聚集各方面的创新资源，形成自己的运营模式。宋述强等 (2016)认为众创空间是一个创意的实践平台，在该平台上，应该提供创业培训系统，彼此分享行业信息。张玉利等(2017)认为众创空间作为新出现的创业系统，对于促进创新创业、加速经济转型具有重要的意义。

(三) 关于创业生态系统的研究

近年来，国内外学者对创业生态系统进行了多方面的研究。Rona、Rahul K.(2010) 和 Vogel(2013)认为创业生态系统主要由三方面构成，分别是个人要素、环境要素和创业基础要素。个人要素包括个人以及团队；环境要素包括文化环境、金融服务、网络技术、创业支撑等；创业基础要素包括基础硬件设施、政策、市场、区域环境。Mason(2013)认为创业生态系统不同于自然生态系统，它是一个网络系统，在该系统内包括创客和创业资源，网络系统内部的对接能力越强，创业的成功率越高。

刘亮、吴笙(2016)认为众创空间可以产生众多的创业活动，在良好的创业环境下，创业资源与创业主体的互动机制才能给经济发展带来持续的动力。史明纯(2016)站在创业生态系统的角度，对上海市众创空间的发展进行了研究分析，揭示了区域环境对创业的影响因素，并针对性地提出了建议。张玲斌、董正英(2014)认为创业生态系统拥有五个核心机制，分别是代谢机制、创业网络嵌套机制、资源整合机制、动态提升机制和用户价值创造机制。

(四) 关于创业环境满意度的研究

满意度的概念起源于 20 世纪 60 年代，Cardozo(1965)首次提出“顾客满意”的概念。自此以后，国内外学者将其延伸至众多领域。Tang Liyang(2011)通过调查研究了病患对于医疗服务水平的信任度，对于医疗相关政策的态度以及满意程度。I-Chun Liu(2014)通过分析重要性和满意度水平，考察了 NHI 政策的公共偏好和评价指标，并针对性地提出了提高满意度的措施。赵静等(2014)采用 AHP 层次分析法和 IPA 象限图分析法，站在农户等利益相关者的角度，测算了其对林业政策的满意度，并评价了林业改革的总体绩效水平。占小军(2013)通过实证研究员工工作态度和顾客满意度的关系，发现具有显著的正向影响。方凯和王厚俊(2012)通过物质性和精神性两个层面对农村公共品的满意度进行了评价。赵逸靖和千庆兰(2017)通过采用问卷调查和访谈的方式，调查分析了广州市众创空间的发展现状，从创客的需求出发，测算了众创空间的满意度，并针对性地提出了建议。解春艳(2013)从创业环境的角度入手，站在农民视角，构造了农民创业环境评价指标，考察了农民对创业环境的满意度水平。结合文献可得，目前对满意度的研究集中在农业、医疗等领域，对创客空间提供服务的满意度研究较少。

三、理论基础与分析模型

(一) 模型构建的理论基础

1. 创业环境理论

创业环境是承载创业团队的软环境，好的创业氛围可以激发创业活动。国内学者对创业环境概念的研究主要有三种：一是平台论，认为政府和社会为创业者搭建了一个公共平台，这个平台就是创业环境。二是因素论，认为创业环境是创业过程中发挥重要作用的一个因素组合。三是系统论，认为创业环境是对创业过程产生重要作用的复杂系统。

创业环境构成要素的研究是深入评估创业环境的前提。创业环境的不同角度大体包括如下几个方面：

(1) 政策环境。例如税收优惠政策、金融贸易政策会直接影响创业者的市场选择。

(2) 经济环境。经济环境影响家庭人均购买力、储蓄和信贷能力，从而影响消费水平，为创业者创造更多的市场机会。

(3) 技术环境。新技术的出现会创造无限的创业机会，并对创业绩效产生影响。

(4) 文化环境。不同的文化环境影响人们的价值观和消费观，并形成不同的市场。

(5) 自然环境。自然环境的变化为创业者提供了广阔的发展空间。

常用的创业环境评价模型主要有：五维度模型和全球创业观察模型。五维度模型是在 1994 年提出，认为创业环境对新创企业有重大影响，是多因素的组合，该组合包括五个因素。全球创业观察模型是由英国伦敦商学院和美国百森商学院发起成立的研究项目，认为促进经济增长的条件包括一般国家条件和创业条件。

2. 共享经济理论

在 1978 年，共享经济的概念在美国由 Marcus Felson 和 Joe L. Spaeth (1978)提出。认为共享经济的本质是以网络为基础的共享平台，特点是由多人共有，运营模式的核心是通过多次出售而获得更大价值。随着互联网经济的普及和发展，大数据、移动支付等技术的完善与成熟，共享经济获得了更大的发展机遇，共享经济可以满足用户的个性化需求，帮助消费者参与到产品的设计和制造过程中。共享经济的理论传入中国以后，为众创空间的发展提供了理论借鉴。

(二) 研究思路

综合以上论述，结合国内外相关研究综述，并结合阐述的共享经济理论和创业环境理论，可以推断，只有当创客空间提供的各项服务满足创客的创业需求，创客空间的服务项目满意度提高时，才能使创客通过各种途径更好地获得政策和市场信息，激发创客的创业活动，促进创业活动更好地开展。在本文研究思路的基础上，绘制了如图 3.1 所示的技术路线图，以便更清晰地展现本文的研究脉络。

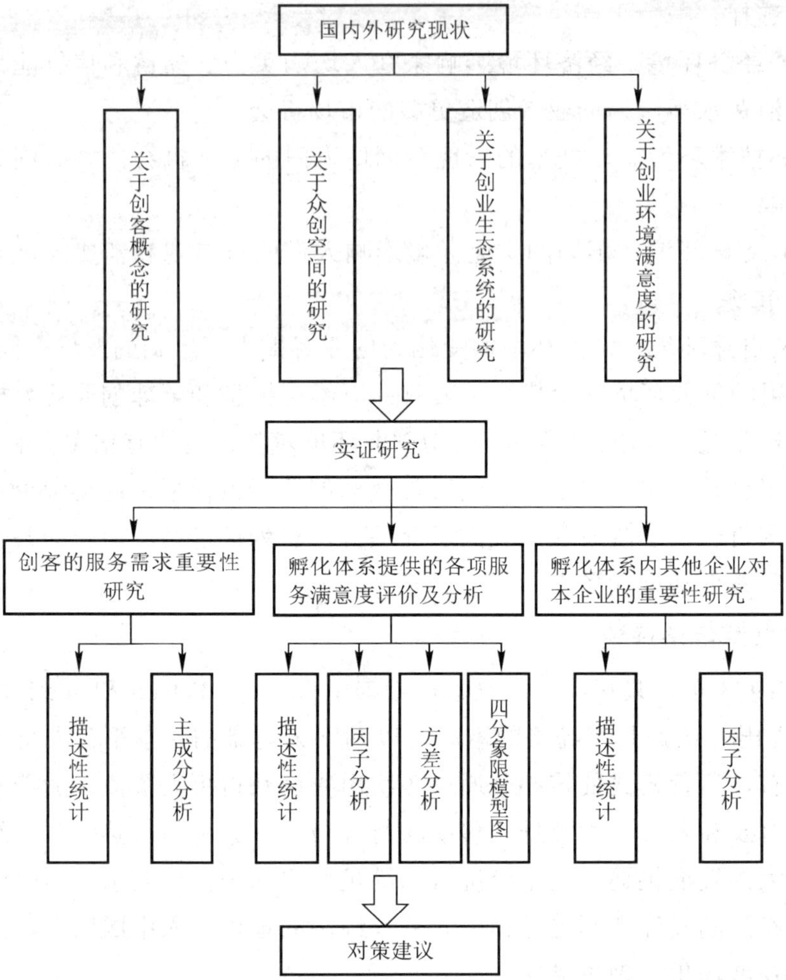

图 3.1　技术路线图

四、实证研究

(一) 问卷设计

根据研究背景和研究内容，本研究的调查是基于调查数据的实证研究，所以需要确定调查问卷，本章首先根据研究内容和研究目的确定调查问卷，进而下发问卷，并对样本特征进行描述性分析，为后面的实证分析做铺垫。

为了研究创客的服务需求与创业环境，设计了针对创客创业经营环境的调查问卷，利用所获取的相应数据进行实证研究。本次调查问卷包括四部分的内容：

第一部分为创客的个人信息，包括创客的性别；学位；专业；婚姻及子女状况；成为创客的时间；选择做创客的原因；成为创客的途径；为了尽快推进创意落地，创客能够接受的风险挑战程度情况；创客目前是否已经成立企业的情况等。

第二部分为创客已经成立企业的信息和创客空间信息，包括创客已成立的企业中，成立时间的情况；注册资本情况；公司目前的员工数目；公司的年销售额情况；公司的性质；进入创客空间后团队的能力提升情况；创客空间内是否有公共实验室、公共技术平台的情况；创客空间内公共实验室、公共技术平台的作用；创客空间识别企业需求的能力情况等。

第三部分为创客对创业环境和服务要求的情况，包括的服务项目主要有公共技术服务、投融资、场地、提供政策和业务信息、组织企业参加展览等十个指标。这部分采用李克特五级量表，每一题均有五个选项，分别为不重要、较不重要、一般、比较重要、重要，并依次给予 1～5 的分值。

第四部分为创客对创业环境和服务的评价，在企业对创客空间提供的各项服务满意程度方面，包括的服务项目主要有公共技术服务、投融资、场地、提供政策和业务信息、组织企业参加展览等十个指标。这部分也采用李克特五级量表，每一题均有五个选项，分别为不满意、较不满意、一般、比较满意和满意，并依次给予 1～5 的分值。在创客空间内其他企业对本企业重要性方面，包括的服务项目主要有同行业环境、企业间技术共享、行业信息共享、带来的业务等七个方面，每一题均有五个选项，分别为不重要、较不重要、一般、比较重要、重要，并依次给予 1～5 的分值。

本调查共发放问卷 150 份，收回问卷 133 份，回收率为 89%，剔除严重空白、缺答、漏项、答案含混不清晰及不客观的无效问卷，有效问卷 103 份，有效回收率 69%。

(二) 样本特征描述

1. 创客个人信息的统计描述

描述性统计分析后得到了表 3.1。

在调查对象中，创客的性别分别为男性 77 位，女性 26 位，比例依次为 75%和 25%。

创客年龄的具体分布情况是：18～25 岁的有 42 位，占总数的 41%；26～30 岁的有 36 位，占总数的 35%；31～35 岁的有 10 位，占总数的 10%；36～40 岁的有 12 位，占总数的 12%；41 岁以上有 3 位，占总数的 3%。创客大多为青年。

婚姻及子女状况是：未婚的有 73 人，占总数的 71%；已婚无孩子的有 10 人，占总数的 10%；已婚有孩子的有 20 人，占总数的 19%。

最高学历的分布情况是：专科的创客有 32 人，本科的创客有 42 人，硕士的创客有 29 人。其中，本科的创客占比最多，为 41%，专科的创客占比为 31%，硕士的创客占比为 28%。

成为创客的时间分布如下：1 年及以下的有 76 人，占总数的 74%；1～3 年的有 18 人，占总数的 17%；3 年及以下的有 9 人，占总数的 9%。

选择做创客的原因分布情况是：想要实现个人梦想的有 42 人，占总数的 41%；为了提升自身能力素质的有 21 人，占总数的 20%；想要当老板的有 20 人，占总数的 19%；遇到好的创业机会而成为创客的有 9 人，占总人数的 9%；因为国家政策大力支持而成为创客的有 8 人，占总人数的 8%；被创客空间吸引的人有 3 人，占总数的 3%。

成为创客的途径分布情况是：参加创业比赛而成为创客的有 3 人，占总人数的 3%；受众创空间、创客空间邀请的有 19 人，占总人数的 18%；主动申请成为创客的有 49 人，占总人数的 48%；参加创业课程培训的有 28 人，占总数的 27%；因为其他原因而成为创客的有 4 人，占总数的 4%。

为了尽快推进创意落地，创客能够接受的风险挑战程度情况是：能接受高风险的有 22 人，占总人数的 21%；能接受零风险的有 16 人，占总人数的 16%；能接受低风险的有 65 人，占总人数的 63%。

创客目前是否已经成立企业的情况分布是：已经成立企业的有 14 人，占总数的 14%；还没有成立企业的有 89 人，占总数的 86%。

在被调查的创客中，男性是主要的群体，年龄集中在 18～30 岁，以青年为主，未婚的人数众多，学历以本科为主。大多数人成为创客的时间较短，在 1 年及以下，成为创客的原因大多是想实现个人梦想，成为创客的途径以个人申请为主，创客大多能接受低风险，目前大多数创客还未成立企业。

以上信息，如表 3.1 所示。

表 3.1　创客基本信息的统计分析

统计内容	类　别	测量代码	样本数量	百分比(%)
性别	男	1	77	75
	女	2	26	25
年龄	18～25 岁	1	42	41
	26～30 岁	2	36	35
	31～35 岁	3	10	10
	36～40 岁	4	12	11
	41 岁及以上	5	3	3
婚姻及子女状况	未婚	1	73	71
	已婚无孩子	2	10	10
	已婚有孩子	3	20	19
学历	专科	1	32	31
	本科	2	42	42
	硕士	3	29	29
	博士	4	0	0
	其他	5	0	0
成为创客的时间	1 年及以下	1	76	74
	1～3 年	2	18	17
	3 年及以下	3	9	9

续表

统计内容	类　别	测量代码	样本数量	百分比(%)
选择做创客的原因	想要实现个人梦想	1	42	42
	提升自身能力素质	2	21	19
	想要当老板	3	20	19
	可以得到高收益	4	0	0
	遇到好的创业机会	5	9	9
	国家政策大力支持	6	8	8
	受身边的朋友感染	7	0	0
	被创客空间吸引	8	3	3
	其他	9	0	0
成为创客的途径	参加创客比赛	1	3	3
	受众创空间、创客空间邀请	2	19	18
	主动申请	3	49	48
	参加创业课程培训	4	28	27
	其他	5	4	4
能接受的风险挑战程度	高风险	1	22	21
	零风险	2	16	16
	低风险	3	65	63
是否已经成立企业	是	1	14	14
	否	2	89	86

2. 创客已成立企业信息的统计描述

对已成立企业的信息进行描述性分析，得到表 3.2。

在创客已成立的企业中，成立时间的情况是：1 年以下的有 5 个企业，占总数的 45%；1～3 年半的有 6 个企业，占总数的 55%。

已成立企业的注册资本情况如下：10 万元以下的有 3 个企业，占总数的 27%；10 万元～50 万元的有 8 个企业，占总数的 73%。

公司目前的员工数目如下：1～10 人的有 11 个企业，占总数的 100%。

公司的年销售额情况如下：5000 万元以上的有 5 个企业，占总数的 45%；1000 万元～5000 万元的有 3 个企业，占总数的 27%；暂无销售额的企业数目为 3 个，占总数的 27%。

公司的性质情况如下：合伙制企业有 8 个，占总企业数的 73%；有限责任公司的企业有 3 个，占总企业数的 27%。

综合以上信息可见，在创业已经成立的企业中，成立时间大多较短，注册资本大多在 10 万元～50 万元之间，员工人数较少，销售额总体较少，成立企业的性质以合伙制企业为主，企业处于成长初期。

表 3.2　企业信息的统计分析

统计内容	类别	测量代码	样本数量	百分比(%)
成立时间	1 年以下	1	5	45
	1～3 年半	2	6	55
	3 年半～5 年	3	0	0
	5～10 年	4	0	0
	10 年以上	5	0	0
注册资本/万元	10 以下	1	3	27
	10～50	2	8	73
	50～100	3	0	0
	100～500	4	0	0
	500 以上	5	0	0
员工人数	1～10	1	11	100
	11～50	2	0	0
	51～100	3	0	0
	101～500	4	0	0
	大于 501	5	0	0
公司年销售额/万元	5000	1	5	46
	1000～5000	2	3	27
	100～1000	3	0	0
	100 以下	4	0	0
	暂无	5	3	27

续表

统计内容	类别	测量代码	样本数量	百分比(%)
公司性质	合伙制企业	1	8	73
	中外合资合伙企业	2	0	0
	外商投资企业	3	0	0
	股份有限公司	4	0	0
	国有企业	5	0	0
	有限责任公司	6	3	27
	集体企业	7	0	0
	私营企业	8	0	0

(三) 信度效度分析

1. 创客对创客空间满意度服务项目信度效度分析

信度分析能够指出所设计的调查问卷是否可靠，从而根据分析结果决定是否要重新设计问卷。本研究主要利用 SPSS 20.0 软件计算 Cronbach's α 系数对调查问卷进行信度分析。信度越高，代表结果越可信。表 3.3 是创客对创客空间各项服务满意度测量量表的内部一致性信度检验。

表 3.3　创客对创客空间各项服务满意度的信度系数

Cronbach's α	项数
0.909	10

经过信度分析，量表整体 Cronbach's α 系数为 0.909，大于 0.9，说明信度系数十分优秀，测量的一致性程度很高而且内部结构强，达到了研究的要求，可以看出是一份很好的问卷，无须再对问卷进行修改。

KMO(Kaiser Meyer Olkin)能对取样是否适当进行度量，如果 KMO 值越大，则代表变量间的关联性越强，越适合进行因子分析。KMO 值至少要大于 0.6，才能进行因子分析，如果小于 0.6，则应该重新选择变量；Bartlett 球形度检验假设为变量间是不相关，明显只有拒绝假设的情况下才适合进行因子分析，如表 3.4 所示。

表 3.4　KMO 和 Bartlett 的检验

取样足够度的 KMO 度量		0.724
Bartlett 球形度检验	近似卡方	887.194
	df	45
	Sig.	0.000

从表 3.4 可以看出：KMO 为 0.724，大于 0.6，另外 Bartlett 球形度检验的卡方统计值等于 887.194，且 Sig.为 0.000，小于 0.05，因此问卷量表可以进行因子分析。

2. 创客空间内其他企业给本企业带来的服务项目重要性的信度效度分析

信度检测的作用在于检验满意度测评量表本身是否稳定，与测评的结果是否正确无关。信度检验常采用 Cronbach's α 系数，用来检验问卷各项目的内在一致性。通常认为，量表的 Cronbach's α 系数大于 0.7 时可信度较高。表 3.5 是创客空间内其他企业给本企业带来的服务项目重要性测量量表的内部一致性信度检验。

表 3.5　创客空间内其他企业给本企业带来的服务项目重要性信度系数

Cronbach's α	项数
0.898	7

经过信度分析，量表整体 Cronbach's α 系数为 0.898，说明问卷整体的可信度较高，具有较高的内部一致性。

效度检验采用建构效度检验，主要检验各共同因子下测量变量间的收敛效度以及因子间的区别效度。本研究采用因子分析法来验证问卷的建构效度。KMO 样本测度和 Bartlett 球形度检验可以判断样本是否适合做因子分析，KMO 大于 0.7 表明适合做因子分析，如表 3.6 所示。

表 3.6　KMO 和 Bartlett 的检验

取样足够度的 KMO 度量		0.724
Bartlett 球形度检验	近似卡方	887.194
	df	45
	Sig.	0.000

从表 3.6 可以看出：KMO 为 0.724，大于 0.6，另外 Bartlett 球形度检验的卡方统计值等于 887.194，且 Sig. 为 0.000，小于 0.05，因此，问卷量表可以进行因子分析。

(四) 描述性分析

1. 创客空间信息的描述性分析

描述性统计分析的结果如表 3.7 所示。

进入创客空间后，团队的能力提升情况如下：感觉提升慢的创客有 7 人，占总人数的 7%；感觉提升较慢的有 18 人，占总数的 17%；感觉提升一般的有 52 人，占总数的 50%；感觉提升较快的有 18 人，占总数的 17%；感觉提升快的有 8 人，占总数的 8%。

创客空间内是否有公共实验室、公共技术平台的情况是：选择有的人数有 57 个，占总人数的 55%；选择否的人数有 46 个，占总人数的 45%。

创客空间内公共实验室、公共技术平台的作用情况是：选择不明显的有 5 人，占总人数的 5%；选择较不明显的有 26 人，占总人数的 25%；选择一般的有 59 人，占总数的 57%；选择比较明显的有 5 人，占总数的 5%；选择明显的有 8 人，占总数的 8%。

创客空间识别企业需求的能力情况如下：选择弱的有 6 人，占总数的 6%；选择较弱的有 11 人，占总数的 11%；选择一般的有 62 人，占总数的 60%；选择较强的有 20 人，占总数的 19%；选择强的有 4 人，占总数的 4%。

创客空间影响创客及团队发展的因素情况如下：选创客空间管理机制的有 14 人，占总数的 14%；选服务内容与特色的有 31 人，占总数的 30%；选投资资金的有 29 人，占总数的 28%；选择可利用中介服务的有 12 人，占总数的 12%；选公共技术服务的有 17 人，占总数的 17%。

综合以上信息可见，大多创客认为创客空间团队能力提升情况一般，识别企业需求的能力一般，影响创客及团队发展的因素较多，大多数创客空间内有公共实验室、公共技术平台，大多数创客认为它们的作用一般，说明创客空间提供的服务不能充分满足创客的需求，带给创客的作用有限，服务质量有待提高。

表 3.7　创客空间信息的统计分析

统计内容	类别	测量代码	样本数量	百分比(%)
团队的能力提升情况	慢	1	7	7
	较慢	2	18	17
	一般	3	52	50
	较快	4	18	17
	快	5	8	8
创客空间内是否有公共实验室、公共技术平台	有	1	57	55
	没有	2	46	45
创客空间内公共实验室、公共技术平台的作用	不明显	1	5	5
	较不明显	2	26	25
	一般	3	59	57
	比较明显	4	5	5
	明显	5	8	8
创客空间识别企业需求的能力	弱	1	6	6
	较弱	2	11	11
	一般	3	62	60
	较强	4	20	19
	强	5	4	4
创客空间影响创客及团队发展的因素	创客空间管理机制	1	14	14
	服务内容与特色	2	31	30
	投资资金	3	29	28
	可利用中介服务	4	12	12
	公共技术服务	5	17	17
	其他	6	0	0

2. 创客空间各项服务需求重要性描述性统计

本研究主要采用李克特五级量表，对 10 个指标依次命名为 1～10 的数字。这 10 个指标分别是：公共技术服务、投(融)资、场地(租金优惠等)、提供政策和业务信息、搭建交流平台(沙龙、俱乐部等)、组织企业参加展览、一般行政事务(协助处理工商税务等事务)、培训(业务、管理、公共技术等)、向企业推荐合作咨询机构(管理、财务等)和综合事务(基本生活服务、社区环境等)。将指标分为不重要、较不重要、一般、比较重要、重要，分别赋予 1～5 的分值。图 3.2 展示了被调查者分别在创客空间各项服务需求重要性的 10 个测量指标的不同评价等级上所占的百分比和平均值。由图 3.2 可知，创客对创客空间各项服务需求重要性打分集中在 3.5～4.0 之间，说明创客对创客空间提供的这些服务普遍需求较高，认为这些服务项目对创业活动比较重要。

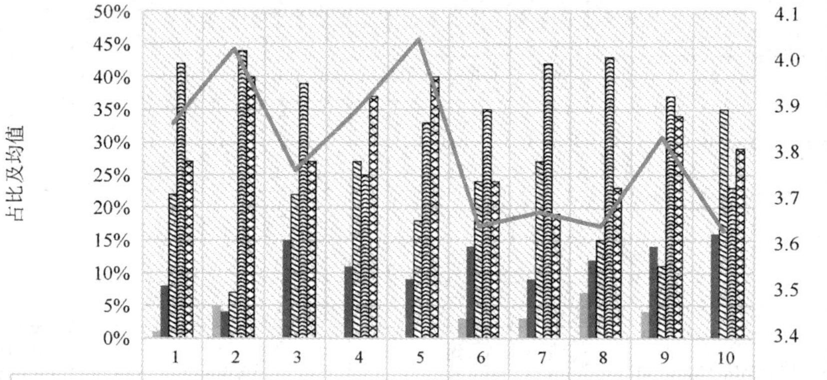

	1	2	3	4	5	6	7	8	9	10
不重要	1%	5%	0	0	0	3%	3%	7%	4%	0
较不重要	8%	4%	15%	11%	9%	14%	9%	12%	14%	16%
一般	22%	7%	22%	27%	18%	24%	27%	15%	11%	35%
比较重要	42%	44%	39%	25%	33%	35%	42%	43%	37%	23%
重要	27%	40%	27%	37%	40%	24%	19%	23%	34%	29%
均值	3.86	4.02	3.76	3.89	4.04	3.64	3.67	3.64	3.83	3.63

不重要　较不重要　一般　比较重要　重要　均值

图 3.2　创客对创客空间各项服务需求项目重要性打分情况

指标 1、2、4、5 和 9 的均分值较高，这说明，创客认为创客空间提供的公共技术服务、投(融)资、政策和业务信息、搭建交流平台、向企业推荐合作咨询机构这些服务的需求较高，认为它们比较重要，创客空间应采取措施加大其发展力度。指标 3、6、7、8、10 的均分值相对较低，说明创客认为创客空间提供的场地、组织企业参加展览、一般行政事务、培训、综合事务这些服务的需求较低，认为它们的重要性相对较低，但也不能忽视其发展。

3. 创客空间各项服务满意度描述性分析

本研究主要采用李克特五级量表，对 10 个指标依次命名为 1～10 的数字，这 10 个指标分别是：公共技术服务、投(融)资、场地(租金优惠等)、提供政策和业务信息、搭建交流平台(沙龙、俱乐部等)、组织企业参加展览、一般行政事务(协助处理工商税务等事务)、培训(业务、管理、公共技术等)、向企业推荐合作咨询机构(管理、财务等)和综合事务(基本生活服务、社区环境等)。将指标分为不满意、较不满意、一般、比较满意和满意，分别赋予 1～5 的分值。图 3.3 展示了被调查者分别在创客空间各项服务满意度的 10 个测量指标的不同评价等级上所占的百分比和平均值。由图可得，创客对创客空间各项服务满意度打分集中在 3～4 之间，说明创客对创客空间提供的服务满意度相对较高，但也有提高的空间。

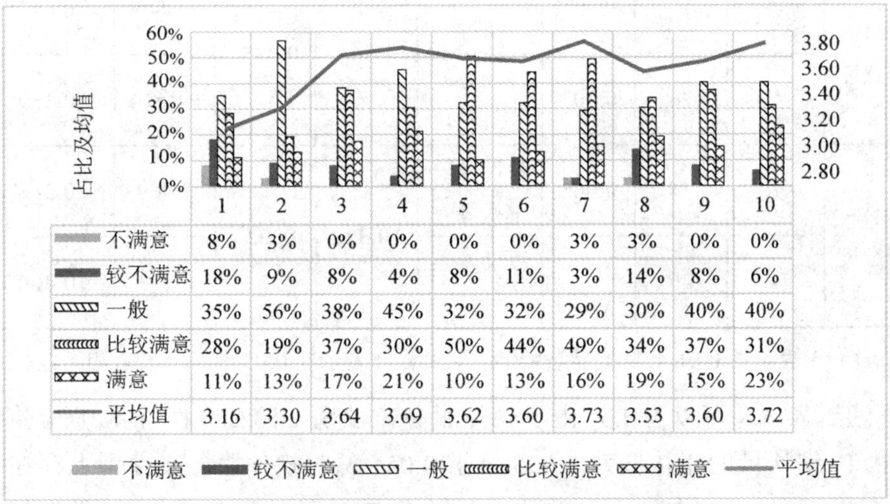

	1	2	3	4	5	6	7	8	9	10
不满意	8%	3%	0%	0%	0%	0%	3%	3%	0%	0%
较不满意	18%	9%	8%	4%	8%	11%	3%	14%	8%	6%
一般	35%	56%	38%	45%	32%	32%	29%	30%	40%	40%
比较满意	28%	19%	37%	30%	50%	44%	49%	34%	37%	31%
满意	11%	13%	17%	21%	10%	13%	16%	19%	15%	23%
平均值	3.16	3.30	3.64	3.69	3.62	3.60	3.73	3.53	3.60	3.72

图 3.3　创客对创客空间各项服务满意度打分情况

指标 3、4、5、7 和 10 的均分值较高，这说明创客对创客空间提供的场地、提供政策和业务信息、搭建交流平台、一般行政事务、综合事务这些服务的满意度较高，需继续保持其发展力度。指标 1、2、6、8、9 的均分值相对较低，说明创客对创客空间提供的公共技术服务、投(融)资、组织企业参加展览、培训、向企业推荐合作咨询机构这些服务的满意度较低，应采取措施提高其满意度。

4. 背景差异对创客满意度评价的差异影响

很多研究认为，不同背景的人对于事物的认知情况是有差异的，本研究针对创客的特点，设置背景资料，包括创客的性别、年龄、婚姻及子女状况、最高学历、成为创客的时间、做创客的原因、成为创客的途径、能接受的风险挑战，来分析创客个人特征对创客满意度评价的差异影响。

1) 性别差异对创客满意度评价的差异影响分析

调查对象的性别分布为男性 77 人，女性 26 人，所占的百分比为 77% 和 25%。分析过程如表 3.8 所示。

表 3.8　性别差异对创客满意度评价的差异影响检验结果(置信区间 95%)

<table>
<tr><th></th><th>性别</th><th>N</th><th>均值</th><th></th><th>F 统计</th><th>Sig.</th><th>T 统计</th><th>Sig.(双侧)</th></tr>
<tr><td rowspan="2">软件满意度</td><td>男</td><td>77</td><td>−0.102</td><td>假设方差相等</td><td rowspan="2">4.564</td><td rowspan="2">0.035*</td><td>−1.809</td><td>0.073</td></tr>
<tr><td>女</td><td>26</td><td>0.303</td><td>假设方差不相等</td><td>−1.514</td><td>0.139</td></tr>
<tr><td rowspan="2">硬件满意度</td><td>男</td><td>77</td><td>0.061</td><td>假设方差相等</td><td rowspan="2">10.322</td><td rowspan="2">0.002**</td><td>1.069</td><td>0.288</td></tr>
<tr><td>女</td><td>26</td><td>−0.181</td><td>假设方差不相等</td><td>0.853</td><td>0.400</td></tr>
</table>

注：** 表示在 0.01 水平上显著相关（双侧）；*表示在 0.05 水平上显著相关(双侧)。

通过表 3.8 可以看出，由于软件服务在性别上的独立两样本 T 检验结果中 F 统计量的相伴概率 0.035 小于 0.05，说明软件服务在性别上存在显著差异。硬件设施在性别上的独立两样本 T 检验结果中 F 统计量的相伴概率 0.002 小于 0.01，说明硬件设施在性别上存在显著差异。T 统计量的相伴概率均大于 0.05，都没有显著性差异。在性别差异的基础上，通过不同性别在创客空间各项服务满意度认知的均值上可以看出倾向性，在软件服务方面，由于女性的均值大于男性，说明女性对于创客空间软件服务的满意度高于男性，这是因为女性偏向于感性思维，男性偏向于理性思维，在对创客空间软件服务的满意度进行评价时，女性考虑的因素更加全面。

在硬件设施方面，由于女性的均值小于男性，说明女性对于创客空间硬件设施的满意度低于男性，这是因为女性对于硬件设施的要求更高，所以，相对男性的满意度来说会更低。

2) 其他背景差异对创客满意度评价的差异影响

由于创客的年龄、婚姻及子女状况、最高学历、成为创客的时间、做创客的原因、成为创客的途径、能接受的风险挑战的题项取值都超过 2，所以不适合做独立两样本 T 检验，而适合做单因素方差分析，见表 3.9。

表 3.9　创客满意度在背景差异上 ANOVA 方差分析结果(置信区间 95%)

影响	变量		均值差	F 统计	Sig.(F)	Scheff 显著性
婚姻及子女状况 VS 软件服务	已婚无孩子	未婚	−1.521	13.076	0.000**	0.000**
		已婚有孩子	−1.117			0.007**
最高学历 VS 硬件设施	硕士	专科	0.612	6.158	0.003**	0.048*
		本科	0.791			0.004**
成为创客的时间 VS 硬件设施	1 年及以下	1～3 年	0.236	12.914	0.000**	0.000**
		3 年及以上	0.317			0.009**
能接受的风险挑战 VS 软件服务	零风险	高风险	1.029	5.404	0.006**	0.006**
		低风险	0.668			0.049*
能接受的风险挑战 VS 硬件设施	零风险	高风险	−1.412	22.868	0.000**	0.000**
		低风险	−1.569			0.000**

注：**表示在 0.01 水平上显著相关(双侧)；*表示在 0.05 水平上显著相关(双侧)。

经过单因素方差分析，得出结果为：创客的年龄、做创客的原因、成为创客的途径均没有显著性差异。而婚姻及子女状况、最高学历、成为创客的时间、能接受的风险挑战对创客空间各项服务满意度评价有影响。

从表 3.9 可以看出，在对创客空间服务满意度的认知上，已婚无孩子、未婚、已婚有孩子在显著性水平 $\alpha = 0.01$ 上有显著差异，且根据均值差正负号可以得出，已婚无孩子的满意度要高于未婚、已婚有孩子的满意度，相对来说，三者的满意度水平由高到低依次为：已婚无孩子，未婚、已婚有孩子。在对创客空间硬件设施满意度的认知上，最高学历为硕士和专科在显著性水平 $\alpha = 0.05$ 上有显著差异，最高学历为硕士和本科在显著性水平 $\alpha = 0.01$ 上有显著差异，根据均值差可以得出，最高学历为硕士的满意度要高于专科、本科的满意度。在对创客空间硬件设施满意度的认知上，成为创客的时间在 1 年及以下、1～3 年、3 年及以上在显著性水平 $\alpha = 0.01$ 上有显著差异，根据均值差可以得出，成为创客的时间在 1 年及以下的满意度要高于 1～3 年、3 年及以上的满意度，相对来说，三者的满意度水平由高到低依次为：1 年及以下、1～3 年、3 年及以上。在对创客空间软件服务满意度的认知上，能接受的风险挑战是零风险和高风险在显著性水平 $\alpha = 0.01$ 上有显著差异，相对来说，满意度水平由高到低依次为：零风险、高风险；能接受的风险挑战是零风险和低风险在显著性水平 $\alpha = 0.05$ 上有显著差异，相对来说，满意度水平由高到低依次为：零风险、低风险。在对创客空间硬件设施满意度的认知上，能接受的风险挑战是零风险、低风险和高风险在显著性水平 $\alpha = 0.01$ 上有显著差异，相对来说，满意度水平由高到低依次为：零风险、高风险、低风险。

5. 创客空间内其他企业给本企业带来的服务项目重要性的描述性统计

本研究主要采用李克特五级量表，对 7 个指标依次命名为 1～7 的数字，这 7 个指标分别是：同行业环境、企业间技术共享、行业信息共享、带来的业务、人力资源帮助、企业间投资、持股和其他，分为不重要、较不重要、一般、比较重要、重要，分别赋予 1～5 的分值。图 3.4 展示了创客空间内其他企业给本企业带来的服务项目重要性的 7 个测量指标的不同评价等级所占的百分比和平均值。

由图 3.4 可得，创客对各项服务重要性打分集中在 3.5 左右，说明创客认为创客空间内其他企业给本企业带来的这些服务项目的重要性普遍较高，应大力发展。指标 2、3、4、5 的均分值较高，这说明创客认为创客空间内其他企业给本企业带来的技术共享、信息共享、业务和人力资源帮助这些服务的重要性较高，创客空间应重视这些项目的发展。指标 1、6、7

的均分值相对较低，说明创客认为创客空间内其他企业给本企业带来的企业间投资持股、同行业环境和其他服务重要性相对较低，但也不能忽视其发展。

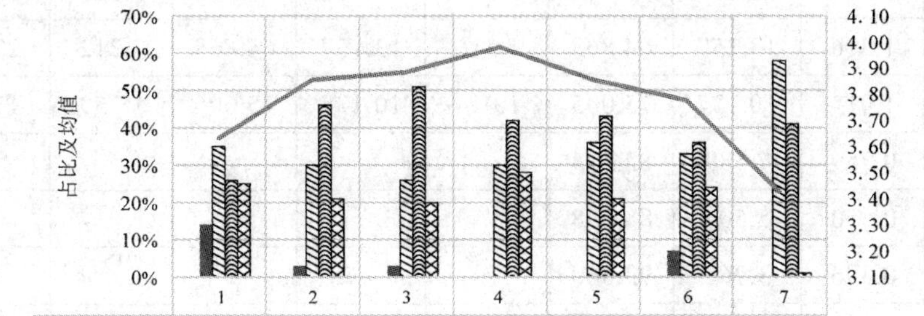

	1	2	3	4	5	6	7
不重要	0%	0%	0%	0%	0%	0%	0%
较不重要	14%	3%	3%	0%	0%	7%	0%
一般	35%	30%	26%	30%	36%	33%	58%
比较重要	26%	46%	51%	42%	43%	36%	41%
重要	25%	21%	20%	28%	21%	24%	1%
均值	3.63	3.85	3.88	3.98	3.85	3.78	3.43

不重要　较不重要　一般　比较重要　重要　均值

图 3.4　创客空间内其他企业给本企业带来的服务项目重要性打分情况

(五) 统计分析

1. 创客对创客空间服务需求重要性统计分析

本研究采用主成分分析法进行分析，旨在用较少的指标去解释原始问卷中的所有指标，并对创客空间服务需求重要性进行排序，进而对创客空间提供的服务针对性地提出建议。

1) 主成分分析

创客对创客空间各项服务需求重要性分析的指标共有 10 个，对这些指标进行主成分分析，提取了 3 个公因子，其累积方差贡献率为 75.005%，即已提取出了主要成分(见表 3.10)。表 3.11 列示了旋转后的因子载荷矩阵，用于后续计算；表 3.12 是指标的汇总统计；表 3.13 得到了成分得分系数矩阵。

表 3.10　解释的总方差

成分	初始特征值			提取平方和载入			旋转平方和载入	
	合计	方差的%	累积%	合计	方差的%	累积%	合计	方差的%
1	5.171	51.711	51.711	5.171	51.711	51.711	3.529	35.293
2	1.316	13.157	64.868	1.316	13.157	64.868	2.212	22.123
3	1.014	10.137	75.005	1.014	10.137	75.005	1.759	17.590
4	0.759	7.589	82.595					
5	0.550	5.504	88.098					
6	0.396	3.962	92.060					
7	0.302	3.015	95.076					
8	0.237	2.372	97.448					
9	0.153	1.529	98.977					
10	0.102	1.023	100.000					

提取方法：主成分分析。

表 3.11　旋转后的因子载荷矩阵

	成　分		
	1	2	3
33.6 组织企业参加展览	0.777	0.379	0.169
33.8 培训(业务、管理、公共技术等)	0.776	0.256	0.081
33.10 综合事务(基本生活服务、社区环境等)	0.774	0.179	0.288
33.7 一般行政事务(协助处理工商税务等事务)	0.766	0.287	−0.074
33.5 搭建交流平台(沙龙、俱乐部等)	0.737	0.053	0.147
33.3 场地(租金优惠等)	0.511	0.509	0.500
33.4 提供政策和业务信息	0.290	0.899	0.087
33.1 公共技术服务	0.258	0.843	0.257
33.9 向企业推荐合作咨询机构(管理、财务等)	0.414	−0.012	0.829
33.2 投(融)资	−0.104	0.327	0.777

提取方法：主成分分析。

旋转法：具 Kaiser 标准化的正交旋转法。

由表 3.11 旋转后的因子载荷矩阵可以得出创客空间各项服务需求重要性分析的指标，在进行主成分分析后，利用 SPSS 软件提取 3 个公因子，并根据其具体包括的指标相应命名为基础设施和日常服务、信息及公共技术服务、推荐和投融资服务。如表 3.12 所示，公因子基础设施和日常服务包括的指标是：组织企业参加展览、培训(业务、管理、公共技术等)、综合事务(基本生活服务、社区环境等)、一般行政事务(协助处理工商税务等事务)、搭建交流平台(沙龙、俱乐部等)、场地(租金优惠等)；公因子信息及公共技术服务包括的指标是提供政策和业务信息、公共技术服务；公因子推荐和投融资服务包括向企业推荐合作咨询机构(管理、财务等)、投(融)资。

表 3.12　重要性指标汇总

二级指标		三级指标	
F_1	基础设施和日常服务	X_6	组织企业参加展览
		X_8	培训(业务、管理、公共技术等)
		X_{10}	综合事务(基本生活服务、社区环境等)
		X_7	一般行政事务(协助处理工商税务等事务)
		X_5	搭建交流平台(沙龙、俱乐部等)
		X_3	场地(租金优惠等)
F_2	信息及公共技术服务	X_4	提供政策和业务信息
		X_1	公共技术服务
F_3	推荐和投融资服务	X_9	向企业推荐合作咨询机构(管理、财务等)
		X_2	投(融)资

表 3.13　成分得分系数矩阵

	成　分		
	1	2	3
33.1 公共技术服务	0.257	−0.135	0.077
33.2 投(融)资	−0.236	0.095	0.537
33.3 场地(租金优惠等)	0.025	0.128	0.202
33.4 提供政策和业务信息	−0.119	0.563	−0.171
33.5 搭建交流平台(沙龙、俱乐部等)	0.293	−0.187	0.001

续表

	成分		
	1	2	3
33.6 组织企业参加展览	0.222	0.036	−0.059
33.7 一般行政事务(协助处理工商税务等事务)	0.274	0.025	−0.223
33.8 培训(业务、管理、公共技术等)	0.265	−0.034	−0.099
33.9 向企业推荐合作咨询机构(管理、财务等)	0.075	−0.300	0.581

由上面的数据，得到三个主成分中各指标相应的系数，数值如下：

$$F_1 = 0.257X_1 - 0.236X_2 + 0.025X_3 + \cdots + 0.075X_{10}$$

$$F_2 = -0.135X_1 + 0.095X_2 + 0.128X_3 + \cdots -0.3000X_{10}$$

$$F_3 = 0.077X_1 + 0.537X_2 + 0.202X_3 + \cdots + 0.581X_{10}$$

根据权重计算主成分的综合得分模型：

$$F = 0.517F_1 + 0.132F_2 + 0.101F_3$$

2) 创客对创客空间服务需求重要性分析

经过上面的分析，可以得到创客空间各项服务需求重要性指标的权重排序情况，如表 3.14 所示。

表 3.14 各项服务需求重要性指标的权重及排序情况

一级指标	二级指标	权重	排序	三级指标
F	F_1	0.517	1	X_6
				X_8
				X_{10}
				X_7
				X_5
				X_3
	F_2	0.132	2	X_4
				X_1
	F_3	0.101	3	X_9
				X_2

把被调查的创客空间所有服务项目命名为一级指标 F，把利用 SPSS 提取出的 3 个公因子相应地命名为二级指标 F_1、F_2 和 F_3，列出其权重和

排序，作为重要性排序的参考。在影响重要性的二级指标中，基础设施和日常服务的权重最大，为 0.517；信息及公共技术服务的权重相对较小，为 0.132；推荐和投融资服务的权重最小，为 0.101。说明创客认为相对于信息及公共技术服务、推荐和投融资服务，基础设施和日常服务最为重要，应大力提高这些服务项目的质量。根据表 3.11 旋转后的因子载荷矩阵，可以得出每个公因子包括的具体指标相对应的重要性权重。具体情况是，重要性排在前三位的分别是提供政策业务信息、公共技术服务、向企业推荐合作咨询机构(管理、财务等)；而场地(租金优惠等)、搭建交流平台(沙龙、俱乐部等)、一般行政事务(协助处理工商税务等事务)则排在了后三位。这说明创客认为创客空间提供的政策和业务信息、公共技术服务和推荐合作机构的服务比较重要，而提供场地、搭建交流平台、处理一般行政事务的服务重要性相对较低。

总体来看，创客空间各项服务需求重要性指标的权重都在 0.5 以上，说明创客认为这 10 项服务都是必要的，创客空间应该在强化重点服务项目的同时，均衡多方面，加强服务能力。

2. 创客对创客空间各项服务满意度统计分析

1) 主成分分析

创客对创客空间各项服务需求满意度分析的指标共有 10 个，对这些指标进行主成分分析，提取了 2 个公因子，其累积方差贡献率为 70.956%，即已提取出了主要成分(见表 3.15)。表 3.16 列示了旋转后的因子载荷矩阵，用于后续计算；表 3.17 是指标的汇总统计；表 3.18 得到了成分得分系数矩阵。

表 3.15　解释的总方差

成分	初始特征值			提取平方和载入			旋转平方和载入	
	合计	方差的%	累积%	合计	方差的%	累积%	合计	方差的%
1	5.781	57.811	57.811	5.781	57.811	57.811	4.455	44.555
2	1.314	13.145	70.956	1.314	13.145	70.956	2.640	26.401
3	0.910	9.103	80.059					
4	0.634	6.338	86.396					

续表

成分	初始特征值			提取平方和载入			旋转平方和载入	
	合计	方差的%	累积%	合计	方差的%	累积%	合计	方差的%
5	0.552	5.516	91.912					
6	0.300	2.999	94.911					
7	0.200	2.002	96.912					
8	0.173	1.728	98.640					
9	0.073	0.734	99.373					
10	0.063	0.627	100.000					

提取方法：主成分分析。

表 3.16 旋转后的因子载荷矩阵

	成分	
	1	2
36.9 向企业推荐合作咨询机构	0.845	0.204
36.7 一般行政事务	0.838	0.149
36.6 组织企业参加展览	0.824	0.261
36.10 综合事务	0.788	0.330
36.8 培训	0.772	0.083
36.4 提供政策和业务信息	0.684	0.481
36.2 投融资	0.620	0.575
36.1 公共技术服务	−0.053	0.853
36.3 场地(租金优惠等)	0.380	0.786
36.5 搭建交流平台	0.380	0.696

提取方法：主成分分析。

旋转法：具有 Kaiser 标准化的正交旋转法。

由表 3.16 旋转后的因子载荷矩阵，可以得出创客空间各项服务满意度分析的指标在进行主成分分析后，利用 SPSS 软件提取 2 个公因子，并根据其具体包括的指标相应命名为软件服务和硬件设施，如表 3.17 所示。公因子软件服务包括的具体指标是向企业推荐合作咨询机构、一般行政事务、组织企业参加展览、综合事务、培训、提供政策和业务信息、投(融)资。公因子硬件设施包括的具体指标是公共技术服务、场地(租金优惠等)和搭建交流平台。

表 3.17 满意度指标汇总

二级指标		三级指标	
F_1	软件服务	X_9	向企业推荐合作咨询机构
		X_7	一般行政事务
		X_6	组织企业参加展览
		X_{10}	综合事务
		X_8	培训
		X_4	提供政策和业务信息
		X_2	投(融)资
F_2	硬件设施	X_1	公共技术服务
		X_3	场地(租金优惠等)
		X_5	搭建交流平台

表 3.18 成分得分系数矩阵

	成　分	
	1	2
36.1 公共技术服务	0.185	−0.018
36.2 投融资	0.061	0.171
36.3 场地(租金优惠等)	−0.079	0.359
36.4 提供政策、业务信息	0.108	0.098
36.5 搭建交流平台	−0.055	0.306
36.6 组织企业参加展览	0.216	−0.068
36.7 一般行政事务	0.251	−0.137
36.8 培训	0.246	−0.159
36.9 向企业推荐合作咨询机构	0.239	−0.107

由上面的数据，得到两个主成分中各指标相应的系数，数值如下：

$$F_1 = 0.185X_1 + 0.061X_2 - 0.079X_3 + \cdots + 0.239X_9$$

$$F_2 = -0.018X_1 + 0.171X_2 + 0.359X_3 + \cdots -0.107X_9$$

根据权重计算主成分的综合得分模型：

$$F = 0.518F_1 + 0.131F_2$$

2) 创客空间各项服务满意度分析

经过上面的分析，可以得到创客空间各项服务满意度指标的权重排序情况，如表 3.19 所示。

表 3.19　各项服务满意度指标的权重及排序情况

一级指标	二级指标	权重	排序	三级指标
F	F_1	0.518	1	X_9
				X_7
				X_6
				X_{10}
				X_8
				X_4
				X_2
	F_2	0.131	2	X_1
				X_3
				X_5

把被调查的创客空间所有服务项目命名为一级指标 F，把利用 SPSS 提取出的 2 个公因子相应地命名为二级指标软件服务 F_1 和硬件设施 F_2，并列出其权重和排序，作为满意度排序的参考。在影响总体满意度的二级指标中，提取出的公因子软件服务 F_1 权重大，为 0.518；提取出的公因子硬件设施 F_2 权重相对较小，为 0.131，说明创客对于软件服务的满意度较高，对硬件设施的满意度较低，创客空间应采取措施维持其软件服务的满意度，并大力提高硬件设施的满意度。根据表 3.16 旋转后的因子载荷矩阵，可以得出每个公因子包括的具体指标相对应的重要性权重。具体情况是，

满意度排在前三位的分别是公共技术服务、一般行政事务、向企业推荐合作咨询机构；而提供政策和业务信息、搭建交流平台、投融资则排在了后三位。这说明创客对于创客空间提供的公共技术服务、一般行政事务、向企业推荐合作咨询机构服务满意度最高，相对地满足了创客的创业需求，而对于提供政策和业务信息、搭建交流平台、投(融)资服务满意度最低，创客空间应采取措施提高其满意度。

总体来看，创客空间各项服务满意度指标的权重都在 0.6 以上，说明创客对于这 10 项服务的满意度处于较高水平，创客空间应该提高服务质量，进一步增加创客的满意度。

3. 影响创客空间各项服务满意度的关键因素识别

1) 四分象限模型图简介

四分象限图模型，又称重要因素推导模型，是一种偏于定性研究的诊断模型。由 Martilla 和 James 最早提出，最初只是用于评价市场营销项目的有效性。由于其简单实用，此方法迅速被推广应用于其他研究领域。本研究根据测评量表中创客对每个指标的重要性和满意性评分来决定各指标在四分象限模型中的哪个象限。模型的纵坐标轴代表创客对每个指标的满意度评分情况，横坐标轴代表顾客对各指标重要性的评分情况。

如果重要性和满意度评分都高，则该指标归于优势区，表明了这些要素对创客而言是关键性要素，需要继续保持并得到进一步发展和优化；如果满意度评分低而重要性评分高，则该指标归于修补区，该区域的指标对于创业者来说十分重要，但是创业者对这些方面的目前状况和表现并不是很满意，所以，这部分是最急迫和最需要着手去解决的问题；如果重要性和满意度评分都低，则该指标归于机会区，部分要素对于创业者而言并不是很重要，而且创业者对其满意度也不是很高，这部分要素并不是最急需解决的问题；如果满意度评分高而重要性评分低，那么该指标则归于维持区，表明这些要素对于创业者而言是次要因素，实际价值并不是很大，对于这部分要素只需要保持现状即可，若考虑到资源的有效分配，则可以从这部分要素做起。根据四分象限模型，可以有效地了解创客对创客空间各项服务满意与否，对其看重与否。

2) 四分象限模型图构建与分析

根据前文创客对创客空间各项服务需求重要性打分情况和创客对创客空间各项服务满意度打分情况，可以得出重要性和满意度两个属性的各个指标的均值，汇总如表 3.20 所示。

表 3.20　服务项目的重要性和满意度各指标均分汇总

指标	重要性平均分	满意度平均分
X_1	3.86	3.16
X_2	4.02	3.30
X_3	3.76	3.64
X_4	3.89	3.69
X_5	4.04	3.62
X_6	3.64	3.60
X_7	3.67	3.73
X_8	3.64	3.53
X_9	3.83	3.60
X_{10}	3.63	3.72

以本次调查所获数据的总平均值(3.798，3.56)为交叉点，以各指标的满意度平均分作为纵轴，以其重要性的平均得分作为横轴，依据表 3.20 的数据绘制了相应的四分象限模型图，如图 3.5 所示。

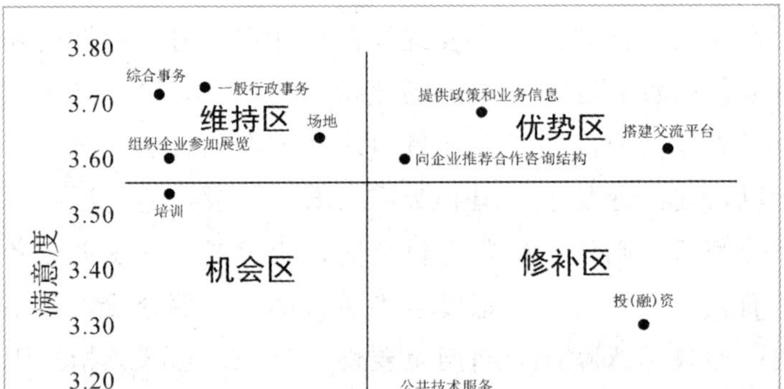

图 3.5　创客对创客空间各项服务满意度与重要性四分象限模型图

由图 3.5 中的横、纵坐标轴的刻度值并不一致可知，划分的象限只是相对的，其比较不是通过绝对的数值来进行。图中的优势区，在该象限内创客对指标的满意度、重要性评价都高。这一象限内的指标对创客来说，他们认为是非常重要的，且对其评价也很高。这些指标是创客空间所具备的优势方面，应继续保持下去。10 个测评指标中有 3 个归入该象限内，指标分别是提供政策和业务信息、搭建交流平台和向企业推荐合作咨询机构，说明创客空间应采取措施保持这些服务项目的优势。

图中的修补区，在该象限内创客对指标的满意度评价低而重要性评价高。这一象限内的指标对创客来说，他们认为是非常重要的，但其评价却不是很高，这些指标是创客空间所急需改进的地方。落入该象限内的有公共技术服务和投(融)资这两个指标，是目前创客空间发展的软肋，必须密切关注、积极改善。创客空间应积极地与创客沟通，了解创客满意度低的原因，采取相应措施，将该象限内的指标转变为竞争优势。

图中的机会区，在该象限内创客对指标的满意度和重要性评价均低。由于创客对这些因素并不重视也不满意所以其不是最急需重视的问题，本研究中只有培训这个指标落入该象限中，创客空间在发展过程中，不必对这个指标投入太大的关注。

图中的维持区，在该象限内创客对指标的满意度评价高而重要性评价低。若指标落在该象限，则这些指标对于创客而言不是最重要的因素，即次要优势，在近期内无须再增加过多投入就已经可以使得创客满意。对于这些指标要素，创客空间可以发挥其优势，促使其向优势区变化。另一方面，由于其对于创客当前的实际作用并不显著，若从创客空间资源有效分配的角度考虑，可先从这些指标做起。落在这一象限的指标有综合事务、一般行政事务、组织企业参加展览和场地。

4. 创客空间内其他企业给本企业带来的服务项目重要性的因子分析

创客空间内其他企业给本企业带来的服务项目重要性分析的指标共有 7 个，对这些指标进行主成分分析，提取了 2 个公因子，其累积方差贡献率为 79.417%，即已提取出了主要成分(见表 3.21)。表 3.22 列示了旋转后的因子载荷矩阵，用于后续计算；表 3.23 是指标的汇总统计；表 3.24 得到了成分得分系数矩阵。

表 3.21　解释的总方差

成分	初始特征值			提取平方和载入			旋转平方和载入	
	合计	方差的%	累积%	合计	方差的%	累积%	合计	方差的%
1	4.478	63.967	63.967	4.478	63.967	63.967	2.922	41.750
2	1.082	15.450	79.417	1.082	15.450	79.417	2.637	37.667
3	0.619	8.845	88.262					
4	0.302	4.315	92.577					
5	0.289	4.129	96.705					
6	0.157	2.238	98.943					
7	0.074	1.057	100.000					

提取方法：主成分分析。

表 3.22　旋转后的因子载荷矩阵

	成　分	
	1	2
37.1 同行业环境	0.944	0.149
37.2 企业间技术共享	0.918	0.209
37.3 行业信息共享	0.754	0.464
37.6 企业间投资/持股	0.164	0.853
37.7 其他	0.115	0.757
37.5 人力资源帮助	0.555	0.728
37.4 带来的业务	0.522	0.725

提取方法：主成分分析。

旋转法：具有 Kaiser 标准化的正交旋转法。

由表 3.22 旋转后的因子载荷矩阵可以得出创客空间内其他企业给本企业带来的服务项目重要性分析的指标，在进行主成分分析后，利用 SPSS 软件提取 2 个公因子，并根据其具体包括的指标相应命名为共享服务和经营性服务，如表 3.23 所示。公因子共享服务包括的具体指标是同行业环境、企业间技术共享和行业信息共享；公因子经营性服务包括的指标是企业间投资/持股、其他、人力资源帮助和带来的业务。成分得分系列矩阵见表 3.24。

表 3.23 重要性指标汇总

二级指标		三级指标	
F_1	共享服务	X_1	同行业环境
		X_2	企业间技术共享
		X_3	行业信息共享
F_2	经营性服务	X_6	企业间投资/持股
		X_7	其他
		X_5	人力资源帮助
		X_4	带来的业务

表 3.24 成分得分系列矩阵

	成 分	
	1	2
37.1 同行业环境	0.462	−0.240
37.2 企业间技术共享	0.427	−0.195
37.3 行业信息共享	0.248	0.017
37.4 带来的业务	0.031	0.255
37.5 人力资源帮助	0.048	0.245
37.6 企业间投资/持股	−0.209	0.458
37.7 其他	−0.202	0.417

由上面的数据，得到两个主成分中各指标相应的系数，数值如下：

$$F_1 = 0.462X_1 + 0.427X_2 + 0.248X_3 + \cdots -0.202X_7$$

$$F_2 = -0.240X_1 - 0.195X_2 + 0.017X_3 + \cdots + 0.417X_9$$

根据权重计算主成分的综合得分模型：

$$F = 0.639F_1 + 0.155F_2$$

5. 重要性分析

经过上面的分析，可以得到创客空间内其他企业给本企业带来的服务项目重要性指标的权重排序情况，如表 3.25 所示。

表 3.25　各项服务重要性指标的权重及排序情况

<table>
<tr><th>一级指标</th><th>二级指标</th><th>权重</th><th>排序</th><th>三级指标</th></tr>
<tr><td rowspan="7">F</td><td rowspan="3">F_1</td><td rowspan="3">0.639</td><td rowspan="3">1</td><td>X_1</td></tr>
<tr><td>X_2</td></tr>
<tr><td>X_3</td></tr>
<tr><td rowspan="4">F_2</td><td rowspan="4">0.155</td><td rowspan="4">2</td><td>X_6</td></tr>
<tr><td>X_7</td></tr>
<tr><td>X_5</td></tr>
<tr><td>X_4</td></tr>
</table>

把被调查的创客空间内其他企业给本企业带来的所有服务项目命名为一级指标 F，把利用 SPSS 提取出的 2 个公因子相应地命名为二级指标共享服务 F_1 和经营性服务 F_2，并列出其权重和排序，作为重要性排序的参考。在影响总体重要性的二级指标中，提取出的公因子共享服务 F_1 权重大，为 0.639；提取出的公因子经营性服务 F_2 比重相对较小，为 0.155，说明创客认为在创客空间内，其他企业为本企业带来的共享服务重要性要高于带来的经营性服务。根据表 3.22 旋转后的因子载荷矩阵，可以得出每个公因子包括的具体指标相对应的重要性权重。具体情况是，重要性排在前三位的分别是同行业环境、企业间技术共享、行业信息共享，这说明创客认为创客空间内其他企业给本企业提供的这些服务重要性较高，创客空间应加大其投入力度；而企业间投资/持股、其他服务、人力资源帮助、带来的业务排在了后四位，这说明创客对于创客空间内其他企业给本企业提供的这些服务重要性较低，但也不能忽视其发展。

总体来看，创客空间内其他企业给本企业提供的这些服务重要性指标的权重都在 0.7 以上，说明创客认为这 7 项服务的重要性都较高，创客空间应该加大这些服务项目的发展力度，全面提高服务项目的水平，并突出重点。

五、实证研究的结果与相关对策建议

(一) 实证研究的结果总结

通过搜集并分析 103 份问卷调研数据，本章探究了创客对创客空间服务内容和质量的评价情况，研究的主要结论如下：

第一，本研究运用描述性分析和因子分析对创客空间各项服务需求重要性进行了分析。结果表明，重要性排在前面的是信息及公共技术服务、推荐和投融资服务，具体到指标分别是公共技术服务、提供政策和业务信息、投(融)资、向企业推荐合作咨询机构(管理、财务等)。这说明为了提高创客空间的工作效率，提高创客空间的创新水平，鼓励创客们的创业激情，这些服务项目的重要性不可忽视。尤其是创客普遍反映从创客空间获得融资较难，获得资金的来源较单一，创客空间应从政府以及社会层面采取措施提高服务项目的发展力度。基础设施和日常服务的重要性相对较低，说明创客认为基础设施和日常服务的水平能够满足创客的日常需要便可。

第二，本研究运用描述性统计分析、因子分析、方差分析和四分象限图模型分析对创客空间各项服务满意度分别进行了分析。根据描述性分析，得出满意度评分在 3～4 之间，说明创客空间服务项目的满意度处于中等水平。根据因子分析，相对来说，对软件服务的满意度要高于对硬件设施的满意度，说明软件服务项目受到了创客空间的较大关注。具体来说，创客对于投(融)资、提供政策和业务信息、组织企业参加展览、一般行政事务(协助处理工商税务等事务)、培训(业务、管理、公共技术等)、向企业推荐合作咨询机构(管理、财务等)、综合事务(基本生活服务、社区环境等)这些指标的满意度相对较高。但由于服务项目难以量化的特征，创客空间还是要加强服务项目的内容覆盖性、问题解决的针对性。创客对于公共技术服务、场地(租金优惠等)和搭建交流平台(沙龙、俱乐部等)这些指标的满意度相对较低，说明创客空间对于基础的公共技术服务以及交流平台的构建存在问题，众创空间的服务工作还需完善。

在四分象限图模型分析中，投(融)资、公共技术服务这两个指标处于修补区，说明重要性高却满意度低，创客空间应该提高针对性，从多方面采取措施提高发展水平。培训这个指标处在机会区，说明有较大的发展潜力，应对这两个区域的指标采取措施提高满意度。其他处于维持区和优势区的指标，应该保持其优势。

第三，本研究运用描述性分析和因子分析对创客空间内企业各项服务重要性进行了分析。可以得出重要性排在前面的是共享服务，具体指标是同行业环境、企业间技术共享、行业信息共享。说明在创业生态系统的大背景下，共享服务的重要性不可忽视，创客空间应多方面采取措施提升服务水平。经营性服务的重要性相对较低，具体指标是带来的业务、人力资源帮助、企业间投资/持股和其他服务。说明经营性服务在企业的普通经营过程中就可以获得，在以共享理念为核心的创客空间中重要性不是特别凸显，但也不能过多忽视，要保证基本的服务水平。

(二) 提升创客空间服务质量的建议

通过调查研究、数据分析和实证研究，为了进一步改进创客空间服务内容和质量，我们从下面两个方面针对性地提出对策建议。一是完善创客空间服务内容；二是重视创客空间内企业间网络链接。

1. 完善创客空间服务内容

1) 完善硬件设施

第一，提升公共技术服务效能。结合上文对创客空间服务需求重要性的分析，本研究根据各项服务指标建立了四分象限模型图，硬件设施指标中的公共技术服务处于修补区，说明创客认为该指标的重要性高，满意度低，创客空间应该采取措施提高其满意度。针对公共技术服务的措施具体如下：① 政府应从资金上给予特定支持，大多数孵化载体即使有强烈的改进欲望，但毕竟实力有限。② 采取市场化的运营模式支持提升孵化载体水平，可以设立股权投资资金，强化公共技术服务。③ 推进公共技术服务的自动化和电子化水平，提高创客空间的工作效率。④ 为了提高创客空间的创新水平，鼓励创客们的创业激情，可以使用“创新券”等一些方式让创客们免费使用公共实验设备。

第二，寻求长效的场地运行机制。具体措施如下：① 可以利用财政资金对创客的创业场所实行场地优惠，对创客空间内的创客实行政策倾斜。② 改变运营模式，可以鼓励运营主体对场地建设的同时引入股权投资基金，实现长期盈利。③ 引导场地的提供方以参股的方式投入场地的建设，从而降低孵化载体的物业成本。④ 推进众创空间孵化载体的兼并重组，加快形成规模效应。

第三，根据创客创业的实际需求，与其他众创空间的服务部门加强联系，定期搭建交流平台，组织创客积极交流经验。

2) 深化软件服务

第一，提供全程、多方面的金融服务。根据前文对众创空间调查信息的描述性分析可以看出，在影响创客团队发展的因素中，投融资占了28%，表明充足的投融资支持对于创客团队的发展起着至关重要的作用。尽管已经出台了众多的投融资政策，但是根据调查，孵化产品获得资金的难度仍较大。具体可以考虑的措施如下：① 加大财政投资力度，孵化载体作为半公益性质的组织，必须要有政府的财政支持，建议加大财政政策的扶持支持力度。② 带动和引导社会资本参与创业投资基金、股权投资基金，发挥资本引领和撬动作用。③ 由于创客刚成立的企业存在较大的市场、经济风险，导致创客很难从传统的金融机构贷到资金，因此应加快发展风险投资、大力引进天使投资，扩大投资规模。同时也可以实行风险投资补偿机制，鼓励社会投资机构对创客成立企业的投资力度。④ 可以为创客寻找专门对口的小额贷款公司，实行信用担保贷款。⑤ 政府也可设立专门的科技银行，为中小企业，比如创客的初创企业提供贷款，减少审批程序，利用信用和知识产权作为抵押。⑥ 充分利用金融中介服务，发挥政策性担保机构、商业担保机构、再担保机构的融资担保作用。

第二，根据创客的创业需求，全面提高培训能力。具体包括：① 为了激发创客技术学习的积极性，在创新创业教育课程和内容上给予支持，建立对应的学习体系，设计一套系统性的学习课程。② 邀请一些社会上的知名企业家作为创业导师，采取案例分析的方式，在与创客交流的过程中培训创客的业务、管理等方面的技能。③ 利用西安市丰富的高校资源，邀请业务、管理方面的专家教授对创客进行专业知识的培训。

第三，提高创客空间相关政策和信息的提供能力。具体表现为：① 构建网络信息平台，发挥新媒体的作用。例如官方网站、微博、微信及时发布和更新政策业务信息。要适当地对政策信息进行解读，尤其是对疑惑的解读，在保证政策的总体全面性同时，考虑到政策的具体实施性，做到政策的细化，避免政策执行者知晓政策而无从下手。② 建立一套网络沟通协调机制，做到及时反馈问题，分享经验促成发展，保证信息的沟通畅通。分享和传播好的创业商机、重点的投资机会，不断为创客提供新鲜实时信息，对那些创新水平高、发展潜力大的创客项目和企业进行重点宣传和帮助，从而促成相关主体之间的合作。③ 充分利用传统媒体，例如宣传栏、报纸、电视等，印发专门的政策、业务方面的小册子或者杂志，并及时更新，采取纸质版和电子版的方式进行发放传播，进行政策的深入解读和分析，以便让创客们更加准确地理解政策信息。

第四，提升创客空间推荐咨询机构的能力。具体包括：① 开展创客和企业需要的高质量管理、财务和法律服务咨询机构的推荐服务。② 构建信息公开机制，实时公布初创企业对咨询机构的业务能力、信用情况、服务效果等的评价机制。③ 与一些业务能力突出，收费适当的咨询机构建立长期的合作关系，长此以往，增加合作默契，减少寻找成本。

2. 重视创客空间内企业间网络链接

1) 推进共享服务

由于创业活动具有多主体参与的性质，创业行为的出现与创业活动的成功与否变得不确定。因此，聚合众多的创客或其他创业资源，并通过彼此间合作来创造新技术、新商机具有重要的意义。具体措施如下：① 打破企业间的障碍，充分利用资源。行业信息的共享、企业间的技术共享不能只停留在物理层面，要尽力创造信息交流的平台，加强彼此的协同合作。可以建立沟通网络，促进行业资源的共享。② 加强与上下游企业间的互动，一方面可以满足万众创新的要求，也可以让企业更加方便地了解行业信息，提高对市场机会的敏锐度。

2) 提升经营性服务

创客空间内各企业的创业活动构成了创业网络，建立一个强联系的创业网络，完善创业生态系统具有重要的意义。当创客拥有所适应的人力资源、资金、业务，并同时能够得到政策倾斜和支持时，更容易创业成功。具体措施包括：① 有意识地培养创客的众创精神和分享意识，创客空间应该进一步扩大其开放性，打破企业间的限制，探索构建跨企业的创业人才机制。② 构建完善的创业内部网络，建立创客空间内部的一体化创业链条。③ 在创客空间内部搭建企业交流平台，通过举办活动等多种方式，让企业有机会在业务和资金上有所交流。

第四章　理工科专业大学生创业意愿影响因素研究

一、引　言

随着我国鼓励大学生创业政策的不断完善和逐渐落实，大学生创业政策也在实际工作中取得了相应的成效。比如大学生的就业观念有了明显的变化，许多大学生不再把稳定的工作当作自己的首选，而是希望创建属于自己的事业，因而创业成为不少大学生的首选。与此相适应的是我国高校毕业生的创业人数不断增多，尤其是在国家创业政策的鼓励和扶持之下，大学生毕业后选择创业的比例大大提升，从 2008 届只有不到 1%的创业比例增长到了 2012 届的 2%，在 5 年的时间里增长了一倍多，其中“85 后”和“90 后”的高校毕业生创业的意愿更是强烈。

大学生创业是促进大学生就业工作的一个新途径，自鼓励和扶持大学生创业政策推出以来，大学生创业就持续受到政府、社会和学术界的关注，取得了相当不错的实际反响和研究成果。本章着重研究大学生创业意愿的相关问题，研究的成果能够促使鼓励和扶持大学生的创业政策在实际实施过程中更有针对性，使政策的制定和选择能够切中大学生创业的需要，同时也提高鼓励和扶持大学生创业的政策在执行过程中的有效性，达到政策制定、政策选择和政策落实的目的。此外，加强对大学生创业政策相关问题的研究能够对在政策实施中暴露出来的问题及时有效的进行反馈，不仅能使得原有的问题得到及时、正确地解决，还能够使再出台的鼓励大学生创业的政策更加贴近大学生创业的实际需要。

本章通过分析创业激情、创业自我效能、创业风险感知与创业意愿之间的关系，提出创业自我效能和创业风险感知在创业激情对创业意愿促进作用中具有中介效应的假设。通过构建创业激情与创业意愿作用机制模型，利用陕西省 314 名大学生的问卷调查数据进行实证研究。研究结果拓展了创业意愿基于情绪和认知视角的研究范围，证明了激发大学生的创业激情，以及增强对自我价值和能力的认知，是提高大学生创业意愿的有效途径。为政府和相关部门制定促进大学生创业的政策提供理论依据和实践支撑，促进国家创新型经济发展。

二、国内外相关研究综述

(一) 关于大学生创业意愿影响因素的研究

1. 国外的研究

Crant(1996)和 Holland(1997)较早地研究个人特质与创业意愿的关系，认为个体天生所具备的素质能够明显的体现创业意愿的强度，由此，针对创业意愿个体层面的研究逐渐受到关注。Praag 和 Cramer(2001)以 5800 名丹麦学生为研究对象，根据 41 年的跟踪调查分析发现，个体的风险偏好型、风险中型、风险厌恶型对创业意愿的影响存在显著差异。Rauch(2007)认为个体特质是个体具备的一种综合性的素质，包括外向性、责任心、开放性、宜人性、神经质五大特质，这些因素能够尽可能全面的影响个体投身创业活动的意愿强度。John Maes 和 Leroy 等(2014)提出性别对创业意愿的影响，发现性别可以通过感知行为控制间接对创业意愿产生影响。

随着研究的深入，创业教育及创业学习对创业意愿的影响也得到了越来越多学者的关注。MacMillan(1987)认为在竞争过程中创业教育是赢得竞争优势的关键，创业教育能够显著提升个体的创业能力和创业素质，提高创业自信心。在此基础上，通过组建创业团队获得创业过程中的人才优势，能够敏锐地识别、利用机会，为新创企业创造绩效。随后一些学者也证明了创业培训和教育对创业意愿的影响，通过研究也发现了创业教育、学习与创业意愿之间存在正相关。

2. 国内的研究

国内关于个体特质与创业意愿关系的研究中，贺丹(2006)以浙江大学在校学生为研究对象，发现创业竞赛经验可以促进创业意愿提升，而实习经历对创业意愿有抑制作用。钱永红(2007)以华东和华南地区 12 个行业的人员为样本，研究发现成就动机、风险承担、自主性、创业回馈、资源获得均与个人创业意愿存在显著正向关系。李永强(2008)分析了个体的冒险精神、内部控制、风险承担三个方面对创业意愿形成的影响。陈美君(2009)以大学生为研究对象，研究发现个体特质中的主动性人格是影响创业意愿的重要因素，即对外部事物和机会能够主动接触、接受的个体更愿意通过创业实践来展现自我价值。

国内关于创业教育与创业意愿关系的研究相对较晚，叶映华(2009)从创业课程视角出发，分析针对大学生开展的相关创业基础性课程对创业意愿提升的作用，认为大学生通过学习企业经营知识、市场环境分析知识等能够显著提升创业意愿和自信心。王杰民(2015)以 340 名大三、大四即将毕业的高职、大专和本科生为研究对象，分析创业学习对创业意愿形成的路径影响，研究发现具有较强学习能力的大学生在未来职业选择中创业的可能性更大。

国内关于认知要素与创业意愿关系的研究，主要是在计划行为理论基础上展开的。李永强等(2008)在 TPB 模型基础上，以中国大学生为样本分析了创业意愿的形成机理，研究发现主观规范更能够影响创业意愿，即周围相关者的意见能够明显作用于中国大学生的创业意愿，这表明个体创业意愿的产生与中国的文化背景密切相关。方卓和张秀娥(2016)以大学生为研究对象，发现能力认知、准备认知与创业意愿正相关，可以通过政府支持、优化创业环境、完善高校创业教育体系和培养自身创业素质等方面不断激发大学生的创业热情，鼓励其投身创业活动。杨田(2015)以南京的大学生为研究对象，分析了创业自我效能对创业意愿的影响。通过 225 份问卷调查结果的分析发现，具有较强创业效能感的大学生对创业机会的识别会更敏感，更敢于尝试新事物，对创业的自信度提高，创业意愿也会越强烈。

张苏和樊勇(2014)从税收政策的角度分析了其对中国大学生创业意愿的作用，研究发现优惠的税收政策能够显著提升大学生创业的热情，因此，政府可以通过制定针对大学生的税收减免政策、简化办事程序等提升创业热情，鼓励更多大学生投身创业浪潮。

(二) 国内外关于大学生创业存在的问题及政策研究

1. 国外的研究

由伦敦商学院和美国百森商学院共同发起的国际创业研究项目“全球创业观察报告”(GEM)依据创业动机的不同，把创业划分为机会型创业、生存型创业。前者主要是指为了追求某个商业机会而进行的创业活动，后者则是指因为没有较为合适的就业选择而进行的创业活动。但也有的学者将创业理解为“创业者根据自己的想法和努力工作开创一个新企业，包括新公司的成立，以及新产品或新服务的提供，来实现创业者的理想。”而在创业政策类型的研究过程中，伦德斯特罗姆和斯蒂文森两位学者认为创业的政策体系应当包含有6个方面的内容，这6个方面的内容分别是：① 能够促进创业的文化；② 展开有关创业的教育活动；③ 降低创业活动的准入门槛和准入障碍；④ 融资支持与启动资金帮扶；⑤ 商务条件支持；⑥ 对目标群体的刺激作用。而凯尼则认为创业政策的着重点应当集中在新企业的设立和企业得到发展的方面，他研究后提出良好的创业政策起码应包含以下5个方面的内容：① 有创业的意识；② 有税收和政策支持；③ 在初创期能够获得必要的资本，尤其是权益资本；④ 创业的教育；⑤ 知识资本。

2. 国内的研究

董元梅(2013)认为，大学生创业政策的构成应该包含：① 重视大学生创业：一是要把鼓励大学生创业发展上升为国家经济战略发展的重要组成部分，从顶层进行设计；二是要对大学生创业制定有别于普通创业者的鼓励政策，要给予更大的帮扶支持力度；三是要重视大学生创业的配套政策和举措的落实。② 税收优惠：中央人民政府和地方政府要通过税收优惠制度和降低市场准入门槛来进一步减少大学生创业者的创业成本，营造良好的政策环境以促进创业。③ 资金支持：要加强金融融资平台与大学生创业者的对接，切实有效解决他们在创业初期的资金瓶颈问题。④ 创业培训：

有关部门要进一步鼓励和支持学校及社会培训机构加大对大学生创业者的创业技能培训工作，切实提高他们的创业水平和能力。⑤ 知识经济：出台政策鼓励产学研相结合，设法将高校和科研院所的有关技术成果转化为生产力和经济效益，要推动校企合作，特别是鼓励在校科研人员投身到创业大潮中。

王晓鹏(2014)从改善创业环境和支持创业发展的角度出发，提出 6 条促进大学生创业的政策，这些政策包括：① 创立大学创业社团，其作用主要是建立大学生诉求表达渠道;② 形成大学生产学研相结合的创业竞争优势；③ 要在高校中大力普及和推广大学生创业技能培训和风险教育工作；④ 积极吸引天使投资基金对大学生创业项目进行孵化；⑤ 利用信息平台建设全国大学生创业服务咨询平台，通过网络建设为大学生创业者提供资源整合和区域合作的机会；⑥ 加快支持大学生创业的基础设施建设，主要是加强对学校、交通、网络通信等基础设施方面的建设，以有力的举措推动地区创业水平的提高。

同时，国内的专家和学者也分别对创业政策体系开展了全面和深入的研讨，陈亚惠(2018)从创业活动发展周期的角度出发，提出了应该根据经济周期发展的不同阶段针对大学生制定不同的支持政策，同时根据小微企业的生命周期理论，提出了大学生创业生命周期理论及研讨模型，通过进一步深入研究，提出了在创业进程中的不同阶段所需要的关键要素，这些要素具体包括：创业文化、创业技能、创业知识、创业金融、创业资金、创业风险、创业市场、创业保障等。

三、大学生创业意愿影响因素的研究假设、概念模型

(一) 研究假设

1. 创业激情与创业意愿

创业激情是对挑战性活动的热爱(Baum 和 Locke，2004)，是创业者坚

持不懈、积极主动参与创业活动的动机。“激情是源于灵魂、精神和内心的无限能量，创业者需要面对风险和挑战的勇气，而创业激情便是这种勇气的来源”(Cardon 等，2009)。创业激情是创业动机和意愿产生的核心要素，是解释创业意愿产生的关键(Baron，2008)。创业激情体现了对实现创业目标更高层次的承诺，较高的自我价值追求会激发个体的创业热情，进而提升个体参与创业的意愿。Chen 等(2009)将创业激情定义为一种创业者强烈的情感表现，并伴随认知和想法的产生，潜在创业者将创业想法转变为行为意愿，参与创业实践。同时，Vallerand 等(2010)也认为激情是一种动机因素，可以解释个体参与活动的意愿，而创业意愿强度在创业初期直接影响未来创业的结果(Bird，1988)，因此，创业激情是个体是否愿意将机会转化为行动的决定性因素(Brannback 等，2006)。Cardon 等(2013)将积极情绪和身份认同作为创业意愿的两维度，分析了不同阶段的创业激情对行为动机的影响。其中，积极情绪是对所开展活动的强烈兴趣，创业者的情绪越积极，对应对不确定性和挑战也就越有信心，也说明其参与创业活动的意愿或倾向越强。从组织层面看，情感传递理论认为创业者的积极情绪可以传递给员工，提升员工的组织承诺和对目标实现的追求(Breugst 等，2012)。身份认同同样是创业激情的组成部分之一，包括自我认同和社会认同，即对自身能力、创业者身份的认知，以及他人或社会对创业者身份的接受与认可程度。身份认同是创业者对自身群体归属及所处群体的情感和价值意义的认知，是创业者作为群体成员的认知评价(Tajfel 和 Turner，1979)，会影响创业者对行动的态度，并作用于行为意愿(Ajzen，1991)。创业者在创业过程中有三种身份，即创新者身份、创建者身份和发展者身份(Cardon 等，2009)，身份认同是创业者对自己创业身份的感知，是激发创业信心、提升创业意愿的有效途径。因此，本研究从积极情绪和身份认同两维度分析创业激情与创业意愿的关系，创业激情不仅能够激发创业者产生积极愉悦的情绪，提升应对困难和不确定性事件的信心，同时，明确创业者作为决策制定者和实施者的身份认同感，更能够激励创业者快速识别并获取有效信息，为创业活动提供支持。基于此，本研究提出以下假设：

H1：创业激情对创业意愿有正向影响作用。

此外，基于创业激情中的积极情绪和身份认同两个维度，提出以下假设：

H1a：积极情绪对创业意愿有正向影响作用。

H1b：身份认同对创业意愿有正向影响作用。

2. 创业激情与创业自我效能

创业激情是创业者识别机会、探索新产品或管理方式的核心要素(Cardon 等，2013)，是一种强烈且积极的情绪，激励创业者克服困难(Baron，2008)。高创业激情的创业者更相信自己可以识别到高潜力的创业机会，对创业活动更有信心。Cardon 等(2013)从心理学角度着重分析了创业者身份认同对创业激情的作用，认为创业者的自我定位是决定创业激情能否转化成创业成功的关键。在创业激情的测量方面，Cardon 等(2013)按照创业活动的不同阶段将创业激情分为创新激情、创建激情和发展激情，从情绪视角分析创业激情在识别机会、企业创立、企业发展中的作用。在之后的研究中，研究视角逐渐由情绪观转向认知观，Cardon 等(2013)从积极情绪和身份认同两个方面对创业激情进行测量，强调创业者自我认知的作用，认为积极情绪是一种有意识的强烈感受，具有积极、持久、连续的特点，身份认同是将创业者角色内化为自我认知的过程。因此，有创业想法的个体，获得身份认同是明确自我价值的关键。要激发创业激情，增强创业者自我效能感，一是要使创业者对创业活动保持积极且强烈的情感体验，二是要使创业者感受到个体价值在创业中的重要性及深远影响。由此，在面对高度动态的创业环境时，创业者强烈的创业激情能够激发个体创造力(Chen 等，2009)，增强应对不确定性的能力，提升创业自我效能感。基于此，本研究提出以下假设：

H2：创业激情对创业自我效能有正向影响作用。

此外，基于创业激情中的积极情绪和身份认同两个维度，提出以下假设：

H2a：积极情绪对创业自我效能有正向影响作用。

H2b：身份认同对创业自我效能有正向影响作用。

3. 创业激情与创业风险感知

创业激情是创业者面对不确定性、风险性的勇气(Baum 和 Locke，2004)。创业激情的结果是激发创业者产生愉快情绪，促使创业者积极地面对困难和不确定性。创业者是决策的制定者和指导者，具有能够为制定决策而快速识别和获取信息的能力(Vallerand 等，2010)。具有创业激情的创业者有着成功决策的信心，但创业激情并不能克服所有的不确定性和困难，只能提升创业者应对风险的感知能力。创业激情在应对外部环境中发挥重要作用，“一切都会好起来”的积极情感会激发创业者拓宽社会网络资源的应用范围，为应对动态环境变化提供支持(Fredrickson，2001)。期望效应理论认为，个体感知到创业项目风险较高时，其创业意愿会较低。而实际状况是，即使创业者知道创业活动具有高风险性，却依然投身创业活动，这显然与期望效用理论相悖。此时便是创业激情发挥其激励作用的时候，积极的创业激情促使创业者更倾向于选择风险性的项目。McMullen 和 Shepherd(2006)构建了创业行动模型，研究创业激情与不确定性之间的关系，认为创业激情会影响个体对创业机会不确定性的评价。情绪启发式理论认为，创业者情绪会影响其对风险信息的处理能力，决策者的情绪在不同程度上影响了个体决策，并促使创业者进行非理性的信息评价(Loewenstein，2001)。同时，积极情绪会降低创业者与周围个体的敌对情绪(Barsade，2002)，使创业者感受到和谐的创业氛围及较低的风险威胁。他人或社会对创业者身份的认可和接纳程度，同样会影响创业者凝聚资源和信息的能力。有着较高身份认同的创业者，会以更高的热情整合和利用各种资源，敏锐地识别风险，提升对风险的感知能力和应对能力。个体对某一身份强烈的认同感，能够使个体更持久、更专注地追求目标(Sheldon 等，2006)。当个体创业活动与身份认同密切相关时，个体更愿意参与创业活动的全过程，特别是面临挑战和风险时，能更加积极制定风险防范和应对策略(Cardon 等，2013)。创业者的身份认同使个体作为企业领导者、开拓者的信心倍增，提升其对外部环境的警觉性。有些学者进一步强调，强烈的创业激情会促使创业者产生美好的想象，增强其创业成功的信心，最大限度地提高其创业风险感知能力。因此，创业者积极的情绪有助于其识别风险信息，使创业者更加关注项目的优势和发展机遇，提升其创业风险感知能力。基于此，提出以下假设：

H3：创业激情与创业风险感知存在正向相关关系。

此外，基于创业激情的积极情绪和身份认同两个维度，提出以下假设：

H3a：积极情绪与创业风险感知存在正向相关关系。

H3b：身份认同与创业风险感知存在正向相关关系。

4. 创业自我效能与创业意愿

自我效能在20世纪90年代被引入创业研究领域，创业自我效能是个体深层次的信念，是提升创业意愿的前提(Boyd和Vozikis，1994)。由认知心理学理论可知，创业自我效能是影响创业者及其行为的主要因素，是创业者的内在认知特质。创业自我效能作用于个体思维、动机和行为(Krueger等，2000)，是对创业成功的信念(Bandura，1977)，强调创业者对从事创业活动的信心。创业者通过对自身能力的判断和评估，形成行为信念，因而，具有高创业自我效能的个体更容易识别、利用外部环境和资源，也更愿意参与创业。国内外基于创业自我效能的研究主要有两个方向：一是组织层面，分析创业自我效能对企业绩效的作用，如财务绩效、非财务绩效等；二是个体层面，探讨创业自我效能对创业意愿、行为决策的作用。随着创业认知研究的深入，创业自我效能对个体行为及意愿的作用日益受到众多学者的关注。Krueger(2000)将创业自我效能作为有效区分创业者和管理者的要素，验证了创业自我效能与创业意愿的正向关系。在创业萌芽期创业自我效能便产生，特别是大学生创业，由于面临环境和任务的特殊性，自身能力的认知和自信程度体现了对创业成功的期望。大学生对创业的态度、信心及人际网络的认知是创业意愿的前因变量，并通过创业自我效能作用于创业意愿(曹兴和汤勇，2012)。大学生创业者感知信念越强，对自身创业素质衡量和评价越积极，其主观能动性越高，也就更能理性地应对机会和挑战。因此，高创业自我效能的大学生更能有效地分析识别机会、防范风险、利用资源，强化自我期望，增强创业自我效能感知，有效预测创业意愿。基于此，本研究提出如下假设：

H4：创业自我效能与创业意愿有正向相关关系。

5. 创业风险感知与创业意愿

对潜在创业者来说，是否开展创业是一项重要的决定，因为他们需要在寻找创业机会的同时承担一定风险。高风险性是创业的主要特点之一，创业风险感知是创业者认知领域的重要概念(Sitkin 和 Weingart，1995)。创业风险感知是创业者基于现有认知能力，搜集有效信息，对可能面临风险的主观感知，包括过程的危险性和结果的不确定性。而对创业项目的评价依赖于对信息的收集及理解，个体能力或认识的差异造成对信息评价的有限性，这是创业者风险认知差异的主要来源。在创业初期，创业者对潜在风险的认识程度直接影响机会评价结果，最终作用于创业意愿的强度。创业意愿是创立企业的第一步，是激发个体认知、评估创业机会可行性的内在动力，有助于提升创业的可行性。同时，创业者会努力搜索全面、准确的信息，以确保机会评价的可靠性，降低创业的不确定性和风险性，提升获得收益的可能性(Sitkin 和 Weingart，1995)。从认知角度对创业者和非创业者的创业风险感知差异的研究发现，多数创业者的冒险行为是因为感知到的创业风险比非创业者小，因此更愿意创业(Kahneman 和 Lovallo，1994；陈震红和董俊武，2007)。面对高度不确定的市场环境，相对于对劣势和威胁的识别，创业者对优势和机遇的感知更多，同时，创业风险感知能力的增强和创业感知价值的增加会引起其对创业活动满意度的上升。创业风险感知是创业者对行为风险性和不确定性的评估，创业者风险感知能力提升会更敏锐地识别和应对风险，提升创业成功的概率，使个体更愿投身创业活动。国内学者主要从创业风险感知和创业决策关系入手，分析创业者风险感知与创业意愿的关系。创建新企业所面临的风险不可规避，创业风险是创业者在企业初创期及企业运营中最需要考虑的因素。谢科范和郭伟(2009)从创业者对风险感知的不确定性和不利结果的角度分析了创业风险感知对创业决策的作用，认为创业者感知风险较低时更愿做出创业决策。李敏和董正英(2014)从行为学角度验证了创业者对风险感知水平的差异，认为创业风险感知能力越强的个体越可能创业，创业意愿也越高。因此，潜在创业者在识别机会的同时会产生冒险的冲动，加之个体感知风险程度的差异，使创业风险的可控性感知影响创业意愿的产生。基于此，本研究提出以下假设：

H5：创业风险感知与创业意愿存在正向相关关系。

6. 创业自我效能的中介作用

创业自我效能是潜在创业者真正开展创业的先决条件，并作用于创业意愿。在组织层面，创业自我效能的中介效应主要体现在企业家能力与绩效关系之间，创业自我效能在创业风险控制与新创企业成长的关系中起中介作用。在个体层面，关于创业自我效能的中介效应研究，主要集中在个人特质、创业机会识别、社会网络、创业态度等与创业意愿的关系(曹兴和汤勇，2012)方面。在创业想法产生后，创业者对外部环境和条件进行评估，分析和防范各种挑战、风险，面对这些风险需要充分的勇气，创业激情恰恰可以激发其应对挑战的勇气。对于情感和激情对创业意愿作用的研究逐渐受到关注。研究认为，创业激情体现了创业活动的动机，即使在面对风险和挑战时，个体也会保持行为动力，对自身能力及行动产生积极评价。现有关于创业激情对创业意愿的作用机制研究发现，创业激情可以直接作用于创业意愿，也可以通过创业自我效能的中介效应作用于创业意愿。Tahsildari 等(2014)研究认为创业激情有利于增强创业者成功的信念，创业自我效能感的增强使创业者产生更强的创业意愿，引导创业者积极投身到创业活动中。基于此，本研究提出以下假设：

H6：创业自我效能在创业激情与创业意愿之间起中介作用。

7. 创业风险感知的中介作用

创业的高风险性是个体在决定是否创业时必须考虑的因素，个体的创业风险感知能力能显著影响创业者的意愿。激情是创业动机的核心要素，创业激情对创业过程的作用受到学者的关注。而创业是创业者应对不确定性和创造机会的过程，积极的创业激情为个体克服风险提供动力，提升其创业积极性。Vallerand 等(2003)认为，创业激情是行为动机的重要组成部分，同时激情能够驱动个体感知不确定性因素。通常情况下，较高的创业激情是创业者应对风险的有效手段，并作用于创业意愿形成。虽然有研究认为创业激情与创业动机有显著的正向关系(Baum 和 Locke，2004)，但较少关注创业者风险感知的中介作用。如前所述，积极的创业激情能够增强个体的认知能力，增强其应对环境的灵活性，可以更敏锐地感知环境中的机遇。在创业初期，创业者感知到的风险越少，越有助于明确创业机会的发展潜力，创业意愿也就越强。在新创业企业高失败率的状况下，深刻理解创业风险感知在创业意愿形成中的作用，能使具有创业激情的潜在创业者提升风险感知能力，增强决策自信心。而创业者感知风险的能力是将创业激情、创业机会转变成创业意愿的动力，由此，本研究提出以下假设：

H7：创业风险感知在创业激情与创业意愿之间起中介作用。

(二) 概念模型

本研究的理论研究框架如下：首先，创业激情与对创业意愿、创业风险感知和创业自我效能有正向影响作用，并且创业激情中包括积极情绪和身份认同两个维度，积极情绪和身份认同对创业意愿、创业风险感知和创业自我效能均具有正向作用。另外，创业自我效能和创业风险感知与创业意愿有正向相关关系。最后，创业自我效能和创业风险感知在创业激情与创业意愿之间起中介作用(见图 4.1)。

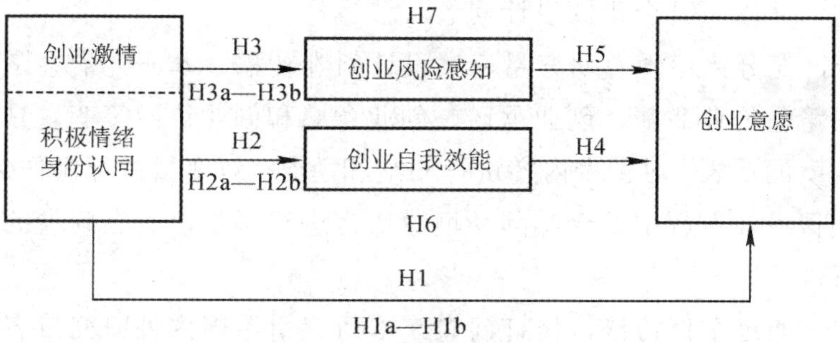

图 4.1　研究的概念模型图

四、实 证 研 究

问卷调研方法是一种收集相关资料的直接调查手段，以问题的形式了解被调查对象对问题的看法。首先，问卷法能够确保数据的有效性。可以尽量降低其他因素对调研对象真实意见的干扰，保证调查结果的可靠性，具有较高信度和效度的数据有利于对问题进行科学的分析。其次，问卷结果的及时性。通过纸质问卷等途径获得数据结果，统计结果可以直接量化。此外，本研究是针对个体层面的有针对性的调研，问卷方式可以更为直接地了解被调查对象的情况，一手数据更为直接可靠。因此，本研究采用问卷调研的方式进行数据收集。

(一) 调查对象的选择

本研究对影响大学生创业意愿的因素进行分析，选择在校大学生为研究对象。根据前文关于大学生创业的分析，将研究对象范围界定为理工类院校的理工科专业学生。

(二) 调查问卷的设计

问卷调查结果的关键是问卷设计的合理性，在此基础上借鉴相关问卷研究方法，从以下几个步骤设计问卷。

第一，充分借鉴现有研究量表，设计问卷初稿。本研究借鉴国内外关于创业决策、创业激情、创业承诺、创业意愿和创业认同等变量具有良好信度和效度的量表，对量表内容进行归纳和总结，对变量进行操作化处理。在问卷初稿设计过程中结合实际环境对语言进行调整，确保问卷的适用性和可理解性。

第二，通过个体访谈，修订问卷。本研究引用国内外研究量表，由于文化、地域、语言等方面的差异，需要对问卷进行修订。通过与高校的多位大学生进行深入访谈和咨询，对问卷的设计、题项表述等方面进行探讨，确保问卷设计的科学性和语言的清晰表达，使问卷更加符合中国情境下的研究。

第三，预调研。为确保问卷的有效性，避免正式调研中可能出现的问题，本研究以陕西省的部分大学生为调研对象，进行小范围的预测试。根据调研对象的反馈，对问卷进行修正，最终形成问卷终稿。

(三) 调查问卷的统计描述

本次调研共发放问卷 400 份，并选择三所学校开设的相同理工科专业学生为调研对象，其中西安电子科技大学发放 180 份，西北工业大学发放 130 份，西安理工大学发放 90 份，三所学校各收回 156 份、113 份和 66 份，共计收回 335 份问卷，剔除不完整和无效问卷，合格问卷 313 份。对样本的相关统计信息如表 4.1 所示。下面对其中几项描述性统计信息做简要说明。

1. 主要动机

问卷中关于大学生创业的主要动机设计了 6 个选项，分别是个人兴趣、解决就业、创造致富机会、自由不被人管、不愿给人打工和其他。从统计结果来看，有 57.2%的同学选择了创造致富机会，42.2%的同学选择了个人兴趣，38.3%的同学选择了解决就业，说明大部分大学生选择创业的主要原因是出于自身的兴趣，并且想解决自己或者他人的就业问题，除此之外可以创造更多的致富机会从而快速获得金钱。

2. 获得创业资金的途径

创业需要一定的资金作为启动条件，在获得创业资金途径这一问题上，设计了合伙创业、自己筹资创业、向政府部门申请贷款、家庭投资、向银行贷款 5 个题项，其中 65.2%的同学选择了合伙创业，表明绝大多数的学生创业者更倾向于和志同道合的朋友一起创业，从而凑集资金，只有少数同学会向政府、社会或家庭求助。

3. 创业遇到的困难

创业是一项高风险活动，创业期间的困难之多之大是常人难以想象的。在有关创业遇到的困难这一题项中经验不足、资金不足和没有成熟的创业方案是三个最大的困难，分别有 70.3%、66.1%和 58.5%的同学选择了它们。本科生作为学生是第一次踏入社会，以前的经历大多都是校园经历，没有社会和其他方面的经验。作为学生，没有稳定的收入，创业资金对于大多数学生来说都是一笔非常大的钱数。在校期间，学习到的知识大多是理论知识，如何从理论到实践是需要时间和成本的，所以对于学生来说成熟的创业方案更需要本身的能力。

4. 学校创业教育的方法

学校对于大学生创业意愿的影响是很大的，如果学校能提供有利于创业的环境，对于时间比较充裕的大学生来说是有吸引力的。在参加调研的同学中，有 62.0%的同学选择希望学校可以被纳入大学科技园区，提供市场、实验设备等环境和服务。可以看出学生希望学校可以为创业提供便捷，减少学生在环境和服务方面的顾虑。

5. 创业地点和领域

在参与调研的同学中，56.2%的同学选择了在二线城市创业，38.3%的同学选择了在一线城市创业。二线城市相对于一线城市来说成本会小一些，但是创业机会却不少，所以更多大学生将创业地点选在了二线城市。当然一线城市也是创业地点的主力军，一线城市人才、资金、知识等创业条件都是最优秀的。

而在创业领域方面，设计了 4 个题项：与自身专业相关的领域，自己感兴趣的领域，当今热门的方向，启动资金少、容易开业且风险相对较低的行业。49.5%的同学选择了自己感兴趣的领域，只有 14.1%的同学选择了启动资金少、容易开业且风险相对较低的行业。所以对于创业的大学生来说，兴趣至关重要。

6. 创业大学生希望政府做的事情

政府的举措和政策直接影响大学生创业的积极性。从创业大学生希望政府做的事情可以分析出大学生创业在政策大环境方面的难处和政府需要改进的地方。本次调研中，35.5%的同学希望政府可以提供专业技能培训，27.8%的同学希望政府可以提供创业机会，说明政府在这两方面的政策还不完善。只有不到 0.3%的同学选择了解决实际生活难题，29%的同学选择了维护权益，这说明目前大学生的生活情况已经得到了满足，在自己的权力和利益方面受到了足够的保护。

表 4.1　样本的构成分布(N = 313)

类别	分类指标	频数	频率
性别	男	265	84.7%
	女	48	15.3%
所在大学	西安电子科技大学	148	47.3%
	西北工业大学	105	33.5%
	西安理工大学	60	19.2%
年级	大二	187	59.7%
	大三	126	40.3%
专业	通信工程	68	21.7%
	电子信息工程	64	20.4%
	计算机科学与技术	63	20.1%
	自动化	53	16.9%
	软件工程	65	20.8%
创业主要动机	个人兴趣	132	42.2%
	解决就业	120	38.3%
	创造致富机会	179	57.2%
	自由不被人管	94	30.0%
	不愿给人打工	69	22.0%
	其他	16	5.1%
获得创业资金的途径	合伙创业	204	65.2%
	自己筹资	85	27.2%
	向政府部门申请贷款	85	27.2%
	家庭投资	39	12.5%
	向银行贷款	93	29.7%
创业遇到的困难	资金不足	207	66.1%
	经验不足	220	70.3%
	缺乏人才和技术	166	53.0%
	风险大	108	34.5%

续表

类别	分类指标	频数	频率
创业遇到的困难	没有成熟的创业方案	183	58.5%
	创业成功率太小	148	47.3%
	亲人反对	16	5.1%
学校创业教育的方法	提供配套资金	133	42.5%
	设立创客空间	147	47.0%
	纳入大学科技园区，提供市场、实验设备等环境和服务	194	62.0%
	将创业课纳入必修课	62	19.8%
	其他	5	1.6%
创业地点	一线城市	120	38.3%
	二线城市	176	56.2%
	三线城市	10	3.2%
	四线城市	8	2.6%
创业领域	与自己专业相关的领域	129	41.2%
	自己感兴趣的领域	155	49.5%
	当今热门的方向	104	33.2%
	启动资金少、容易开业且风险相对较低的行业	44	14.1%
希望政府做的事	提供专业技能培训	111	35.5%
	提供创业机会	87	27.8%
	及时提供有效的创业信息	46	14.7%
	提供社会保障	27	8.6%
	优惠的扶助政策	32	10.2%
	解决实际生活难题	1	0.3%
	维护权益	9	2.9%

(四) 信度、效度和共同方法偏差检验

1. 信度效度检验

1) 信度检验

本研究利用 SPSS 23.0 统计软件进行信度效度检验，以 Cronbach's α 值作为衡量标准，结果见表 4.2。Cronbach's α 值大于 0.70 是管理学研究中普遍认为的信度评价标准。所有构念的 Cronbach's α 值均大于 0.7，且删除任何一个题项都不能显著提高 Cronbach's α 值，由此可知量表的整体信度较高，内部一致性良好。

表 4.2　信 度 分 析

变量	题项数	Cronbach's α
积极情绪	3	0.830
身份认同	3	0.754
创业自我效能	3	0.855
创业风险感知	3	0.811
创业意愿	4	0.931

本研究采用国内国外较为成熟的量表，并在正式发放前进行预调研，根据实际情况进行增删，以确保问卷的准确性。通过 SPSS 23.0 对样本进行因子分析，表 4.3 分析结果显示，大多数 KMO 值大于 0.7，由此可知量表的整体效度较高，内部一致性良好。

表 4.3　效 度 分 析

变量	最小因子载荷	KMO	已解释方差
积极情绪	0.860	0.726	75.310%
身份认同	0.784	0.683	67.670%
创业自我效能	0.849	0.720	77.694%
创业风险感知	0.813	0.701	72.568%
创业意愿	0.896	0.842	83.067%

2) 聚合效度判别效度检验

表 4.4 分析了各变量的因子载荷，并通过计算得到组合信度(CR)和平方差抽取量(AVE)。相关分析结果显示，所有因子的载荷值大于 0.7，每一个变量的 CR 值大于 0.7，AVE 值大于 0.5，说明变量的聚合效度较好。

表 4.4 因子分析、AVE 和 CR 值

变量	题项	因子载荷	CR	AVE
积极情绪	1.1	0.872	0.902	0.753
	1.2	0.860		
	1.3	0.872		
身份认同	2.1	0.852	0.862	0.676
	2.2	0.784		
	2.3	0.830		
创业自我效能	3.1	0.859	0.915	0.782
	3.2	0.902		
	3.3	0.892		
创业风险感知	4.1	0.813	0.888	0.726
	4.2	0.865		
	4.3	0.876		
创业意愿	5.1	0.933	0.951	0.831
	5.2	0.908		
	5.3	0.908		
	5.4	0.896		

表 4.5 显示了各变量之间的相关关系，结果显示创业激情、积极情绪、身份认同、创业自我效能、创业风险感知和创业意愿 6 个变量的 AVE 值的平方根均明显大于任何两个维度之间的相关系数，说明判别效度良好。

表 4.5　相关系数

变量	均值	标准差	创业激情	积极情绪	身份认同	自我效能	风险感知	创业意愿
性别	1.152	0.361						
创业激情	3.976	0.587	0.845					
积极情绪	4.021	0.446	0.844**	0.868				
身份认同	3.931	0.467	0.757**	0.288**	0.822			
自我效能	3.953	0.465	0.470**	0.425**	0.322**	0.884		
风险感知	3.700	0.522	0.181**	0.135**	0.159**	0.271**	0.852	
创业意愿	3.072	0.464	0.472**	0.456**	0.288**	0.407**	0.057	0.911

2. 共同方法偏差检验

本问卷在正式发放之前进行了反复修正，但由于数据来源及测量环境的同一性，即数据来源和测量环境是西安理工类大学中的理工类专业本科生填写，问卷仍然可能存在共同方法偏差。为此，本研究采用 Harman 单因素检验的方法分析共同方法偏差的问题。本研究对所有题项进行探索性因子分析，未旋转的分析结果显示所有题项自动聚合成 5 个特征值大于 1 的因子，累积方差贡献率为 77.197%。其中，第一特征根的值为 5.602，方差贡献率为 35.012%，未占总解释变量的一半。对共线性检验发现，方差膨胀系数 VIF 值均小于 2，且变量间的容忍度均大于 0.7，说明共同方法偏差和共线性均未对本研究造成严重影响。

(五) 假设检验

相关分析是研究两个或两个以上处于同等地位的随机变量间的相关关系的统计分析方法。例如，人的身高和体重之间；空气中的相对湿度与降雨量之间的相关关系都是相关分析研究的问题。它是描述客观事物相互间关系的密切程度并用适当的统计指标表示出来的过程。而回归分析是确定两种或两种以上变量间相互依赖的定量关系的一种统计分析方法。相关分析与回归分析之间的区别在于：回归分析侧重于研究随机变量间的依赖关系，以便用一个变量去预测另一个变量；相关分析侧重于发现随机变量间的种种相关特性。因此，在接下来的假设检验中，本研究先利用 SPSS 软件对调查数据进行相关分析，以判断创业激情及其维度、创业自我效能、创业风险感知与创业意愿有无相关关系。当确定存在相关关系后，为明确变量的相关程度和解释程度，再对相关数据进行回归分析，以判断假设是否成立及得出最后结论。

1. 相关分析

表 4.5 表示创业激情、创业自我效能、创业风险感知、创业意愿的相关系数，计算结果是在 0.01 的显著水平下，即能够以 99%的可能性认为正确。结果显示：创业风险感知与创业意愿的相关系数为 0.057，系数过小，所以创业风险感知与创业意愿没有显著的相关关系，说明创业风险感知的高低和创业意愿之间影响不明显。创业激情及其维度虽然与创业风险感知在 SPSS 软件分析中显示显著，但相关系数相对较小，因此认为它们之间不存在相关关系，即几者之间无相互影响关系。此外，创业激情和创业意愿的相关系数为 0.472，说明创业激情和创业意愿之间有正向相关关系；积极情绪和创业意愿的相关系数为 0.456，说明积极情绪和创业意愿之间有正向相关关系；身份认同与创业意愿的相关系数为 0.288，说明身份认同和创业意愿之间有正向相关关系；自我效能与创业意愿的相关系数为 0.407，说明自我效能和创业意愿之间有正向相关关系；此外，创业激情与自我效能的相关系数为 0.470，说明创业激情和自我效能之间有正向相关关系；积极情绪和自我效能的相关系数为 0.425，说明积极情绪和自我效能之间有正向相关关系；身份认同和自我效能的相关系数为 0.322，说明身份认同和自我效能之间有正向相关关系。创业激情及维度、创业自我效能和创业意愿各变量之间均存在显著的正向相关关系，为明确变量间的相关程度，还需进一步做回归分析，进行检验。

2. 回归分析

本研究在理论框架基础上，采用层次回归方法检验中介效应(Baron 和 Kenny，1986；温忠麟和叶宝娟，2014)，自变量(X)，因变量(Y)，中介变量(Z)。具体步骤如下：第一，对 X 与 Y 进行回归分析，得到回归系数 a，如果 a 不显著，说明不存在中介效应，停止检验；如果 a 显著则进行下一步检验。第二，对 X 与 Z 进行回归分析，得到回归系数 b，如果 b 不显著，停止检验；如果 b 显著，说明 X 可以预测 Z，进行下一步检验。第三，将 X 和 Z 作为新的自变量与 Y 进行回归分析，得到 X 与 Y 回归系数 a'，Z 与 Y 回归系数 d，如果都不显著则中介效应不存在；如果 d 显著，这说明中介效应显著；如果 a'显著，说明存在部分中介效应；如果 a'不显著，说明存在完全中介效应，X 对 Y 的作用可以完全通过 Z 实现。因此，本研究通过分析创业激情与创业意愿的关系，逐步检验创业自我效能和创业风险感知在两者之间的中介作用。首先，将创业激情与创业意愿进行回归分析；其次，将创业激情与创业自我效能和创业风险感知分别进行回归分析；最后，将创业激情与创业自我效能和创业风险感知分别同时作为新的变量与创业意愿进行回归分析。为完成以上检验，具体研究如下。

本研究构建 8 个回归模型进行假设检验，因为涉及人群为西安市本科大二理工专业的学生，所以年龄、专业和受教育程度等变量已经保持了统一。由表 4.6 中的 Model 1、Model 2 和 Model 3 结果所示，创业激情有效解释 22.1%的创业意愿变异，且两者正向显著相关($\beta = 0.832$，$p < 0.01$)，积极情绪($\beta = 0.589$，$p < 0.01$)和身份认同($\beta = 0.453$，$p < 0.01$)对创业意愿有显著的正向作用。创业激情对创业意愿有正向影响作用；积极情绪对创业意愿有正向影响作用；身份认同对创业意愿有正向影响作用。

表 4.6　回归分析结果(因变量：创业意愿)

	Model 1	Model 2	Model 3
创业激情	0.832		
积极情绪		0.589	
身份认同			0.453
R^2	0.223	0.208	0.083
Adj.R^2	0.221	0.205	0.08
F 值	89.891	82.147	28.258

表 4.7 中的 Model 4、Model 5 和 Model 6 检验了创业激情及维度对创业自我效能的影响，结果显示创业激情解释 21.9%的创业自我效能变异，

与创业自我效能显著正向相关($\beta = 0.603$，$p < 0.01$)。同时，积极情绪($\beta = 0.399$，$p < 0.01$)和身份认同($\beta = 0.368$，$p < 0.01$)对创业自我效能有显著的正向影响，创业激情对创业自我效能有正向影响作用；积极情绪对创业自我效能有正向影响作用；身份认同对创业自我效能有正向影响作用。

表 4.7　回归分析结果(因变量：创业自我效能)

	Model 4	Model 5	Model 6
创业激情	0.603		
积极情绪		0.399	
身份认同			0.368
R^2	0.221	0.180	0.104
Adj.R^2	0.219	0.178	0.101
F 值	88.896	68.924	36.216

表 4.8 中的 Model 7 是创业自我效能对创业意愿的影响，数据显示创业自我效能($\beta = 0.560$，$p < 0.01$)对创业意愿有显著的正向影响。由相关系数可知，风险感知和创业意愿无明显相关关系，所以风险感知对创业意愿无显著影响创业，即创业自我效能与创业意愿有正向相关关系。创业风险感知与创业意愿不存在相关关系。

表 4.8　创业自我效能对创业意愿的影响

	Model 7
创业激情	
积极情绪	
身份认同	
创业自我效能	0.560
创业风险感知	
R^2	0.166
Adj.R^2	0.163
F 值	62.171

本研究的中介效应结果如表 4.9 所示，Model 8 将创业激情和创业自我

效能同时作为自变量与创业意愿加入回归分析，数据显示，创业激情的正向作用仍显著，但回归系数从 0.832 降低到 0.636，影响效果减弱，说明创业自我效能在创业激情和创业意愿之间起部分中介作用。由于创业风险感知对创业意愿无明显影响，所以创业风险感知在创业激情和创业意愿之间无中介作用。

表 4.9　中介效应分析(因变量：创业意愿)

	Model 8
创业激情	0.636
积极情绪	
身份认同	
创业自我效能	0.327
创业风险感知	
R^2	0.267
Adj.R^2	0.262
F 值	56.832

五、实证研究结果与分析

(一) 实证研究结果

本研究共提出 13 个假设，通过实证分析对提出的所有假设进行检验，检验结果有两个假设不成立，其余均成立，见表 4.10。

表 4.10　假设验证结果

编号	研究假设	结果
H1	创业激情对创业意愿有正向影响作用	成立
H1a	积极情绪对创业意愿有正向影响作用	成立
H1b	身份认同对创业意愿有正向影响作用	成立
H2	创业激情对创业自我效能有正向影响作用	成立

续表

编号	研 究 假 设	结果
H2a	积极情绪对创业自我效能有正向影响作用	成立
H2b	身份认同对创业自我效能有正向影响作用	成立
H3	创业激情与创业风险感知存在正向相关关系	不成立
H3a	积极情绪与创业风险感知存在正向相关关系	不成立
H3b	身份认同与创业风险感知存在正向相关关系	不成立
H4	创业自我效能与创业意愿有正向相关关系	成立
H5	创业风险感知与创业意愿存在正向相关关系	不成立
H6	创业自我效能在创业激情与创业意愿之间起中介作用	成立
H7	创业风险感知在创业激情和创业意愿之间起中介作用	不成立

通过对提出假设的实证检验，结果符合本研究的理论预期，从理论和实证方面验证了各变量之间的关系。首先，实证结果表明个体的创业激情对大学生创业意愿的影响非常显著，其中积极情绪和身份认同作为构成创业激情的两个维度均对创业意愿产生正向影响。此外创业自我效能同样与创业意愿正相关。除了和创业意愿的直接关系外，创业激情及构成它的两个维度——积极情绪、身份认同和创业自我效能存在正向相关关系。并且创业自我效能在创业激情与创业意愿之间起中介作用。最后，创业风险感知对理工类学生的创业意愿无显著影响，也不会起到中介作用。

(二) 结果的分析

第一，创业激情及各维度均对创业意愿有显著的正向影响。通过回归结果可以看出，创业激情对创业意愿有显著的正向促进作用，这验证了Baron(2008)的研究。同时相比身份认同，积极情绪对创业意愿的正向作用更显著，这表明大学生对创业意愿的积极情绪是激发和引导创业活动的独特动力，这种非理性且不可抗拒的行为信念将促进大学生将激情转化为行动意愿。

第二，创业激情及各维度对创业自我效能和创业风险感知的正向作用显著，验证了 Cardon 等(2009)提出的创业激情与创业认知的关系。创业激情引导创业者设置挑战性的目标，激发其解决问题的创造力，增强创业自我效能感。此外，受创业激情驱动的创业者，即使是在面对困难和风险的情况下仍能搜索有效信息，提升其风险感知能力，降低风险压力。

第三，创业自我效能对创业意愿的正向作用显著，而创业风险感知对创业意愿没有明显正向作用。创业自我效能是创业意愿的解释变量，可以有效预测大学生创业意愿，促进大学生创业意愿的形成，这与 Zhao(2005)分析结果一致。创业是一项有计划的活动，需要详细评估自身能力、资源，对自身能力、资源积极的评价能够增强其实现创业目标的信念，提升个体创业意愿。由于调研对象是理工科大学的理工类专业学生，总体逻辑性较强，处事理性，另一方面，作为大学生普遍没有深入踏入社会，没有经历过真正的风险，对风险不敏感，而且初生牛犊不怕虎，大学生有着比其他人更高的热情，所以创业风险感知作为感性方面的变量对理工类学生的创业意愿无显著影响。

第四，创业自我效能在创业激情与创业意愿之间存在部分中介效应，这能够解析大学生创业激情影响创业意愿的具体路径。对大学生群体来说，较强的自我价值追求期望，可以有效提升创业激情。这种创业激情可促使大学生积极识别信息、利用信息资源，增强创业自信心，提升创业意愿，坚持不懈地开展创业活动。

六、增强大学生创业意愿的建议

通过实证研究，我们认为，理工科院校的理工科专业大学生创业意愿影响因素主要有创业激情、积极情绪、身份认同以及创业自我效能，即理工科专业大学生的创业激情及维度、创业自我效能对其创业意愿产生了正向作用，创业激情及构成它的两个维度对创业自我效能有正向影响，而自我效能在创业激情和创业意愿之间起到了部分中介作用，所以政府、社会、学校和家庭应当以促进这四方面提高为中心，进而提升大学生的创业意愿。相关建议如下。

(一) 充分发挥政府政策的鼓励引导作用

1. 强化政策宣传和落实

政府出台的政策目的就是为了促进大学生创业，所以一定要把好的政策落实到行动上，否则再好的政策也是镜中月、水中花，落得一纸空文。我国的“大众创业、万众创新”政策体系中，虽然制定了对大学生创业的各项优惠政策，但地方政府和有些主管部门对这些政策的执行和落实力度不足，很多大学生没有听说过这些政策，有的即使听说了，但是在其创业过程中也无法享受到这些政策带来的便利。这说明，在今后的工作中，政府及有关部门要切实提高对政策贯彻落实的意识，使国家促进创业创新的政策真正落到实处。当好的政策能真正作用于大学生时，为大学生创业带来实实在在便利和好处时，大学生的积极情绪就会提高，进而提高创业意愿。

充分利用网络平台，进行在线宣传。当前，新媒体特别是微博、微信等网络平台的建立在很大程度上实现了公众交流学习、信息传播的便利。对于大学生创业政策的宣传，也可以建立自己的微信、微博账号平台，并组织专门的专家在线与大学生和社会各界关心大学生创业的群体进行交流，解答国家政策要求，实现线下线上广泛宣传。当大学生了解到足够多创业政策的信息时，就可以清楚自己创业能够得到的福利，创业激情和积极情绪便会提高，根据本研究，创业激情和积极情绪正向作用于创业意愿，因此加大宣传可以提高大学生的创业意愿。

2. 完善支持政策体系

目前我国大学生创业扶持政策存在政出多门、缺乏统筹的问题，政府需要进一步明确制定政策的主体责任单位。不同部门针对不同的主体制定各个方面的政策内容，重点在于都是从本部门的角度出发考虑，在具体细则、运行、方式等方面有着各自的规定，对同一件事情有不同的解释，甚至还存在矛盾的地方，这时候就需要有一个主体责任单位对这些信息进行评估整合和公布宣传。政府制定大学生创业扶持政策的基本目标是尽可能地减少大学生创业障碍，促进创业活动的顺利进行，推动社会经济和谐发展和帮助大学生提高就业率。到底谁是大学生创业扶持政策制定的主体并不清楚，这点亟待政府加以明确和解决。当有专门的部门处理和解决大学生创业的问题时，大学生可以明显感受到政府对创业大学生的帮助和真诚，产生对创业者的身份认同，将有更多大学生产生创业意愿。

3. 提高基层行政人员对政策的执行能力和服务能力

对每个具体部门或是服务单位来说，应当对本单位所掌握的人才资源进行合理的集中分配，定期或不定期对他们进行集中培训、学习观摩，并定期进行经验交流等，每一次的活动和反思，都有助于使工作流程更加规范、制度更加完善、服务更加专业。

政府还可以成立专家小组，着力对政策的执行情况进行分析和监督，一方面可以对大学生创业服务的质量和效率进行提升，另一方面使得政策得到更好的落实和贯彻。此外，为了推动大学生创业政策的落实，相关单位部门可以建立相应的奖惩机制，将相关人员的工作成果作为评先争优的评比标准，并对完成任务情况优异的工作人员进行表扬和鼓励，树立典型，激发更多工作人员的服务意识。当大学生能够感受到接待自己的政府有关创业部门人员专业、尽责和真诚时，创业激情和身份认同自然会提高，创业意愿也会提升。

(二) 不断完善大学生创业的公共服务平台

1. 不断浓厚大学生创业的社会文化氛围

为大学生创业提供管理咨询、投资咨询、法律咨询等服务，加大对创业成功企业及创业者的宣传力度，厚植创业文化氛围，激发大学生创业热情，促使更多大学生投身创业浪潮。① 社会舆论要在培育社会创业文化，激励创业行动上下功夫。社会已经约定俗成的观念和文化都会在无形中对人们的人生观、价值观、世界观和行为方式产生重要影响。② 社会媒体要制定和实施宣传创业的措施，改变我国民众孤立创业的保守心态，让普通大众支持身边的创业者，特别是给予大学生创业者更多的鼓励、认可和支持。我们在广为宣传创业成功案例的同时，也要对创业失败者给予宽容和鼓励，要形成一种健康向上的创业文化，这样才能充分调动一切社会资源支持创业行为。

2. 完善公共服务平台

建立创新创业项目展示对接平台，定期举办大学生创业创新成果展示对接会，建立网络展示平台，加大对大学生创新成果和创业项目的展示推介力度，促进大学生创业企业与社会资本实现对接，促进创新创业成果与企业生产力实现对接，推动我省人才优势转变成经济发展优势。搭建社会帮扶平台，举办创业沙龙、创业咖啡、创业论坛等活动，建立创业大学生与投资者、企业家之间的沟通交流平台；建立“大学生创业指导师”公益性服务团队，向创业大学生公开指导领域和联系方式，及时提供指导帮扶，引导成立大学生创业联盟、创业俱乐部，沟通信息，促进协作，构建大学生创业互助生态链；定期举办创业大赛，将大学生创业作为展示宣传重点，按照贴近群众、“草根”参与的原则，展示大学生创业风采，激发创业创新热情，宣传就业创业政策，鼓励和支持大学生创业发展。当创业者在大众心目中是一个光辉形象时，创业者本身就会产生极大的身份认同，以自己是创业者为荣。当创业成功时，收获的不仅仅是财富权力，还有周边人的认可；当创业失败时，虽然会损失部分钱财，但会得到亲戚朋友的安慰和鼓励，体会人性的美与善。这样有创业意愿的大学生没了后顾之忧，定会一心一意奋斗自己的事业，形成良性循环。

(三) 改进学生的创业教育

1. 推行不同教育阶段的创业教育

政府鼓励大学生创业，必须将创新创业教育贯穿始终，笔者更加认为创新意识的培养应从幼儿园、小学便重视起来，将关口提前，特别是创新意识及创业意识的启蒙，从培养他们的创新意识、创业精神、创业能力做起。如幼儿园主抓创新意识的启蒙、小学中学重视创新思维和简单的创新能力培养，高中主要围绕创新能力和动手能力的培养来进行，到了大学阶段，将创业意识、创业教育和创业实践相结合，进一步激发和培养大学生的创业能力和水平，这样才会取得比较好的成效。总之，创新创业教育应尽早抓起，国外许多高校都非常重视学生创业能力的培养，因此，大学生群体的创新创业必须从学校抓起、从幼儿园开始抓好创新意识、创新能力的启蒙和培养，政府需要高度重视并支持学校的创新创业教育，并加强对高校创新创业教育工作的指导和管理。创业教育从小开始，会更大地促进大学生培养创业积极情绪，产生创业意愿。

2. 强化高校的创业素质、知识和能力开发

要提升大学生的创业素质，增强创业能力，不仅要注重提升大学生的心理积极性和排除其心理障碍，以激发其创业的潜能；还要提升其学习新事物的能力，要在创业的过程中不断的学习与创业活动相关的新事物，积极应对创业过程中遇到的各种难题，通过不断学习来提高自身的创业能力。此外学校应要求学生参加一些创业实践活动，在实践的过程中感知、了解和学习与创业相关的方方面面。创业涉及的能力方方面面，因此学校要对学生除了知识方面外其他诸如心理素质等软实力的训练，从而可以更加从容地面对和处理创业过程中发生的各种状况，这样仍能提高大学生创业的自我效能，提升大学生的创业意愿。

(四) 家庭是大学生创业的坚实后盾

大学生本人及其家庭要转变就业观念并为创业做相关准备。首先，在“大众创业”“万众创新”的社会潮流中，大学生本人及家庭要认识到，创业不仅是自雇性就业，而且是高质量就业，更是个人实现自我价值的重要途径；尽管创业过程比较艰难且有较多风险，但一旦成功自身的人力资本就会以加速方式迅速增值。其次，创业是一项复杂且充满了未知的社会活动，对创业者吃苦耐劳、人际交往、资金筹集、机会识别与冒险、管理与决策等创业能力有较高的要求，大学生要在家庭的帮助下充分认识自己，科学评价自己的性格、兴趣、价值观与各项特质，尽早确定自己的职业生涯规划，让不喜欢创业或观念上无法接受创业者早做其他选择。最后，大学生本人要向自主创业的亲朋好友学习，并积极参与各种社会实践，在实践中学习更多的创业知识，掌握更多的创业技能，提高创业兴趣。

大学生所需要的不仅仅是身体上的健康，同样重要的还有心理健康以及人格的完善，每一个家庭都应为个体营造一个和谐民主温馨的家庭氛围，重视孩子身心发展的各个阶段，积极引导培养创新能力，提高分析解决问题以及抗挫折能力，成长为完整健康独立的个体，不论其将来的择业观如何，都能够很好地适应社会环境。同样，人格完整、综合发展的个体是当今社会发展的源源动力，是建设新时代中国特色社会主义社会的人才保障，这需要我们从家庭教育着手，从源头输出高质量青年。

第五章　西安市浐灞生态区创新创业人才政策研究

一、浐灞生态区人才政策满意度评价

根据政策评估“顾客导向模式”，对浐灞生态区内的人才进行满意度调查，关注生态区内人才的期望、关心和需要的内容，人才对政策的满意度越高说明政策实施的效果越好，同时他们提出的意见和建议也是政策进行调整的重要参考。根据满意度结果进行优化，有利于政策的改进，对提升政策的实施效果十分重要。

关于浐灞生态区人才政策满意度的评价，分别通过座谈会、企业代表访谈、问卷调查等多种方式，对企业人力资源主管、企业基层员工和近期入区的大学生进行了调查。问卷中设计了31个题目选项，从两个角度分析人才政策实施效果的满意度，一是对政策总体满意度的五个方面(总体满意度、覆盖面、执行力度、吸引力、易理解程度与宣传力度)进行分析，二是分析人才政策内容满意度的六个方面(引进、培养、使用、激励、流动、服务)，基本涵盖了人才所关心和期望的问题。每个题项均按李克特五级量表计分，如表5.1所示，分别为：很满意5分、满意4分、一般3分、不满意2分、很不满意1分(未填写的题项按0分计算)，对各项指标加总计算，得出百分比和平均满意值。

表5.1　浐灞生态区人才政策满意度评分表

满意度	很不满意	不满意	一般	满意	很满意
得分	1	2	3	4	5

(一) 企业对人才政策各个方面的满意度

1. 总体满意度

统计结果显示，浐灞生态区基层员工对人才政策实施效果的总体满意度为4.2，大学生的总体满意度为3.4(满分为5)。这说明来浐灞生态区工作的人才对浐灞生态区人才政策实施效果总体满意程度为比较满意，在浐灞生态区人才政策研究课题交流座谈会上，大部分企业都表示对政府人才政策支持力度较为满意；但是大学生群体的满意度整体低于企业基层员工，如表5.2所示。

表5.2 浐灞生态区实施效果总体满意度

总体满意度	很不满意1	不满意2	一般3	满意4	很满意5	空0	平均值
基层员工	2.78%	2.78%	40.97%	38.89%	9.72%	4.86%	4.2
留浐大学生	2.04%	0%	16.33%	55.10%	14.29%	12.24%	3.4

2. 政策覆盖面

政策覆盖面的平均满意度为4.11，低于总体满意度4.2(见图5.1)。享受住房政策的大学生有57.14%，均没有享受过的大学生比例高达18.37%，享受过其他人才政策如落户政策、社会福利待遇的大学生比例只占6.12%。享受浐灞生态区对高校毕业生的各项补贴中，享受租房补贴的比例占51%，但是享受生活津贴和购房补贴的都只有4%，仅有2%的大学生享受研发资金补充资助，政策覆盖面少。座谈过程中大部分企业都表示生态区“缺乏针对小微企业的政策”“现有的人才政策也都是针对高端人才，对于中层、基层人才覆盖缺乏”“希望能降低人才引进的门槛”，如图5.2所示。

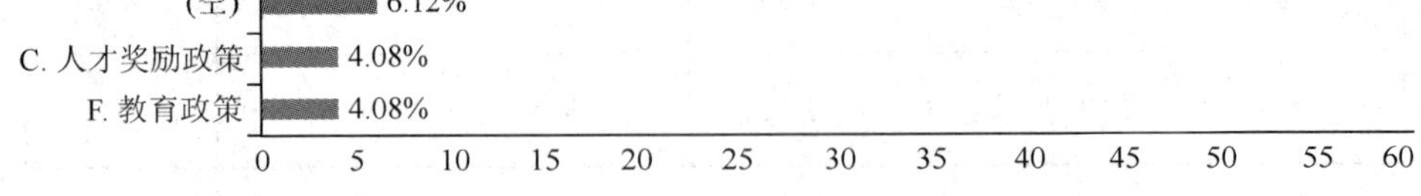

图5.1 大学生享受过的浐灞生态区人才政策

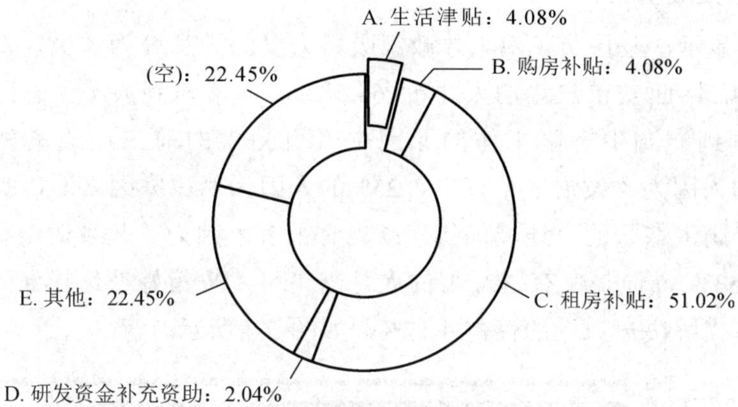

图 5.2　大学生享受的浐灞生态区对高校毕业生的补贴

3. 政策执行力度

人才政策执行情况的满意度为 4.08，与总体满意度 4.2 相比，可以看出浐灞生态区人才政策的执行力度偏低；在填写本题项的人中有 47.92%认为引进初期承诺的应享政策落实到位，30.56%认为只有部分落实，认为没有落实到位的占 18.06%。8%的大学生表示未得以享受生态区人才政策的原因是知道该政策，但有关部门没有执行；座谈会上有部分企业表示“对部分人才政策感兴趣，但是难落地”。说明浐灞生态区的政策执行力度仍需进一步加强，如图 5.3 所示。

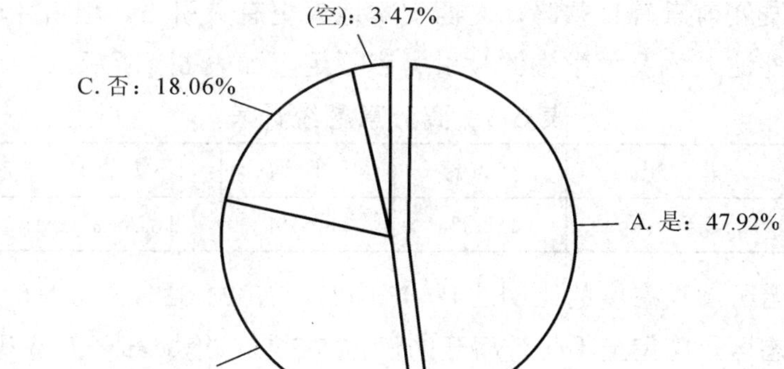

图 5.3　引进政策落实情况图

4. 政策吸引力

调查显示，基层员工对人才政策吸引力度的满意度为 4.08，低于总体满意度 4.2，西安市户籍的人才占 64.58%，而落户到浐灞生态区的仅有 20.83%；到浐灞生态区工作的原因中吸引力大的前三项政策分别是：29.86%的人因为“发展前景好”，25%的人因为“家庭因素”，22.92%的人因为浐灞生态区的“地域优势”；也有很多人因为“故乡情结和感情因素”(21.53%)，但是仅有 12.5%的人是因“引才政策好”选择到浐灞生态区工作，“解决户口”的仅占 4.17%，如图 5.4 所示。

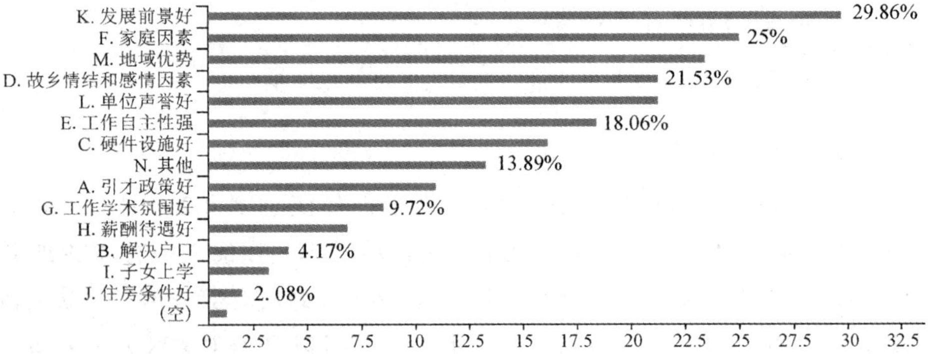

图 5.4 基层员工选择到现工作地工作的原因

大学生中的外地人居多，落浐比例更是仅占 12%，大学生对“人才政策吸引力度”的满意度为仅为 2.93。浐灞生态区的地理位置和生态环境优势明显，发展前景有目共睹，对西安本地人更有吸引力，但引才政策和优惠措施对外地人才及大学生的吸引力度不足，如表 5.3 所示。

表 5.3 离浐意愿统计表

意愿	非常想	有点想	无所谓	不太想	完全不想
比例	5.56%	21.53%	48.61%	18.75%	5.56%

持“无所谓”态度的比例达到 48.61%，有 21.53%的人“有点想”离开浐灞生态区，“完全不想”离开的仅占 5.56%，绝大部分人持观望态度，说明浐灞生态区的人才政策吸引力度不足，但是有很大的吸引其留下来的空间。

5. 政策易理解程度与宣传力度

生态区内员工对人才政策易理解程度满意度值为 4.24，高于总体满意度 4.2，表明区内员工对政策的理解度整体上比较满意。

近年来浐灞生态区出台的一系列人才政策，有 20.14%的人知道《推进文化产业发展若干优惠政策》，18.06%知道《扶持企业争创驰名著名商标奖励暂行办法》，只有 15.97%知道《扶持产业发展若干招商优惠政策实施细则》，知道《总部经济发展奖励扶持政策》的仅有 4%，如图 5.5 所示。

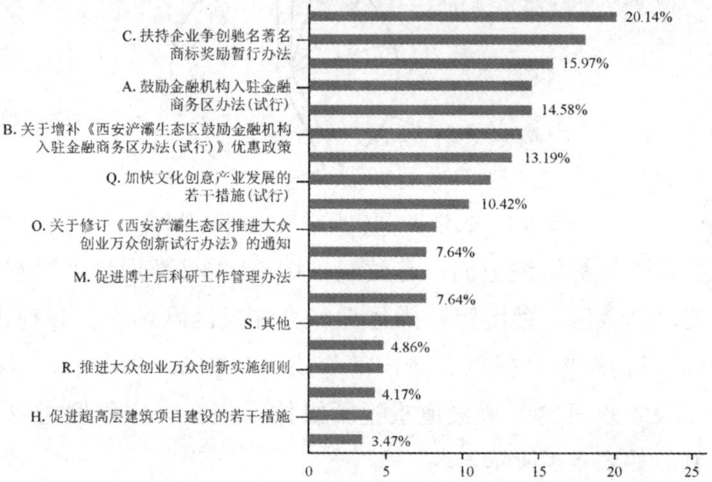

图 5.5　基层员工了解浐灞生态区出台的人才政策

对于浐灞生态区出台的人才项目/计划，了解“丝路英才计划”的大学生占 26.53%，对其他如“战略合作基地建设项目”“人力资源经理联盟项目”了解的仅占 6%，见图 5.6、图 5.7。

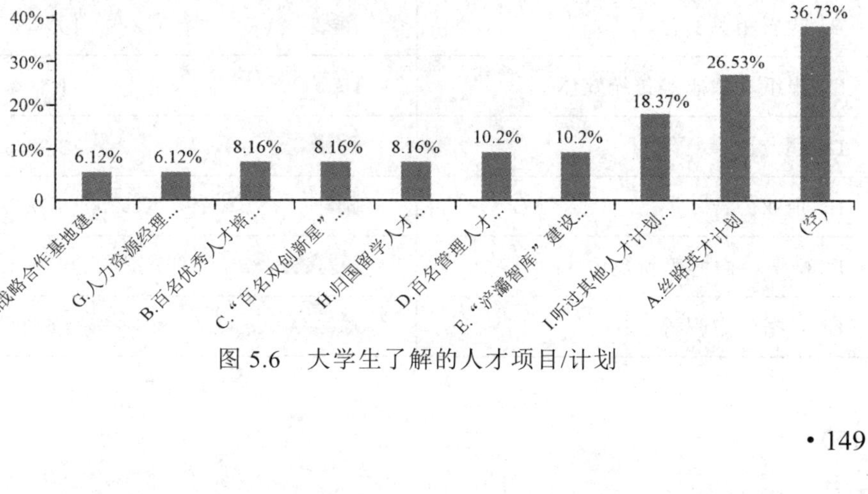

图 5.6　大学生了解的人才项目/计划

在座谈会上，企业都表示非常认同管委会领导亲自上门进行政策解读指导的举措，有利于其对政策的了解和享受；但未得以享受浐灞生态区人才政策的大学生，57.14%表示是因为不了解政策。可以看出，人才政策易理解度较高，但各类人才对人才政策了解程度普遍较低，人才政策宣传力度不够，如图 5.7 所示。

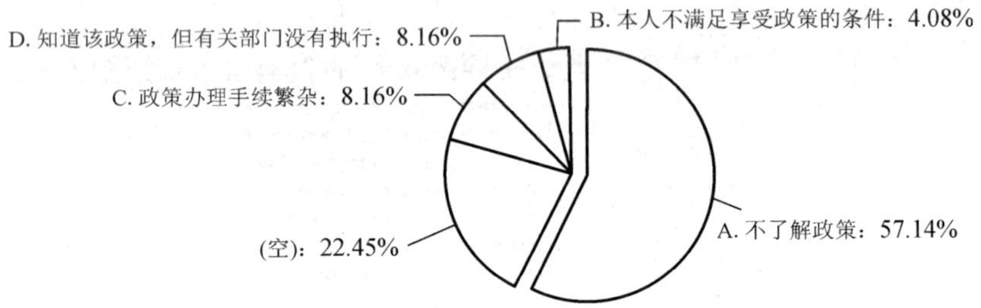

图 5.7　大学生未享受政策原因统计图

对于政策的了解渠道方面，有效选项中 33.33%都通过“朋友同事”了解人才政策，“微信、微博等新媒体”和“开发区网站”也分别占 29.86%和 24.31%，但传统的“报纸、杂志等”占 11.81%，“广播、电视等”仅占 7.64%，人才政策的了解渠道重视新媒体，但在一定程度上忽视了传统媒体的作用，如表 5.4 所示。

表 5.4　人才政策了解渠道

选　项	比　例
A. 开发区网站	24.31%
B. 政府相关文件	19.44%
C. 报纸、杂志等传统媒体	11.81%
D. 朋友同事	33.33%
E. 企业公告	15.28%
F. 微信、微博等新媒体	29.86%
G. 广播、电视等	7.64%

(二) 对于不同人才政策的满意度

1. 人才引进政策

通过对浐灞生态区出台的人才政策梳理发现(具体见表 5.5)，目前浐灞生态区出台了许多人才政策或措施，但基本都是针对重点产业推出的各种优惠和扶持政策，人才相关政策如“人才公寓申请及管理”“高级管理人才的政务服务”等部分优惠政策，也是分别散落于各产业扶持政策文件中，且基本是承接于市级层面的措施，缺乏符合浐灞生态区特色的、更细化的具体方案。另外，缺少对引进高层次人才的后续培养、流动、服务保障等配套政策。

表 5.5　浐灞生态区出台的人才政策梳理

序号	人才政策文件
1	西安浐灞生态区鼓励金融机构入驻金融商务区办法(试行)
2	关于增补《西安浐灞生态区鼓励金融机构入驻金融商务区办法(试行)》优惠政策
3	西安浐灞生态区管理委员会关于推动经济平稳健康发展的若干意见
4	西安浐灞生态区总部经济发展奖励扶持政策
5	西安浐灞生态区推进大众创业万众创新试行办法
6	西安浐灞生态区促进基金产业发展试行办法
7	西安浐灞生态区关于加快发展新兴产业的优惠政策

2. 人才培养政策

43.75%的员工认为浐灞生态区的“培育员工新工作技能效果”一般，平均满意度为 4.13，在各项人才政策工作满意度中处于中等水平；40.97%的员工表示对“校企合作模式有效性”比较满意，浐灞生态区内员工对人才培养政策方面总体上比较满意，如表 5.6 所示。

表 5.6　人才培养政策满意度

题目/选项	很不满意 1	不满意 2	一般 3	满意 4	很满意 5	平均值
培育员工新工作技能效果	2.78%	5.56%	43.75%	36.81%	6.94%	4.13
校企合作模式有效性	1.39%	4.86%	40.28%	40.97%	8.33%	4.26

3. 人才使用政策

调查结果显示，认为“人才政策评审环节的合理性”一般的比例占47.92%，36.11%的员工都对“人才政策评审环节的合理性”表示满意，对“学历职称限定条件”满意度也相对较高(满意值为4.22)，但是42.36%的员工认为企业“用人机制灵活性”一般，浐灞生态区内员工对人才使用政策总体满意度较好。但是目前，浐灞生态区人才引进政策的评价体系科学化建设不足，人才引进基本上处于企业根据自身的用人需求，通过企业内部的评价考核办法自主地引进人才，缺乏一套立足于浐灞生态区整体经济发展，立足于发展重点产业，建立专属于浐灞生态区的系统评价体系，如表5.7所示。

表5.7　人才使用政策满意度

题目/选项	很不满意1	不满意2	一般3	满意4	很满意5	平均值
评审环节的合理性	2.08%	4.17%	47.92%	36.11%	5.56%	4.12
学历职称限定条件	2.78%	2.08%	43.75%	40.28%	6.94%	4.22
用人机制灵活性	2.08%	8.33%	42.36%	36.11%	6.94%	4.10

4. 人才激励政策

就对人才激励政策的满意度调查结果看，相比于总体满意度4.2，区内人才对“创新创业帮扶资金力度”“知识产权保护力度”“人才奖励政策”“社会福利待遇”“科技成果转化力度”的满意度都不算低，但“奖励资金力度”“医疗社保”和“安居政策”的满意度偏低，尤其是“配偶安置就业”和“子女教育”政策方面的满意度和激励效果一般，如图5.8所示。

5. 人才流动政策

40.97%的人表示对“户籍政策”比较满意，浐灞生态区内员工对“人事关系限定条件”“中介机构推荐人才力度”“中介机构服务”“人才地区流动渠道”“信息获取渠道和交流成本”“人才市场效果性能”的满意度一般，说明人才流动政策较多侧重于户籍方面，但中介机构和人才市场等其他人才流动渠道发展不足，需要政策引导和支撑，如图5.9所示。

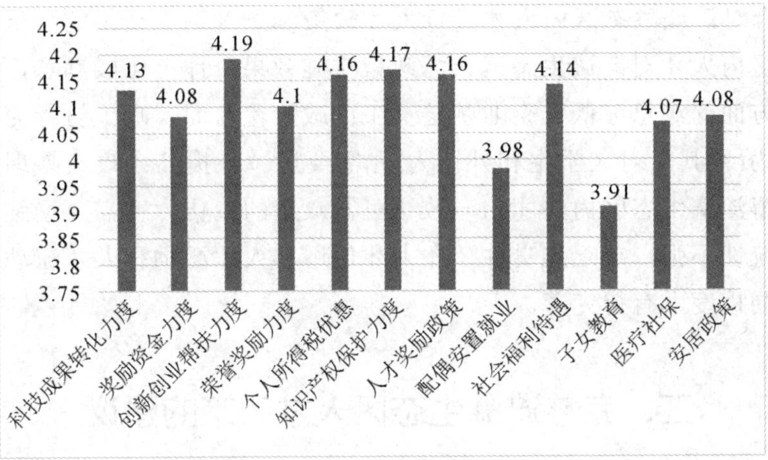

图 5.8　人才激励政策满意度

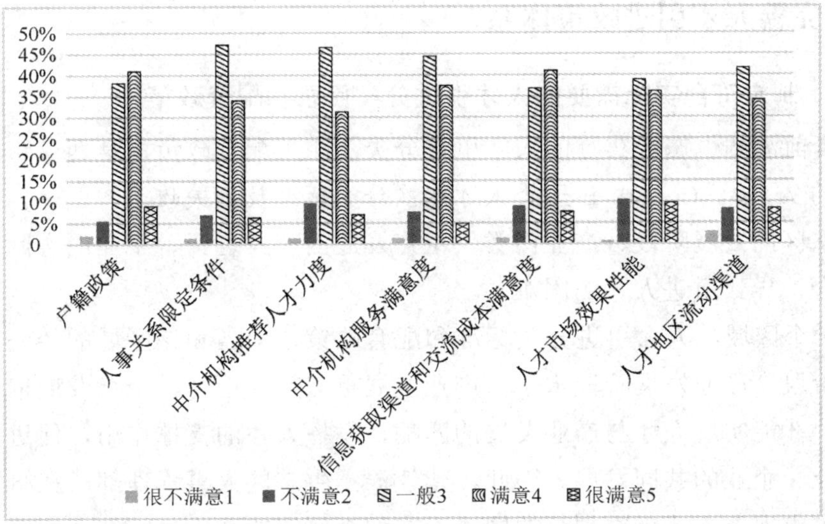

图 5.9　人才流动政策满意度

6. 人才服务政策

政府人才服务效率和质量方面，浐灞生态区内员工对管委会人事部门的工作作风、办事效率满意度高达 4.3，从座谈会的访谈内容可以发现管委会领导亲自上门对企业进行政策解读指导，政策宣传渠道多样。员工对“办事程序或手续便利性”满意度(4.27)也较高。总体浐灞生态区内人才对政府人才服务效率和质量都比较满意。

结合对浐灞生态区内人才进行人才政策满意度调查结果的分析，可以发现：区内人才对浐灞生态区人才政策实施效果总体上比较满意，其中大学生各方面的满意度低于企业基层员工；政策覆盖面、政策执行力度、政策吸引力(尤其是对大学生和外地人才)需要进一步提高；政策易理解程度方面获得浐灞生态区内人才的一致认可，政策的宣传力度需要增强；政策总体系统性不强，缺乏连贯性，在人才使用、人才激励和人才流动的各方面在不同程度上有待完善。

二、完善浐灞生态区人才政策的建议

(一) 完善人才引进政策体系

1. 制定符合实际需要的人才引进分类目录和配套政策

目前浐灞生态区实行的人才引进分类及相关配套政策，是西安市政府颁布的 A、B、C、D、E 五类人才层次分类标准及相关政策，但是，与浐灞生态区的发展阶段、产业门类、重点发展的产业选择、企业的实际需求不符合，导致引进人才的困难。

一个区域的人才引进分类标准和配套政策，应当和该区域的经济社会发展阶段、产业发展阶段水平、产业发展重点类别选择、企业发展需求相适应，才能实现人才与产业发展的匹配，发挥人才的支撑作用，促进人才与产业、企业的共同发展。因此，建议浐灞生态区人事管理部门在贯彻执行西安市五类人才标准划分的同时，在调查研究的基础上，结合本区域的发展需要，制定人才引进分类目录及层次划分标准。

(1) 制定人才引进分类目录。依据国家的职业岗位划分门类和标准，结合浐灞生态区“十三五”经济社会发展规划、产业发展规划，特别是重点产业选择方向，浐灞生态区的产业发展重点领域是：现代金融、会议会展、生态旅游、文化创意、生态环保新兴产业、现代商贸、健康体育、涉外商务，我们初步制定了《浐灞生态区人才引进职业岗位目录(2018 年)》(见附录 9)。

(2) 根据引进人才的相关标准和影响因素，制定人才层次的评价标准，实行积分的方式，划分人才的层次，制定相关的配套政策，享受不同的政策待遇。参考国内一些城市和开发区的做法，我们初步制定了《浐灞生态区人才引进综合评价分值表(2018 年)》(见附录 10)。评分的维度为：个人素质、纳税情况、参保情况、奖励加分、减分五个方面。拟引进人才经过综合标准评分，达到一定的分值享受相关的政策优惠。

(3) 根据制定的人才分类目录和人才层次的评价标准，制定人才引进优惠政策(见附录 11)。

2. 完善人才引进配套政策

(1) 围绕浐灞生态区产业发展重点，建立人才分类动态调整协调机制，成立人才分类协调小组，分行业制定人才认定标准，并定期修订完善人才分类目录，对浐灞生态区产业发展急需、社会贡献较大、现行人才目录难以界定的“偏才”“专才”，经协调小组认定后，享受相应的人才政策，定期发布《浐灞生态区急需紧缺人才和高端人才目录》。

(2) 针对不同层次人才制定专项引才政策，制定不同行业门类的专项扶持政策和实施细则，包括《浐灞生态区人才引进、培养和管理办法》《文化创意人才引进实施办法》《旅游人才引进实施办法》《创新创业领军人才实施办法》《专业型和技能型人才引进政策实施细则》，以及相关配套政策《浐灞生态区人才安居计划实施办法》，内容包括购房补贴、优惠租房、人才激励、薪酬补贴、培训补贴、博士后补贴、招聘补贴、实习补贴、医疗保健、奖学金和专项补助、落户入学、出入境便利、后勤服务、资金管理、知识产权管理等。

3. 探索市场化引才新机制

(1) 将人才服务纳入政府购买服务的指导目录，发挥企业、高校、科研机构等用人单位的引才主体作用，鼓励和支持用人单位加大对紧缺创新创业人才引进力度。

(2) 建立实施引才激励制度，对为浐灞生态区引进国内外顶尖人才、国家“千人计划”人选、“省级领军型创新创业团队”“市级领军型创新创业团队”的个人和中介组织，分别给予 5 万元、3 万元、1 万元、0.5 万元奖励。

4. 实施重点人才集聚工程

(1) 海内外院士专家智力工程。成立院士咨询委员会，建设外国高端人才创新集聚区、海外院士小镇、院士专家工作站、院士海智专家活动中心；对全职引进或新当选两院院士以及同等层次顶尖人才实行年薪资助，按照30万元～50万元、50万元～80万元、80万元以上3个区间，分别按年薪的5%、10%、15%的标准给予资助，资助金额最高不超过20万元；对引进的国外智力项目实行项目配套奖励和资助，对海内外院士等顶尖人才领衔的重大项目可实行“一事一议”；具体配套奖励、资助金额及住房、子女入学、落户等方面，按照西安市有关人才政策执行。

(2) 国家百千万人才。海外引进并在浐灞生态区新申报入选国家百千万人才工程的，给予20万元配套奖励；对全职引进或新培养的国家“千人计划”“万人计划”专家以及同等层次的国家级领军人才，按照西安市有关人才政策给予相应的奖励补贴和生活保障待遇。在薪酬待遇、科研资助等方面采用“一人一策、一事一议”方式给予支持。

(3) 高水平企业经营管理人才。完善企业经营管理人才评价体系，建立浐灞生态区企业高级经营管理人才库和行业企业家协会，鼓励企业多途径引进优秀经营管理人才。对引进的高水平企业经营管理人才，全额返还其上一年度实际缴纳的“工资、薪金所得项目”个人所得税生态区留成部分，返还期为5年；住房、子女入学、落户等方面按照西安市有关人才政策给予相应的奖励补贴和生活保障待遇。

(4) 高层次创新创业人才。对拥有国际国内一流、行业领先的自主知识产权和核心技术，来浐灞生态区创业的领军人才或团队，经评审认定后给予每个项目10万元～30万元创业资金资助；对顶尖人才和团队的重大项目，给予重点支持及“一对一”服务；鼓励有条件的园区建立“留学生创业园”，积极引进一批海外留学人员、海外工程师、外国专家等高层次创新创业人才。具体配套奖励、资助金额及住房、子女入学、落户等方面，按照西安市有关人才政策执行。

(5) 高素质党政管理人才。定期制订高素质党政后备人才需求目录，注重从基层选拔党政人才，建立完善基层一线干部培养选拔链。具体配套奖励、资助金额及住房、子女入学、落户等方面，按照西安市有关人才政策执行。

(6) 高技能专业化人才。着力加强技师、高级技师等高技能人才的引进力度。对引进符合浐灞生态区技能人才紧缺职业工种目录的技师、高级技师分别给予 2 万元、3 万元的一次性奖励。设立“浐灞生态区优秀高技能人才奖”，对浐灞生态区各行业在经济社会发展做出突出贡献的高技能专业技术人才实行奖励。鼓励企业以项目为纽带，采取咨询、兼职、项目聘用、技术合作、人才租赁等“柔性引进方式”，重点引进具有国际视野、海外工作背景的高级经济学家、高级风险评估家、金融分析专家等专业人才，支持企业探索对引进的高级科研人才、管理人才实施年薪资助制度。按人才层次和相应标准提供配套奖励、资助金额及住房、子女入学、落户等方面支持。

(7) 优秀社会工作人才。对社工服务重点项目经评审后给予 3 万元一次性奖励；高层次社工人才落地生态区开展社工培训、社工服务和社工研究给予经评审给予 1000 元补贴，创办工作室等经评审一次性给予 5 万元配套奖励；设立“浐灞生态区金助奖”，每 2 年评选一次，对在浐灞生态区从事社会工作成绩突出的优秀社工人员给予 1 万元奖励。按西安市有关人才政策或浐灞生态区人才引进优惠政策对应提供配套奖励、资助金额及住房、子女入学、落户等方面支持。

(8) 优秀高校毕业生。每年组织企事业单位赴高校和人才密集城市引才 1 次，邀请重点高校、重点(急需)专业毕业生来生态区参加人才交流活动 2 次。对新引进落户且工作在浐的全日制博士研究生、硕士研究生、本科毕业生和技工院校预备技师，每人每月分别发放 1500 元、1000 元、500 元的生活补贴，为期三年。在浐首次购买商品住房的全日制博士研究生、硕士研究生，分别给予 10 万元、6 万元购房补贴。外地“211”大学、“985”大学应届毕业生到浐灞生态区面试享受 500 元的面试补贴。设立“浐灞生态区奖学金”，鼓励企业在专业对口高校设立专项奖学金。健全组织关爱机制，打造浐灞生态区青年之家，增强大学毕业生归属感。在重点产业、上市企业和设有企业研究院的单位，按照每年不低于5%的增幅大力引进高校毕业生。

(二) 创新人才奖励办法

各行各业的从业人员各有其对于激励机制的不同理解，建立激励制度时应考量不同领域、不同行业的高层次人才需求，设立符合其工作实际的激励标准。

1. 建立杰出人才荣誉制度

(1) 出台浐灞生态区突出贡献奖的评选办法，每3年评选一次“浐灞生态区杰出人才”和“浐灞生态区突出贡献引进人才”，每次各评定不超过3名，分别给予每人2万元奖励，并颁发荣誉奖章或给予荣誉称号。

(2) 对高层次人才创新创业项目研发的科技创新产品，依托浐灞生态区招商引资的不同项目给予一定数量的研发资金支持，优先推荐其产品纳入《西安市地方名优产品目录》，优先向国内外金融机构、风险投资公司推荐项目。

(3) 对获得国家和省、市政府科学技术方面表彰奖励的，由浐灞生态区按上级奖励资金的15%给予再奖励。

(4) 通过媒体宣传和内部通报对“浐灞生态区杰出人才”和“浐灞生态区突出贡献引进人才”进行表彰，对于特别优秀的人才可以推荐其入选人大代表或政协委员。

2. 发挥用人主体引才作用

(1) 建立企业引才奖励制度，对重点创新创业团队和知名企业引进“高精尖缺”人才，在其上一年度对浐灞生态区发展做出的贡献额度内，给予最高20万元的奖励。

(2) 鼓励企业通过猎头公司等人力资源服务机构引进人才，人才中介机构引进Ⅰ类人才按每名给予500元奖励，企业引进Ⅰ类、Ⅱ类人才，每年按其引才成本的10%给予企业补贴，最高1万元。

(3) 支持企业建立首席技师制度，对设立首席技师工作室的给予最高5万元经费资助。

3. 设立专项资金

每年安排不少于 500 万元资金，以保障招才引智工作的顺利实施。要切实发挥引才主体作用，各类园区、企业及用人单位要结合实际，制定各自人才引进激励政策，形成政策叠加、合力推进的聚才氛围。

4. 加大人才创新创业扶持

(1) 支持人才创业和项目研发。对高层次人才创业创新项目，配套政策按照西安市有关人才政策执行。支持人才申请专利，获国内职务发明专利授权后每件给予 5000 元资助。支持高层次人才承担国家科技支撑计划、科技型中小企业创新基金等项目，对在浐灞生态区实施的项目，按要求给予配套补助。

(2) 加大人才创业融资扶持。对高层次人才创业创新的支持，按照《西安市深化人才发展体制机制改革 打造“一带一路”人才高地若干政策措施》给予相关奖励补助、贷款贴息、风险补偿等优惠。

(3) 鼓励人才成果转化。鼓励人才带高新技术研发成果、专利技术等自主知识产权项目在浐灞生态区企业实现成果转化和产业化，经评审分层次给予项目资助。创新创业人才和团队创办企业，其技术成果可作为无形资产入股，所占注册资本比例最高可达 100%。博士后在浐灞生态区内进行技术成果转化，且该成果被评为国家科技成果三等奖或省科技成果一等奖以上的，在项目年收入达到 2000 万元或年税收达到 200 万元的当年，一次性给予成果转化补贴 20 万元。

(4) 提供创新创业补贴。为创意园区内创新创业企业提供场地补贴等服务，相关配套奖励按《西安浐灞生态区推进大众创业万众创新实施细则》执行。

(5) 鼓励大学生自主创业。相关扶持政策和配套奖励按西安市《关于进一步鼓励吸引高校毕业生在西安就业创业的意见》执行。

(三) 优化人才培养机制

1. 鼓励企业加强人才培育

(1) 鼓励科技创新型企业高级人才与高校导师联合培养研究生，具有高级职称的企业家可兼任大学教授。

(2) 对企业的职工教育经费支出，不超过工资总额2.5%的部分，准予税前扣除；超过部分，准予在以后纳税年度结转扣除。

(3) 建立行业协会，支持行业协会、重点企业组织各自行业领域的经营管理、技术研修等高级培训班，培训人数达50(含)人以上，其中非本企业员工参培人数占比不低于30%的，经认定，给予最高1万元培训补贴。

(4) 鼓励有条件的企业自主开展技能人才考核评价，经人力社保部门认定，开展企业技能人才自主评价工作且培养高技能人才10人以上，可享受1万元的一次性补助。

(5) 凡企业人才参加继续教育，取得博士学位、硕士学位的企业在职员工，分别给予一次性1万元、3000元的奖励。

(6) 凡参加由人力社保部门认定的培训机构举办的职业技能培训，并获得中级工、高级工、技师、高级技师证书的，分别给予一次性不超过1000元、1500元、2000元、2500元的职业技能培训补贴，紧缺急需工种培训补贴标准可上浮10%～20%。

2. 加大企业家队伍建设

(1) 设立优秀企业家表彰机制，鼓励企业家引才育才用才，对在人才引进、培养、使用工作中成效明显的企业家，优先确定为优秀企业家，给予一定金额的资金奖励，并推荐优秀企业家参加管委会年度考核评议工作、领导干部推荐会议等重要会议。

(2) 建立领导干部联系企业家制度，每半年召开1～2次企业家座谈会，重要事项企业家可直接向管委会反映。

(3) 建立专项督查制度，及时梳理企业家诉求和企业发展中的实际问题。

(4) 加强企业家培训，按产业类别和企业家需求，编制年度教育培训计划。

3. 引导设立人才发展公益性基金

通过政府投入引导，争取海内外企业、团体和社会人士的捐赠，成立人才公益性基金，以支持组织开展和资助有益于浐灞生态区人才开发的活动。

4. 建设人才发展平台

(1) 着力建设国内外研发合作平台、特色优势产业人才平台、企业创新创业平台、新型研发机构平台、高校院所人才供给平台、大学生实习(见习基地)平台和优秀人才宣传展示平台，促进人才发展。

(2) 鼓励企事业单位与高校、科研机构等联合设立博士后工作站，视规模和成效一次性给予设站单位20万元资助,管委会按所招人数给予设站单位每人每年5万元的补助(最长不超过3年)。

(3) 鼓励高水平国际学术会议(学术组织)、专业论坛在浐灞生态区举办或永久性落地，给予最高5万元资助。

5. 促进人才流动

(1) 加快建立有形劳动力中介市场，对中介服务机构、人才市场举办人才招聘会等活动，给予每次1000元的补贴，引进人才的，按人次对中介服务机构、人才市场给予相应的人才引进补贴。

(2) 实行人才的共享政策，支持人才在浐灞生态区内的流动，由浐灞生态区内原引进人才单位推荐给浐灞生态区内另外企业的，对人才引进原单位按规定给予奖励。

(3) 实行高层次人才机动编制管理。凡具有事业身份的高层次人才来浐创新创业，可依托浐灞生态区人事人才服务中心，在5年内按浐灞生态区事业单位编制内管理。

(4) 支持从事技术研发、成果转让工作的事业单位高层次人才到企业工作，经本单位同意，其人事关系3年内可保留在原单位，其待遇按借用人员处理，由原单位继续为其缴纳单位部分的养老、失业、医疗等社会保险；允许其回原单位申报专业技术资格，其在企业从事本专业工作期间的业绩，可作为专业技术资格评价的依据。

(5) 打破户籍、地域、身份、学历、人事关系制约，探索社会组织优秀人才进入浐灞生态区国有企事业单位的办法，促进人才资源合理流动、有效配置。

(6) 在浐灞生态区服务满5年的创新人才离任后，设1年过渡期，过渡期内保留其事业身份，社会保险、公积金单位缴纳部分由财政承担。

(四) 创新人才评价和使用

1. 分类建立人才评价机制

(1) 对引进的高层次人才，人才评价分类标准依照《西安市深化人才发展体制机制改革 打造“一带一路”人才高地若干政策措施》中 A、B、C、D、E 五类人才分类执行。

(2) 对引进的产业紧缺专业人才，按照《浐灞生态区人才引进综合评价分值表》进行评价认定，享受相应政策待遇。

(3) 探索在企业、科研院所等下放职称和高技能人才评审权，合理设置职称评审中的论文和科研成果条件，不将论文、外语、专利、计算机水平作为应用型人才、基层一线人才职称评审的限制性条件。

2. 人才晋升破格机制

(1) 允许符合条件的企事业单位引进具有高级专业技术职称或博士学历的急需紧缺专业人才，设立专业人才特聘岗位，按公开招聘程序，采取直接考核的方式招录(聘)，实施聘期管理和协议工资。

(2) 对于虽不具备正常申报高、中级专业技术职称规定的学历、资历条件，但确有真才实学，在本职工作岗位上贡献突出、成绩显著的专业技术人员，由区人力社保部门推荐按破格晋升条件申报评审高、中级专业技术职称。

(3) 对在企业工作的中专以上毕业生，经区人力社保部门认定，可提前 1 年申报相应的专业技术职称。

(4) 对企业引进的留学人才，首次申报专业技术职称，根据其在国内外的工作经历、专业能力、技术水平、业绩成果，经区人力社保部门推荐、认定，直接申报相应级别的专业技术职称。

(5) 对在西安市职业技能竞赛中获个人前 3 名的选手，可破格晋升为技师职业资格。

3. 建立制约退出机制

(1) 充分发挥用人单位主体作用，突出市场评价和同行评价，支持各部门及用人单位根据实际情况制定具体的考核办法。

(2) 对引进和培养支持的各类高层次人才及团队实行“五年两次”跟踪考核，考核合格的继续落实相关激励政策，并在 5 年期满后给予持续稳定支持；考核不合格的取消相关激励政策。对存在品行不端、违法乱纪等行为的人才，取消其人才待遇。

(五) 加强人才政策的宣传力度

(1) 做好“送政策上门”，定期组织政策宣讲和政策解读，帮助企业和人才了解最新政策动向，多用企业和人才看得懂、听得明白的表述，着力提高政策知晓度和应用度。

(2) 完善浐灞生态区官方网站，整合、发布各种优惠政策、招聘信息以及办事指南等各种信息，突出自己的政策优势。

(3) 策划制作生态区礼品以及宣传画册、宣传片、网络视频、影视纪录片等一批城市形象宣传品，通过政务、商务活动以及海外媒体渠道，主动对外推介浐灞生态区。

(4) 点对点宣传，结合浐灞生态区内重点行业、重点领域，在重点高校、科研机构等设置学术论坛等活动，有的放矢地进行政策宣传。

(5) 利用人才博览会、人才国际交流会等载体的作用，整体推介浐灞生态区城市形象。

(6) 设立“浐灞生态区伯乐奖”，延伸人脉网络，鼓励全民引才荐才。

(六) 注重人才政策的评估和督察落实

1. 明确职责任务分工

(1) 浐灞生态区的人才和团队的引进工作在党工委的浐灞生态区人才工作领导小组组织领导下，人社局牵头，协调解决实施过程中的问题，相关职能部门各司其职、加强协作。

(2) 浐灞生态区人才工作领导小组负责牵头抓总、统筹协调，督促检查政策落实情况，牵头实施重大人才工程和人才项目、重要人才平台建设、市场化引才、人才服务保障等工作。浐灞生态区管委会牵头开展人才管理改革试验区相关政策调研，参与人才政策评估。人社局负责牵头建立人才评价认定办法，每年制订人才分类目录，落实高层次人才和团队引进培养、大学生创业资助、高技能人才培养以及人才服务激励等政策，抓好博士后科研工作站、人力资源服务产业园、留创园等人才载体建设。发展改革局(重点项目办)负责牵头制订并落实领军型创新创业团队引进培育计划，落实人才创业项目扶持、科技成果转化、金融扶持等政策，为人才创业提供优质的投融资服务。财政局负责落实政策保障资金，加强财政资金监管，开展资金使用绩效评估，兑现税收优惠等扶持政策。人社局负责落实人才居留落户有关政策。国土局负责落实人才住房保障有关政策。社会事业管理局(教育局)负责推进学校建设和引进优质教育资源工作，落实人才子女就学有关政策；负责推进医院建设和引进优质医疗资源工作，落实高层次人才医疗保障政策及有关服务工作。人事局负责落实院士专家工作站建设相关扶持政策。党工委宣传中心(生态区宣传中心 旅游局)、管委会办公室(信访局)、行政审批局(投资服务局)、规划建设局、生态管理局、安监局等有关部门负责做好职责范围内的相关工作。

2. 强化考核力度

(1) 实行目标责任制管理，纳入各部门的年度工作考核指标体系，将人才净流入率作为对相关部门及主要负责人考核的重要依据，定期统计并发布人才资源状况，构建集“考核、反馈、整改、提高”于一体的考核“链条”。

(2) 对人才工作落实得力、成效显著的部门，给予奖励；对人才工作落实不力的部门，当年年度考核不得评为优秀，其主要负责人当年年度考核不得评为优秀。对无正当理由兑现不到位、不及时的通报批评，对人才政策不兑现、不落地、没有按政策规定兑现的严肃问责。

3. 引进第三方评估

引入科研院所、高校、用人单位和第三方评估机构，以半年为周期，对人才政策落实情况和执行效果开展绩效评估，将人才政策评估结果通过开座谈会、发问卷调查、电话交流、书面报告、大会汇报等渠道，听取政策执行目标、相关专家以及群众代表的意见，根据评估和反馈结果及时研究调整政策。

4. 保障人才资金投入

财政局要根据人才和团队引进、培养、扶持、激励等实际需要，加强人才资金保障。同时加大市级专项资金整合力度，避免对同一项目、企业或园区的重复资助，提高资金使用效益。

5. 加强监督力度

(1) 建立工作督办机制，明确进度安排和责任分工，每半年举行一次人才引进工作进展情况汇报，加强系统内部督查。

(2) 从引进到落实的整个过程，要及时听取人大代表、政协委员、纪检监察部门、企业、群众和媒体对政策落实情况的意见建议，主动接受监督。

三、浐灞生态区人才服务环境评价

浐灞生态区人才交流服务中心的主要职能是为区内人才提供就业创业、人事管理咨询、企业员工培训、人才派遣功能、管理网站运营等服务，为实习大学生提供实习见习平台。了解人才中心的服务功能发挥得如何、满意度如何，对于进一步改善人才中心的服务工作十分重要。为此，课题组通过调查问卷和座谈等形式开展调研，调查分析如下。

(一) 目前实行的人才等级划分制度基本符合实际需要

通过调研可以看出，在调查问卷中，对人才等级划分方面选择满意和很满意的不足一半。大多数人在等级划分方面选择一般、不满意和很不满意(见图 5.10)。

造成这一现象的原因主要有以下两点：一是西安市、浐灞区两级政府人才认定标准与国家职业标准还没有很好地融合。首先是西安市政府发布的“5 级”人才认定标准，不能很好地满足浐灞生态区实际用人需求，从浐灞生态区的产业发展现实看，需要的绝大多数人才不能达到认定标准，而浐灞生态区还没有出台适合自己的人才标准“土政策”，使得人才等级鉴定难。二是符合西安市引进人才等级奖励的，不能及时享受到相对应人才等级的奖励或者补助。

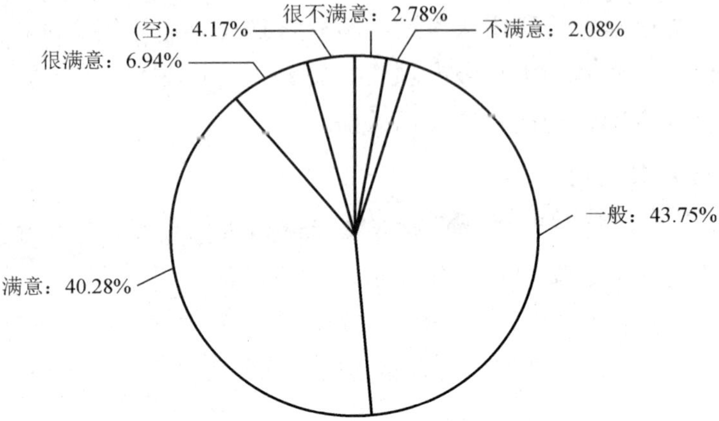

图 5.10　人才等级划分满意度

(二) 市场化程度不高，服务不到位

目前的人才服务工作主要依赖行政手段，市场主体作用发挥不充分。一方面，对人才支持主要是依靠财政前端直接资助，后续市场化融资渠道不宽，人才金融产品缺乏。另一方面，人才中介服务机构偏少，而且只能为人才提供项目申报服务，注册登记、需求分析等人才急需的服务项目中介机构却无法提供；人才载体市场化运营水平不够，主要靠政府运营，没有引入专业园区运营机构。

服务不到位。当前，人才服务主要集中在前端，聚焦在项目申报、资金资助，在创业帮办、生活保障等中后段服务上还存在短板，需要在打造人才“全服务链”、提供“保姆式”帮办服务方面进一步拓展思路和服务工作内容。

(三) 人才中心服务效果和效率较低

从问卷调研中不难看出，在人才中心服务效果方面，人才中心办事窗口效率和办事程序手续便利性是区内人才普遍反映的问题。座谈会中“中心没有人才数据”“办事手续繁杂”“满意度低”等词语也被普遍提及。

往往存在户口在区外，但在区内企业工作的人才在办理工作和生活上一系列业务时非常不便，以社保为例，出现两头跑、距离远、办理难，甚至无法办理的实际情况，使得在浐灞工作的区外人员生活便利性大打折扣，见图 5.11。

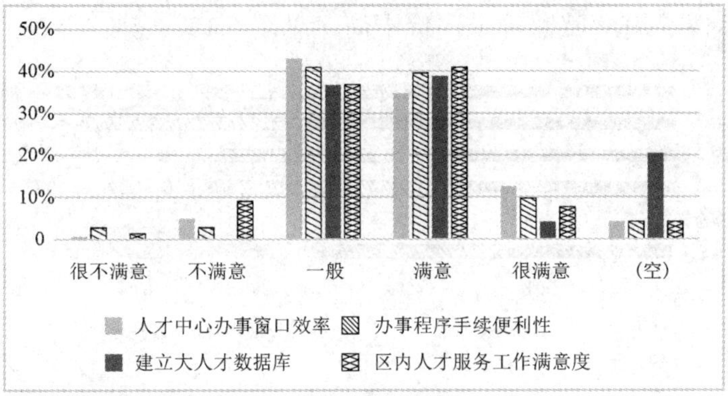

图 5.11　人才中心服务效率统计图

(四) 招聘会频次低，企业用工需求难满足

调研结果显示，浐灞生态区举行招聘会次数少，每年只有一次“春风行动”大型春季人才招聘会。人才市场网站并不能很好帮助人才就业，仅仅是发挥了信息发布的功能。校企合作推广不畅，人才中介在浐灞生态区内发挥作用不明显，见图 5.12。

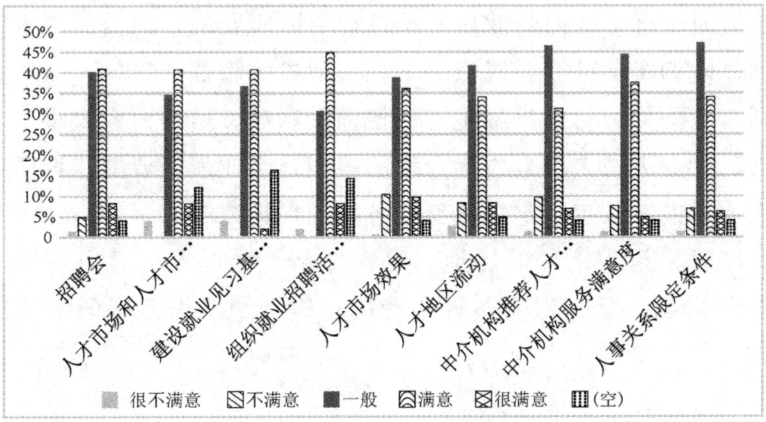

图 5.12　人才流渠道满意度统计图

(五) 创业帮扶力度低

在座谈会中，与会企业特别表达了对小微企业的创业帮扶需求的愿望。在问卷调查阶段，留浐大学生对就业见习基地、创新创业基地等创业帮扶项目的实际情况满意度评价中评价不高，见图 5.13。

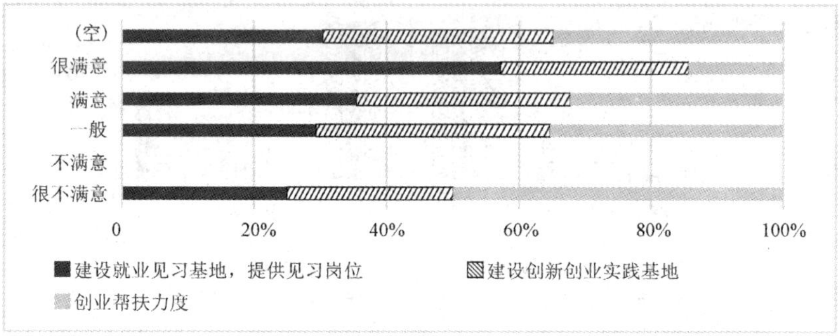

图 5.13　创业帮扶力度满意度

其主要原因仍是绝大多数小微企业不能达到浐灞生态区制定的《西安浐灞生态区推进大众创业万众创新试行办法》要求，文件对众创空间的奖励标准要求太高，许多创业企业不能享受，不利于孵化创业企业，同样不利于创业企业发展。

(六) 培训的保障条件和政策支持不足

人才培训一直是区内企业在发展过程中所需要的，对员工进行适当的技能培训，能切实帮助企业降低成本，实现扩大收益的目标，区内人才也会更加具有竞争力。目前浐灞生态区培训频次低、培训内容太少。对技能资质培训、行业大类人员素质提升型的培训是企业最需要的，调研中不难看出，人才对继续教育、定期组织业务培训兴趣浓厚。

与此同时，组织培训的场地、培训补贴、受训人员时间安排、培训师的薪资住宿等一系列保障条件和费用也是制约培训开展的主要问题，见图 5.14。

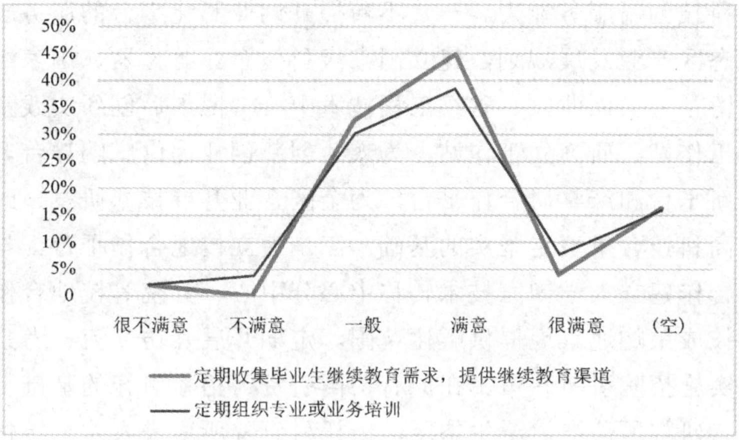

图 5.14　培训保障政策满意度

四、完善优化人才服务工作的建议

(一) 强化机制保障，凝聚工作合力

积极理顺人才工作机制，突出“大人才”思维，形成党委领导、部门合作、全员参与的人才工作格局。一是成立由组织、人事、经发、招商、园区、人社等多部门参与的人才工作队伍，集众智、汇众力、聚众心，共同发力做好人才工作。二是建立定期走访和分工定企制度，定期走访企业了解人才需求、技术难题和创新瓶颈，定期汇总发布、对接交流。三是在各部门考核中，建立人才工作考核指标，引导部门积极参与人才工作。

(二) 注重创新创业载体平台建设，打造校地发展“共同体”

加快人才创新创业平台载体建设。为深入实施创新驱动战略，主动适应经济发展新常态下“大众创业、万众创新”的新趋势，打造发展新引擎，浐灞生态区围绕提高企业科技创新能力，加快各类创新服务平台，小微企业公共服务平台和科研平台载体建设，支持众创空间开展创新创业交流活动，提升科技创新服务能力。一是不断提升创业孵化平台的服务质量。围绕浐灞生态区产业发展规划，建立国家级科技企业孵化器、国家级群、众创空间、留学人员创业园、省级工程技术中心、博士后创新实践基地、博士后科研工作站、研究生工作站，为人才创新创业提供广阔舞台。二是建设科技创新平台和产学研合作平台，为全区企业开展技术研发、改进工艺流程、提高科技含量奠定坚实的基础。三是建立校地合作平台。与国内外相关大学合作建立大学国家技术转移中心分中心、分院等校地合作平台，为高校科技成果加速落地提供孵化苗圃。定期开展互访交流、考察学习活动。四是实施招院引所政策。在原有招商引资、招才引智的基础上，积极招引特色科研院所落户浐灞生态区，依托科研院所引进人才、转化成果，助推浐灞生态区产业培育发展。

(三) 建立人才工作目标管理和考核制度

实行招才引智“任务书”制度。编制招才计划，分解招才任务，明确责任分工，项目化推进、制度化落实。一是坚持双招双引。招商引资与招才引智同开展、同实施、同考核，积极参与专项招商、重点招商和大型经贸活动，落实双招双引要求，有计划地组织参加国内、省内影响力较大的人才交流活动。二是主动借势借力。集中梳理与国内和省内产业关联密切的高校院所、科研机构，排出拜访时间表，主动对接，商谈合作，借助他们的科教人才资源，争取招引更多行业领军人才。三是强化考核考绩。充分发挥考核指挥棒作用，与全区人才工作者签订目标责任状，将人才工作任务细化分解、明确到人；对全区其他人员招引人才来浐灞生态区的，按照人才层次、数量等给予一定的奖励。

(四) 延伸人才工作“服务链”，强化人才招引全过程服务

不断扩大企业服务供给，完善人才服务链，找准人才工作的着力点和突破点。一是注重服务集成。整合前、中、后端人才服务政策，建立人才项目全过程服务网络，为省市人才计划入选者提供专人服务、跟踪帮扶，协调解决工商、税务、环保、土地等审批手续。二是激发市场活力。突出

市场化运作，既要用好“政府招、专家审”，更要学会“市场选、企业引”，以市场化引才来提升人才招引的精准性、针对性和有效性。三是强化金融支撑。依托西安市和浐灞生态区建立的各类基金，开展投贷联动、投保联动等金融服务，为人才创新创业提供金融帮扶。有效发挥财政资金的引导作用，招引更多天使基金、风投基金，变人才投入“政府独大”为“多方合作”，逐步探索建立覆盖创业企业全生命周期的金融服务。

(五) 强化人才服务标准化管理，优化人才服务环境

创新服务方式，提升办事效率，为人才工作生活提供全方位、全过程服务。

制定浐灞生态区人才服务工作标准，实行服务工作流程化、标准化管理。统一工作服，制作桌签、胸牌。制定便民利民服务措施，以规范化、标准化、科学化为目标，全面推行岗位责任制、服务承诺制、限时办结制、首问负责制、一次性告知制、上门服务制等制度，实现以制度管人、按制度办事，做到“一个窗口办理、一次性告知、一条龙服务”。人才中心探索新的运作机制，规定具体的承办时限，要保证任何时候群众来办事都办得了、办得成、办得及时、办得满意。为了提高职工的服务意识，在政务大厅的监督下，对中心全体工作人员进行制度考试，营造学制度、用制度、守制度的氛围。

完善国际人才管理服务。根据国家有关政策规定，积极开展国际人才管理改革试点，放宽国际人才居留和出入境限制，符合认定标准的外籍和港澳台地区高层次人才及其配偶、未成年子女可直接申请永久居留，其他外籍人才可凭工作许可证明在口岸申请工作签证入境，在浐工作的外籍华人可按规定签发有效期 5 年以内的居留许可。探索构建与国际接轨的技能人才评价体系，允许外籍和港澳台地区技术技能人员按规定在浐就业、永久居留。鼓励在国外高校获得硕士及以上学位的留学生在浐就业创业。面向“一带一路”沿线国家扩大高校留学生规模。建立吸引外国高科技人才的管理制度。开辟结汇换汇绿色通道，国(境)外人才在浐灞的合法收入可汇至国(境)外。

注重倾听人才心声。建立领导挂钩联系人才制度，定期开展企业、人才座谈会，倾听人才所思、所想、所需，全力帮助人才解决实际困难。注

重提升服务水平。为人才来浐灞生态区创新创业提供专人跟踪服务，在政策咨询、项目申报、工商注册、子女入学等方面点对点服务，改善人才办事体验，提升人才工作生活满意度。

定期表彰奖励优秀创新创业人才。开展人才典型案例、感人故事的宣传推介，充分发挥各类优秀人才在“创业、创新、创优、创造”中的典型示范作用和引领带动效应，进一步营造“尊重劳动、尊重知识、尊重人才、尊重创造”的良好的人才成长环境。经常邀请人才参与全区工作决策，为浐灞生态区经济社会发展建言献策，提升人才在浐灞生态区的参与感和获得感。

建立健全人才资源信息库和人才服务网站。在已建成的企业人才库的基础上，进一步摸清人才现状，建立人才资源数据库，实现对人才的动态管理；及时了解和掌握企业对人才的需求，做好政策、信息宣传及服务工作，为企业人才的引进牵线搭桥。进一步完善充实丰富浐灞生态区人才服务交流中心网站。

(六) 为浐灞生态区内企业提供更多更好的招聘服务

坚持“市场主导、企业主体、政府助推”的招工服务理念，以实现企业动态“零缺工”为目标追求，主动出击，靠前服务，积极主动帮助企业拓展招聘渠道，构建人力资源“蓄水池”，为促进企业高质量增长发展提供有力的人力资源保障。

坚持市场主导方向，大力发展人力资源服务产业，引导企业走市场化用工道路。积极培育人才市场服务主体，大力营造宽松的市场氛围，出台促进人力资源服务产业加快发展的政策文件，筹建浐灞生态区人力资源服务产业园，充分发挥园区集聚人力资源服务产业、聚集人力资源的优势，引进一定数量的人力资源服务知名品牌机构，引领全区人力资源服务产业进一步发展，助力人力资源服务产业新高地加速形成。

坚持企业主体地位，发掘企业自身潜能，不断增强企业的“造血功能”。不断加强培训和引导工作，解决企业招工主体意识淡薄、人资部门缺失、人员业务水平不高等问题；大力推行“以工带工”的招聘模式，通过采取不同的激励政策，发挥企业员工“千军万马齐招工”的重要作用，提高企业自身招工能力；进一步强化发挥人力资源管理协会的功能作用，通过行业协会这一平台，加强企业之间合作交流，解决用工问题。

坚持优质服务为先，搭建优质服务平台，助力构建人力资源“蓄水池”。创新“属地管理、专人帮办”的网格化招工服务形式，建立“招工服务110”制度，让企业享受到便捷高效的服务，开发企业用工信息服务管理系统，为用工服务提供“大数据”支撑，建成浐灞生态区人力资源新市场，与全国和省内其他城市的人力资源市场开展合作，形成网上人力资源市场，开辟区内区外互动、线上线下联动的招聘新格局。同时开辟劳务合作基地，搭建稳工平台，推进技能型人才加速聚集，大力开展政校企合作工作，帮助重点企业与市内职业院校建立校企合作关系。

加快培育发展专业化人力资源服务的骨干企业，引导人力资源服务企业细化专业分工，向价值链高端延伸。加快发展高级人才寻访、人力资源管理咨询、人力资源服务外包等企业。为用人单位提供人力资源派遣、人力资源培训、人力资源招聘、人力资源测评、猎头服务、绩效考核、薪酬管理、人力资源管理咨询、人力资源战略咨询等人力资源服务。健全人力资源服务机构门类，丰富人力资源服务产品，加强人力资源服务行业诚信体系建设。逐步发挥市场在人力资源配置中的决定性作用，促进人力资源服务产业加快发展，营造优质的人力资源市场环境，提升招工服务质量，加快高技能人才培养步伐，为浐灞生态区企业高质量发展集聚更多的高质量人才。鼓励企业注册和使用自主人力资源服务商标，开展自主品牌建设，形成一批知名企业和著名品牌；支持人力资源服务企业参选本地区服务业重点企业名录和高新技术企业名录。发挥国有或国有控股的人力资源服务企业示范引导作用；通过设立人力资源服务业发展基金等多种方式，扶持人力资源服务骨干企业发展。

拓展灵活多样的招聘方式。组织联合校园招聘，联合区内有招聘需求的企业参与校招，形成招聘联盟，产生合力，扩大自身名气与形象力。人才中心要努力建立和维护与目标大学的关系，及时获取毕业大学生的动态，以确保招聘到高素质的应届毕业生。广泛开展社会招聘。人才中心要广泛利用现代社交媒体和组织网络，打通信息发布源与目标人才之间的通道，把招聘信息有效地传递到目标群中。现在信息传播的途径和媒体越来越多，要充分发挥网站、微信、校园双选会等多渠道、各平台宣传作用，调动园区企业吸引人才的积极性，多渠道吸引各方人才来园区，设立人才举荐“伯乐奖”，给予成功推荐优秀人才的组织和个人一定的奖励。

(七) 加强企业人才培训开发的条件保障和政策支持

建立完善的员工培训开发机构。在浐灞生态区设立职业技能培训机构，承担员工职业技能培训的报名、授课等，为员工获得职业技能证书提供方便。生态区人才中心建立“浐灞生态区大课堂”，有计划地组织与生态区发展相关的理论、政策、专业的公开课程培训，提供公益培训服务。建立浐灞生态区培训中心，为企业培训提供免费的场地和服务，并提供一定的培训资助补贴。

重视高端人才培养，建立高端人才送培制度。可以每年选拔 10 名有发展潜力并在实际工作岗位做出突出贡献的中青年人才到国(境)外进修或攻读学位；每年选拔一批优秀中青年人才到国内高等院校或科研院所、企事业单位就读或培训。

设立“人才开发专项资金”。浐灞生态区管委会在财政预算中安排人才开发专项资金，主要用于人才引进、培训开发等。

建立校企合作实习基地和培训基地。共建顶岗实习基地。学生在校完成教学计划规定的全部课程后，由学校推荐到浐灞生态区用人单位进行为期一年或半年的顶岗实习，或接受短期岗前培训后再顶岗实习。学校和用人单位共同参与管理，合作教育培养，使学生成为用人单位所需要的合格技术人才。共建人才培养基地。要充分利用西安大学多、资源富、力量强的优势条件，与相关学校开展培训合作，培养生态区企业所需要的专业技术人才。① 订单培训：学校应企业要求合理设置课程、制订培训计划，开展订单培训，为企业培养专项技能人才，培训毕业后即实现就业。② 岗前培训：应企业要求送教进企业，对上岗前的工人进行岗位技能培训，解决企业招收熟练工难的问题。③ 在岗培训：应企业要求送教进企业，对在岗职工进行新知识、新业务的培训，提升劳动者技能。

五、浐灞生态区人才生活环境评价

"积土成山，风雨兴焉；积水成渊，蛟龙生焉。"能不能吸引人才、集聚人才、用好人才，以高层次人才带动高水平发展，环境是关键因素，服务是重要保障。要努力形成人才脱颖而出、公平竞争的氛围和环境，为建设"强富美高"的浐灞生态区提供有力的人才支撑。在新形势、新环境下，为占据引才用才聚才的"制高点"，需打造具有区域竞争力的人才发展环境。

同时，实现人才环境不断优化，服务更加完善，"引才留才"吸引力不断增强。建立健全符合各类人才特点、有利于促进人才全面发展的人才开发制度体系，营造创新活力强、创业成本低、服务效能优、人居条件佳的人才环境。以品质汇聚人气、吸引人才，打造宜业宜居环境，让企业和人才招得进来、住得下去。

(一) 总体满意度

从图 5.15 可以看出，浐灞生态区人才对目前的生活环境满意度较高，达 45.83%，但可以直观地看出，浐灞生态区人才选择最多的是还可以(38.19%)，表示目前人才发展环境对现有人才的吸引力仅为合格线水平，还需进一步提高。

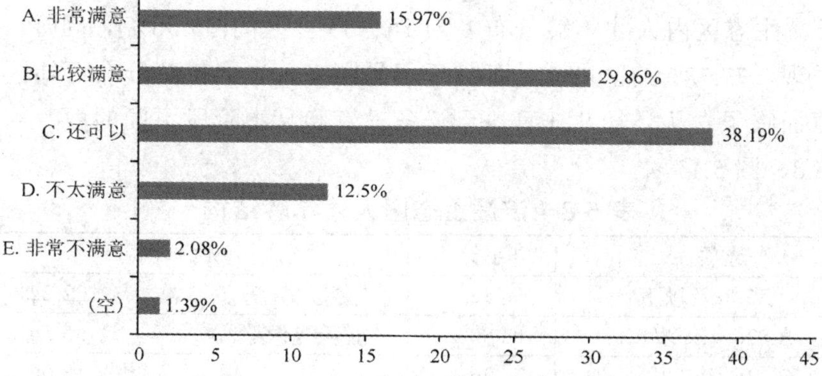

图 5.15 人才生活环境总体满意度

人才干事环境欠佳，对人才的吸引力不强。吸引人才重在环境，优良的工作和生活环境是人才“留得住”的重要因素。目前，浐灞生态区处于全力推进生态区建设和项目攻坚的阶段，人才工作的资金缺口较大，机制体制建设还无暇顾及，居住、购物、休闲、娱乐、电信、交通以及入学就医等人才生活的必要条件缺乏，造成生态区引进和留住人才困难重重，特别是高层次人才引进陷入了困局。

(二) 基础教育评价

从图 5.16 的调查显示，浐灞生态区人才对在浐子女教育状况满意与很满意占 34.03%，可见，多数人对在浐子女教育现状较为不满，经调查发现，浐灞生态区基础教育问题主要体现以下几个方面：

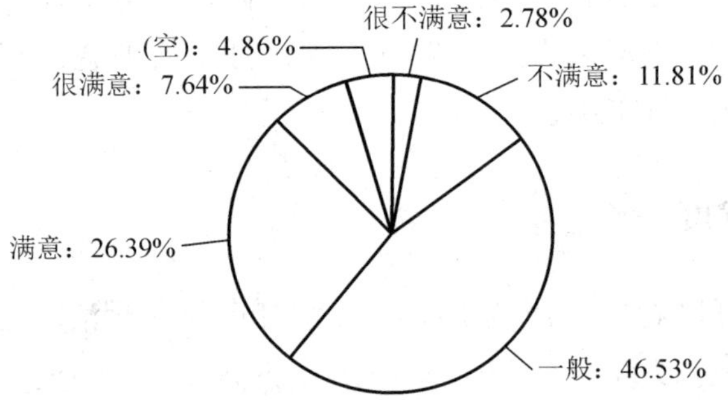

图 5.16　基础教育满意度

1. 基础教育资源建设难以满足人才子女多层次教育需求

浐灞生态区内人才年龄分布多为 26～35 岁区间(55.56%)，同时，交叉分析发现，77.78%的区内人才都处于已婚状态，参照年龄分布可知区内人才家庭面临子女从婴幼儿托管班到义务教育和高中阶段不同的教育需求，见表 5.8、图 5.17。

表 5.8　浐灞生态区人才年龄结构

选项	小计	比　例
A. 25 岁及以下	32	22.22%
B. 26～35 岁	80	55.56%
C. 36～45 岁	26	18.06%
D. 46 岁及以上	6	4.17

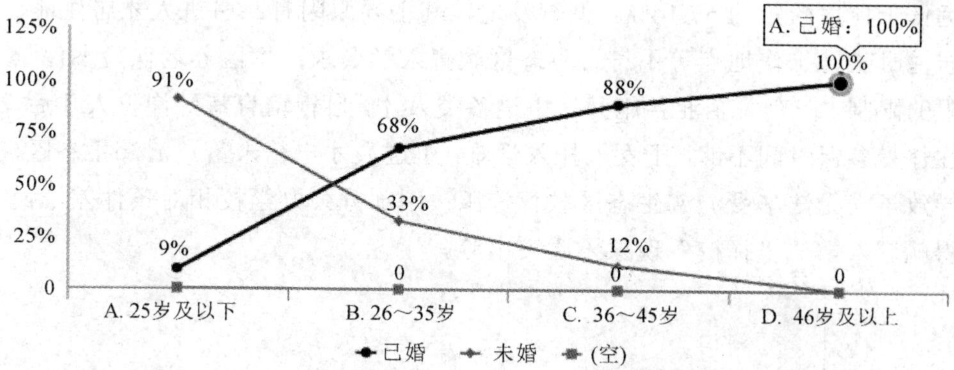

图 5.17　浐灞生态区人才年龄结构与婚姻状况交叉分析

《西安浐灞生态区国民经济和社会发展第十三个五年规划纲要》指出，生态区“十三五”发展中规划新建标准化幼儿园 8 所，学校 10 所，国际学校或附设国际班 2 所，见表 5.9。2016 年浐灞生态区新建 2 所小学、一所标准化幼儿园，2017 年新建 1 所小学，2018 年新建 3 所小学。可见 2016—2018 年间浐灞生态区预计共建设 6 所学校，2 所幼儿园。新建学校数量上满足建设进度，但是新建学校均为小学，仅 2016 年新建 2 所标准化幼儿园，和“十三五”规划指标差距较大，婴幼儿和中学教育资源建设进度缓慢，教育资源质量欠佳，“幼儿园 + 小学 + 初中 + 高中”15 年一贯制的教育链条不完善，无法解决不同层次人才子女的教育问题。

表 5.9　浐灞生态区“十三五”规划教育推进状况

新建	2016	2017	2018	十三五指标
学校	2(小学)	1(小学)	3(小学)	10
幼儿园	2	—	—	8
国际学校	—	—	—	2

此外，浐灞生态区于“十二五”期间获批西安领事馆区，联合国人居署项目办公室、上合组织环保中心西安办公室落户生态区，汉诺威国际学校项目正式入区，对外交流合作活动不断增多，国际人才引进增多，但浐灞生态区目前仅有汉诺威国际学校缺乏现有国际人才子女教育资源。

2. 各类型条件限制引进人才子女接受教育

如图 5.18 所示，浐灞生态区引进人才享受子女教育政策率仅为 4.08%，远低于住房政策的57.14%。调查发现，其主要原因有：引进人才居住证、居住时长、工作地点等不符合生态区教育入学要求；本区养老保险参保年限的限制，在有关企业各施其法引进各类人才，自行培育特殊岗位人才后，往往受参保时间不够，子女入托入学难；引进人才户籍未落户浐灞生态区，导致子女无法享受浐灞生态区教育资源；因部分公办学校相对条件差，使得就近入学与“择校”现象矛盾突出等。

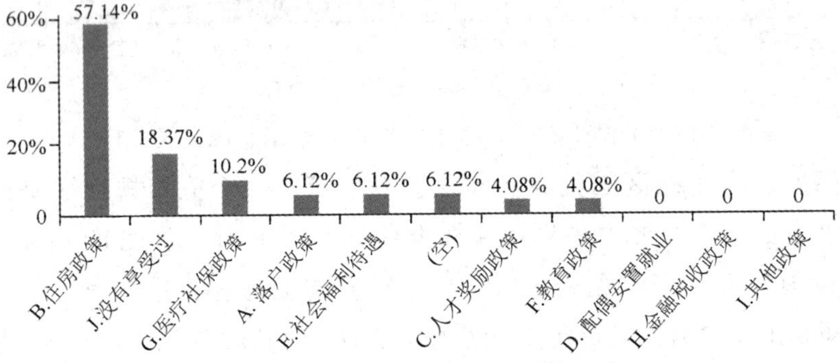

图 5.18　区内人才享受过的浐灞生态区人才政策

(三) 交通体系评价

企业问卷、个人问卷和座谈交流这三种调研渠道均显示：交通出行不便利在生活配套环境中的不满意度极高(见图 5.19)。

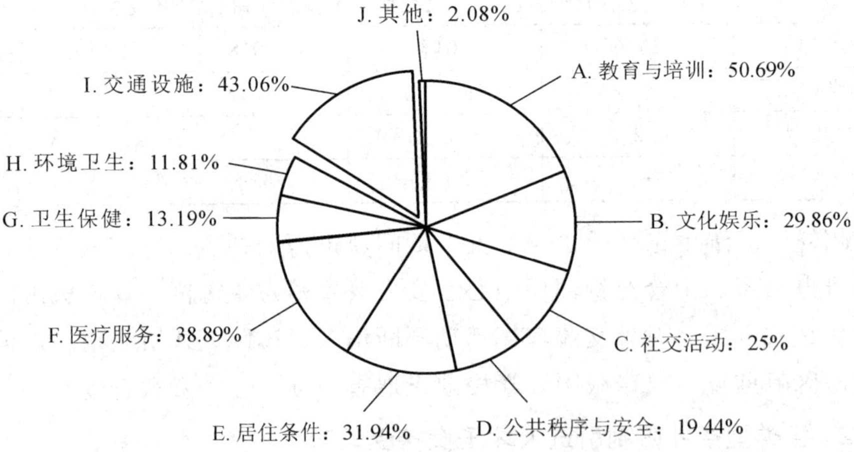

图 5.19　生活配套环境不满意度

浐灞生态区人才认为急需改善的社会服务中，交通设施占比达 43.06%，多数人认为浐灞生态区交通设施存在较大问题，主要为以下几个方面：

1. 道路交通建设无法满足需求

调查显示，浐灞生态区人才上下班主要选择公共交通，占比达 56.25%，见图 5.20。

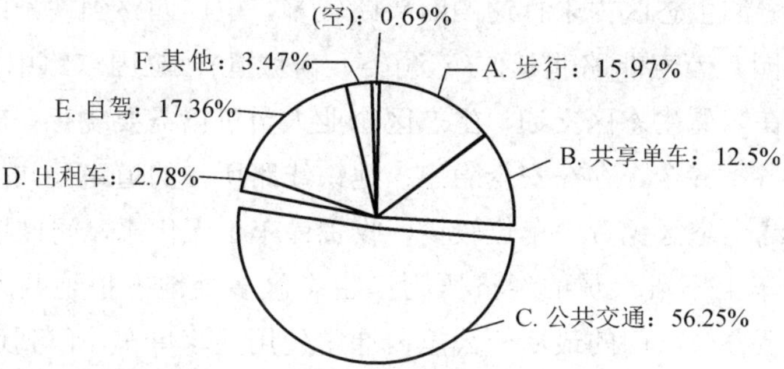

图 5.20　区内人才通勤方式分布

通过交叉分析发现(见图 5.21)，当浐灞生态区人才选择公共交通上下班时，40%的人将面临 0.5～1 小时的通勤时间，如果加上候车、换乘情况，其上下班时间将会更为漫长。当浐灞生态区人才选择出租车作为通勤方式时，50%的人会面临 1～2 小时的时间成本，剩余一半人的通勤时间会和公共交通持平。浐灞生态区人才选择自驾会有效缩短上下班通勤时长，但车辆购置费用、油耗、过路费、车辆保养等都会显著加重浐灞生态区人才的生活负担。

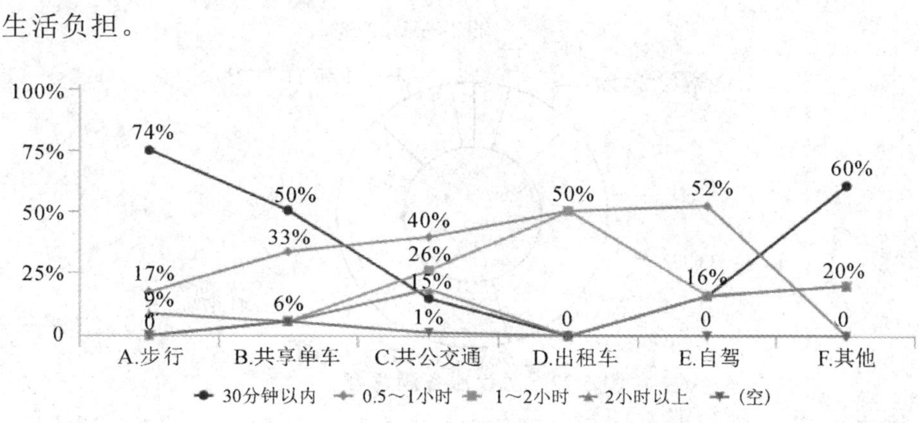

图 5.21　区内人才通勤时间分布

2. 公共交通建设不合理

公共交通线路规划中公交车和接驳车运行时间、路线、停靠点、班次安排不合理，生态区内的几条主干道连接不畅，导致生态区企业人员外出办事、应聘者上门面试等非常不便。其中，旅游业因为行业特殊性，其用车的高峰期多集中于正常的上下班高峰期以外，公共交通的布局和频次难以满足其具体的需求。浐灞生态区内未打通的断头路较多，电厂西路到铁一中滨河校区灞桥湿地公园，万寿北路北延伸(浐灞委、新城区)，赵围东路中段(灞桥区)等断头路仍在阻碍生态区交通，生态区企业人员进出需要绕行；部分建成道路的路灯配备不齐全，存在安全隐患；地铁线路所在的道路公共交通频次有待提高。浐灞生态区免费停车位较少，收费停车位无优惠，间接增加了20%住在市区开车上下班人员的经济压力；生态区多处地方拒绝共享单车的停靠，在地铁至办公部门的最后一公里内通常使用共享单车，但到达目的地后却无法顺利停靠，仍需要在离办公场地较远的地方停靠。

(四) 医疗服务评价

企业问卷、个人问卷和座谈交流这三种调研渠道均显示：浐灞生态区引进人才对现有医疗服务满意度较低。

浐灞生态区人才对区内医疗服务满意度为 41.66%，评价一般的有 41.67%，其余均为不满意和很不满意，见图 5.22。

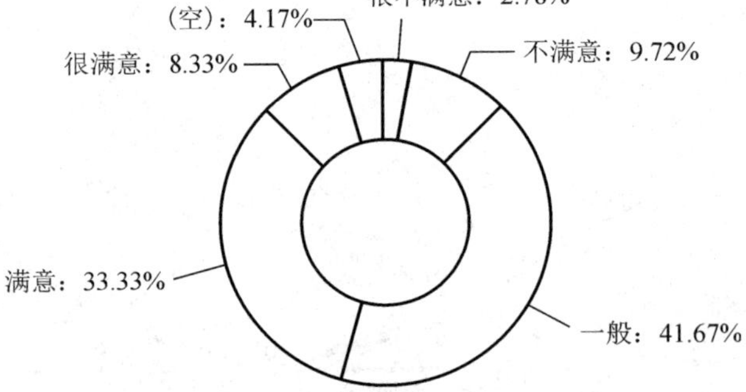

图 5.22　医疗服务满意度

调查显示，浐灞生态区医疗服务主要存在以下问题：

1. 医疗资源缺乏

浐灞生态区医院数量在西安市各区县内最少，灞桥区有三甲医院 3 所(见图 5.23)，其中在浐灞生态区仅有 1 所。生态区缺少医疗资源，没有大型医院，企业人员日常看病只有唐都医院门诊以及街道卫生所可以选择，部分企业岗前入职需要办理健康证，也只能去较远的未央区医院办理。

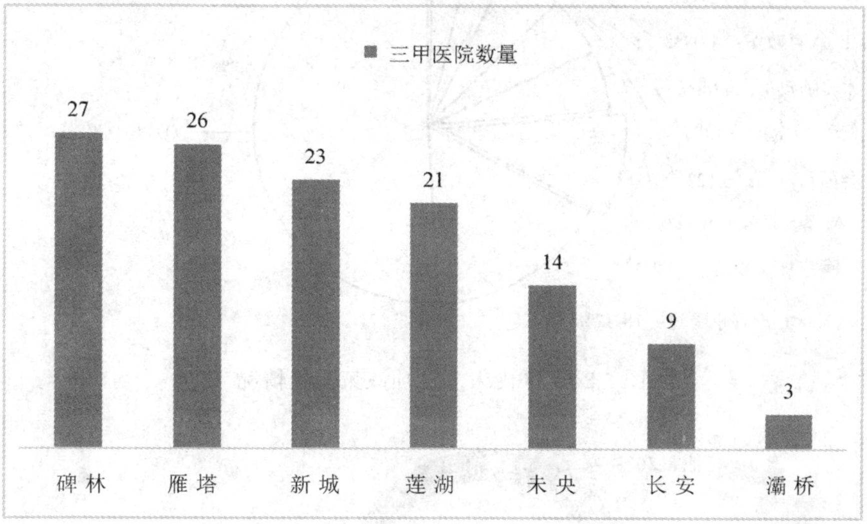

图 5.23 西安市各行政区三甲医院数量

依据《西安市 2015—2020 年医疗机构设置规划》，至 2020 年在灞桥区浐灞生态区增加 1 所三级综合医院，但到目前为止，西安前海人寿医院尚在建设中。所以目前浐灞生态区人才就近看医仍是仅能去空军军医大学唐都医院，从浐灞商务中心出发到医院距离有 4.6 公里。医院数量少和距离远共同导致了浐灞生态区的医疗保障无法满足引进人才需求。

根据省市对引进人才保障政策措施，基本能够满足引进人才的医疗需求，但是由于生态区医疗条件的限制，引进的高端人才尤其是海外高层次人才出现身体健康问题时，更多的是到国内知名医院就诊，在就诊过程中无法享受到与当地对高层次人才同等的优惠政策。

2. 政策缺少导致引进人才看病难

浐灞生态区仅有 10.2%的人才享受过医疗政策，其余 80%的人表示未享受过的主要原因是不了解相关政策，见图 5.24、图 5.25。

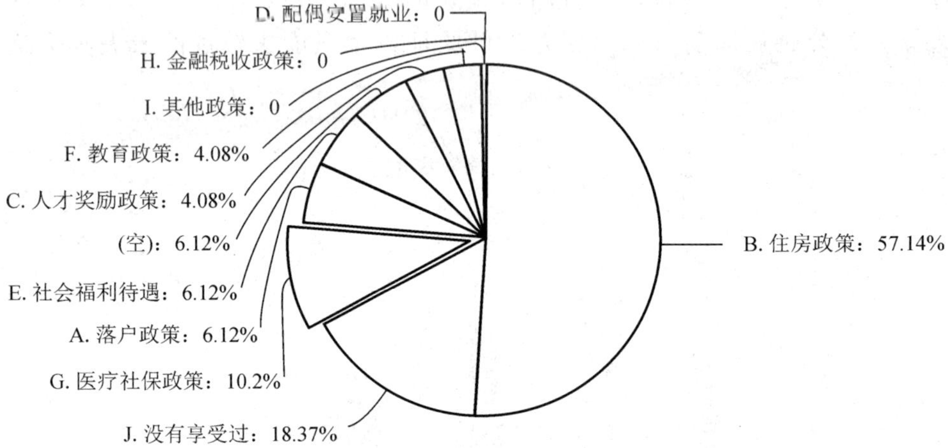

图 5.24　区内人才各项政策享受情况

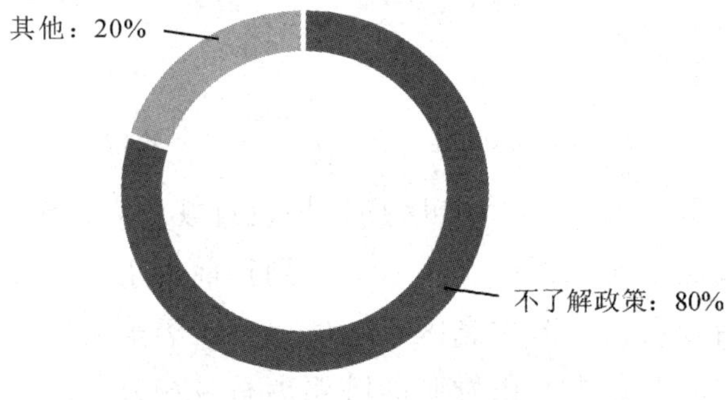

图 5.25　未享受到医疗政策的原因分布

3. 在浐人才身心压力大，需要解压场所

调查显示，浐灞生态区人才在长期工作中存在较大的工作压力，交叉分析可知，除部分身心健康人才外，大部分人的心理健康堪忧(见图 5.26)。

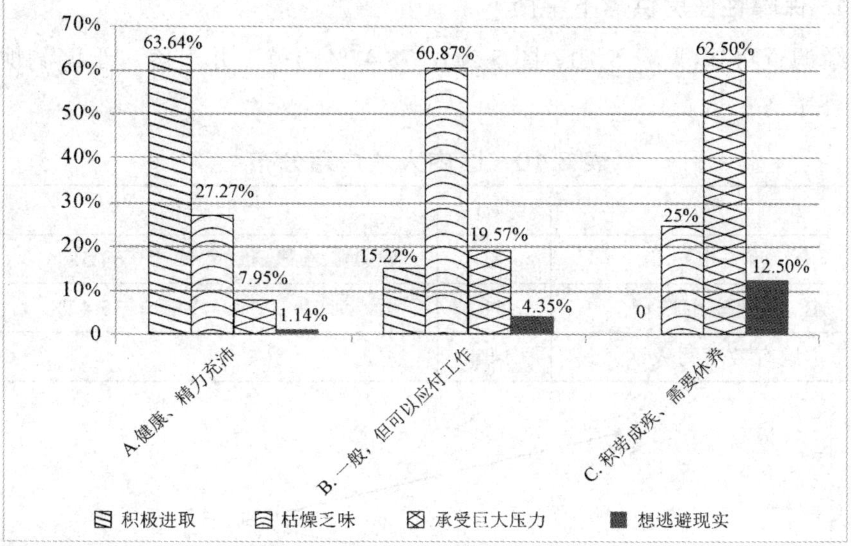

图 5.26　区内人才身心健康状况

(五) 人才安居评价

企业问卷、个人问卷和座谈交流这三种调研渠道均显示：浐灞生态区引进人才对现有住房保障满意度较低，见图 5.27。

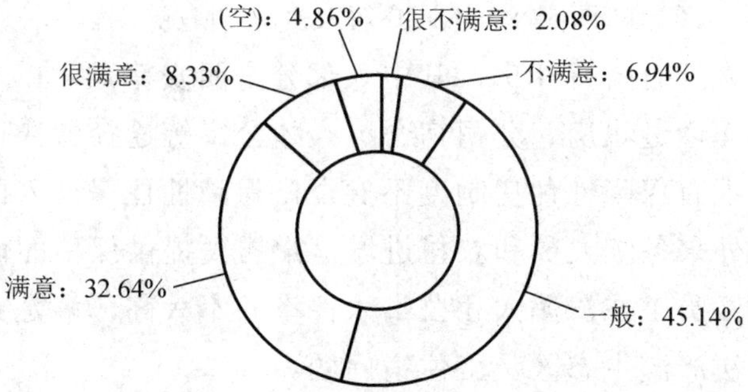

图 5.27　住房保障满意度

浐灞生态区人才对浐灞生态区现有安居状况多数持一般态度，占比达45.14%，可见浐灞生态区的人才安居保障情况对人才缺乏吸引力。调查显示，浐灞生态区人才安居存在以下问题：

1. 保障性住房供需不平衡

经调查可知(见表 5.10、图 5.28)，78.47%的员工并未落户于浐灞地区，属于外来务工人员。

表 5.10　区内人才户籍分布

选项	小计	比　例
A. 西安市户籍	93	64.58%
B. 非西安市户籍	51	35.42%
本题有效填写人次	144	

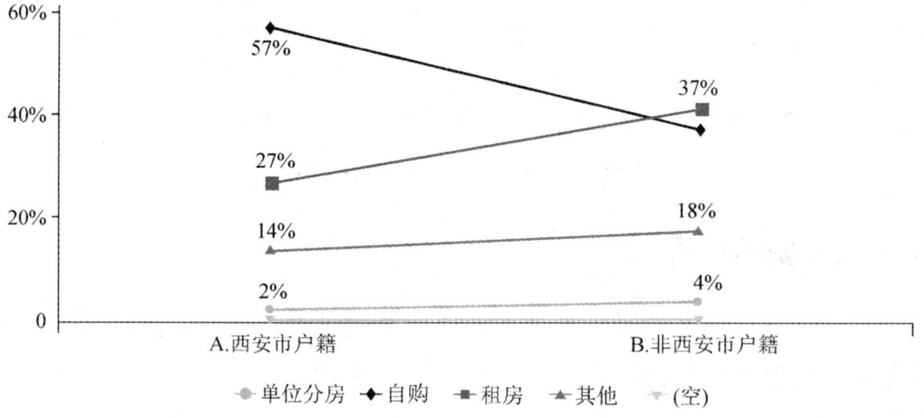

图 5.28　不同户籍人才住房情况

有 44%的人拥有自有住房，其中大部分是西安籍人才，外地人才大多无自有住房，而通过租房、公司宿舍、人才公寓等途径解决住宿问题。同时调查发现，现有保障性住房制度不健全，保障性住房准入门槛高，为新就业大学生、外来务工人员和农村进城落户居民提供保障面低于 23%。并且，浐灞生态区员工在浐灞人才公寓入住率并不太高，多是其他区的员工入住，难以解决浐灞生态区员工住宿问题。

2. 人才公寓居住条件有待改善

从图 5.29 可以看出，针对已入住浐灞生态区人才公寓的员工进行调查反馈发现，已入住浐灞生态区人才公寓的员工对人才公寓总体满意度满意和很满意占 69%，但在供水、气、热、厕所等设施和通信(包括宽带网络)

状况中满意度直线下降，有三个方面的具体问题：一是申请及退房等管理流程不合理。如：租房押金等钱款不能在办理完成退房手续时实时退还。二是物业办事效率低、服务态度差。三是配套设施及服务不完善，入住后网络、有线电视、燃气灶等配套均需自行办理，没有实现真正让人才拎包入住。

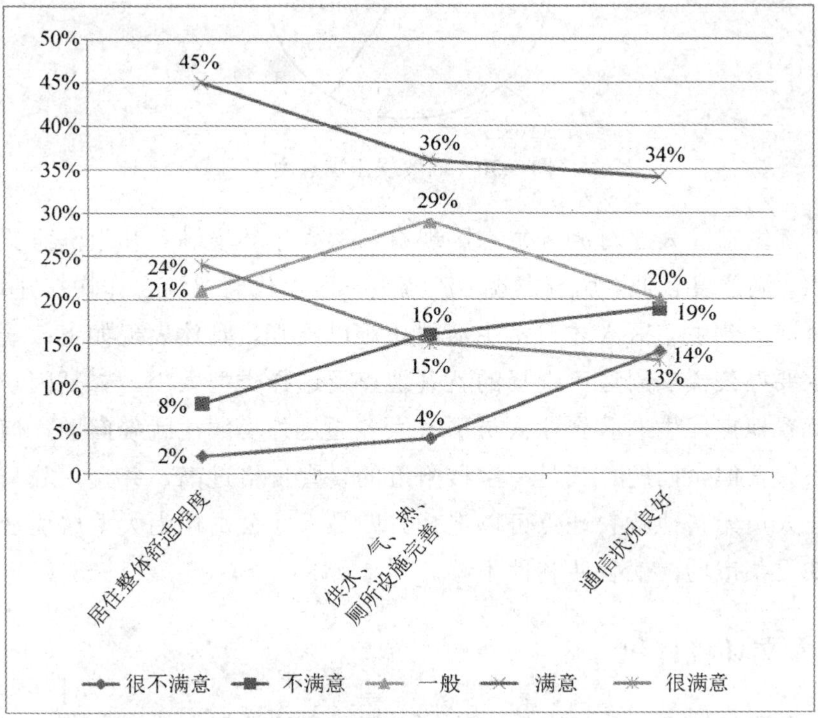

图 5.29　人才公寓居住条件满意度

结合当前人员籍贯数据(西安籍贯人员占比 64.58%，其他省份人员占比 35.42%)及 2018 年人员招聘需求中有 86%比例来自浐灞生态区以外区域的情况，浐灞生态区人才公寓应改善硬件设施和加强政策落实。

(六) 商贸娱乐设施评价

企业问卷、个人问卷和座谈交流这三种调研渠道均显示：浐灞生态区引进人才对现有生态区商贸娱乐方面满意度较低，见图 5.30。

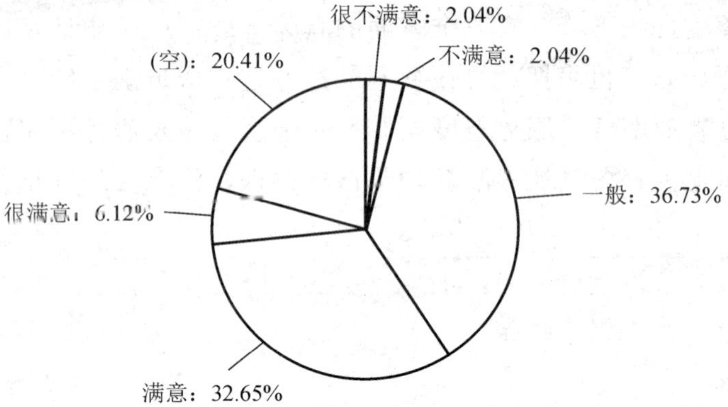

图 5.30 商贸娱乐满意度

浐灞生态区人才对浐灞生态区现有商贸娱乐环境满意和很满意累计仅38.77%，满意度较低。调查发现，浐灞生态区现代商贸综合体均在建设中，导致目前浐灞生态区人才日常生活娱乐难以展开。具体表现如下：一是生态区主要办公楼宇周边可选择的就餐地点及选择类型太少。二是因缺乏适当的就餐地点，生态区企业人员平时大多通过外卖解决就餐问题，但是普遍担心饮食健康问题。三是写字楼附近的食堂价格过高，并且入驻写字楼的企业人员无其他就餐地点可以选择。四是人才公寓作为大型居住社区，附近缺乏菜市场，就餐便利性不够。

(七) 人文环境评价

从企业问卷、个人问卷和座谈三个渠道反馈的信息分析，浐灞生态区内人文环境建设欠缺。其中浐灞生态区内人才过半因为缺乏文化环境熏陶，对自己是否可以实现人生价值存疑。

从图 5.31 看出，浐灞生态区人才仅有 8.33%的人认为自己的价值在浐得到了充分实现，有 26.39%的人才认为自己的价值得到部分实现，50%的人才对自身价值在浐得到实现评价为一般，其余人才均表示自己的价值在浐未得到实现。

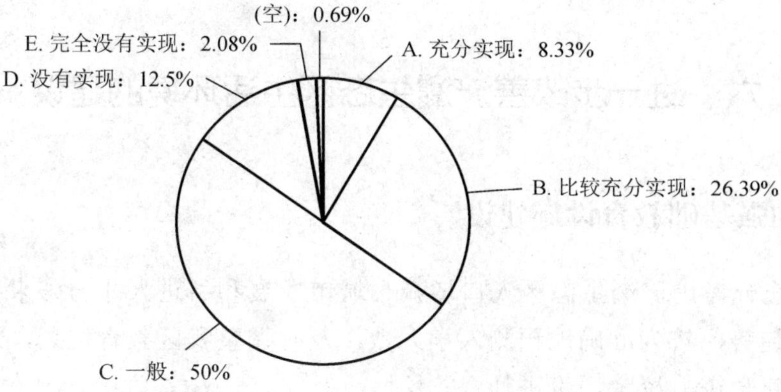

图 5.31　区内人才自我价值实现情况

(八) 评价的总结

虽然浐灞生态区发展和建设取得了一定成效，但在教育设施、文化生活设施、信息交流渠道等方面还有待改善提高。目前，生态区难以满足高层次人才自身政治、经济，以及对子女接受良好教育、追求高雅精神生活等方面的需要。同时，工资偏低，消费偏高，物价尤其是房价不断攀高，而工资水平却没有同比例跟上，使得人才在生态区的生存成本大幅度增加。

通过调查发现(见图 5.32)，浐灞生态区人才认为浐灞生态区的生活环境急需改进的方面前五名分别是教育与培训(50.69%)、交通设施(43.06%)、医疗健康服务(38.89%)、居住条件(31.94%)和文化娱乐(29.86%)。

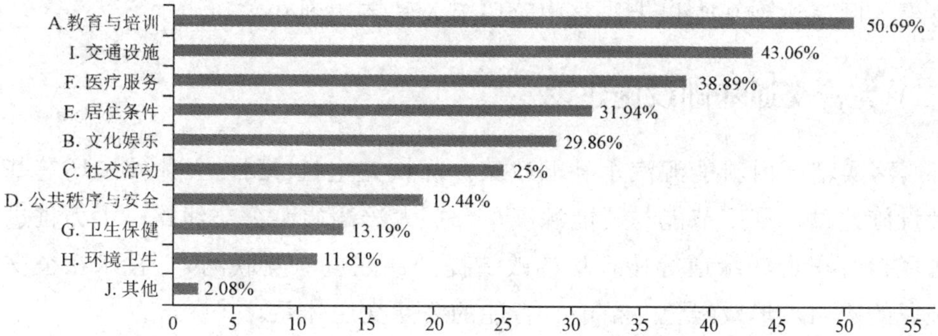

图 5.32　生活环境各方面待改进迫切程度

六、进一步改善浐灞生态区生活环境的建议

(一) 加强基础教育设施建设

要充分考虑浐灞生态区人口增减、城市发展和引进人才与外来务工人员流动趋势，较为准确地预测入学人数，及时调整我区教育规划，适时新建、扩建学校、校舍，引进师资。

全力推进浐灞生态区基础设施建设：通过开发商配建、提升改扩建、城改还建、吸引投资新建等方式增加生态区教育资源总量，在生态区南北及中部区域合理新建 7～8 所标准化幼儿园，8～10 所普通中小学，1～2 所国际学校或附设国际班，完善“幼儿园＋小学＋初中＋高中”教育链条。发展国际学校，扩大涉外培训规模，不断充实区域内优质国际教育资源，努力打造高规格“国际教育生态区”。

在海外人才集中的区域，增设外籍人员子女学校。试点社会力量举办外籍人员子女学校，为海外高层次人才子女入读外籍人员子女学校提供便利；鼓励本市中小学为外籍人员子女随班就读创造更好条件。

全力推进浐灞第三小学、浐灞第四小学、浐灞第五小学、浐灞第十学校建设进度，目标到 2020 年浐灞生态区通过国家县域义务教育发展基本均衡督导评估认定和复查。九年义务教育巩固率保持在 99.9%以上，学前教育毛入园率达到 99%以上，高中阶段毛入学率达到 98%以上。

(二) 完善交通基础设施建设

落实辖区内新能源汽车补贴政策，加快充电桩(站)、立体停车场等基础设施建设，推广节能与新能源汽车。扩大浐灞旅游公交线路，大力推进区域自行车道、绿道等慢行道的改造提升，注重“互联网+”技术在公交领域的应用，形成绿色、节能、智能的公共交通体系。

建成以快速路、主干路为骨架的快速道路系统。加快生态区南北向道

路规划实施力度，通过道路拓宽和延伸全力提升南北道路通行能力，提高城市承载力。加快区域公交网络建设，扩大区域公共交通服务面积，合理布设公交站点，构建地铁与社区摆渡车、公交车、公共自行车有效接驳的交通网络。

完善路网结构，形成微循环，方便市民出行。结合城市规划，先行实施周边道路，形成道路微循环，同时配合各相关区加快研究解决方案，并加大协调力度，逐步打通断头路，不断优化路网结构，以方便市民出行。

优化机动车道和非机动车道设计，在确保交通安全的前提下，实现公交、自驾、地铁等出行方式零距离换乘。在新建和改扩建道路时，同步建设改造公交港湾，在人口密集区域且符合城市规划路段积极建设人行过街设施，以方便市民出行。

打造“六纵十二横”的交通体系与主城区无缝对接，30 分钟直达钟楼、国际机场，20 分钟直达高铁站，1 小时直通西安全城。

浐灞生态区承担了 2017—2019 年打通 8 条断头路的任务，2017 年先后打通了金桥一路、广运潭西路、北辰东路、欧亚二路 4 条断头路，为周边群众出行提供便利。2018 年打通了 4 条断头路，解决区内市民出行“最后一公里”。

生态区政府相关部门把生态区公共交通网络建设纳入规划之中，加大投入力度，建好生态区的公共交通网络，与区政府的综合交通体系相结合，并服务于生态区企业，提升生态区的综合能力，为引进人才打下坚实的基础。

发挥好目前生态区内公交车的作用，增加营运班次密度，延长营运时间，从根本上解决企业员工上下班的交通问题；科学编制实施公共交通规划，生态区公共汽车进场率达 80%以上，公交出行分担率达 30%，占机动化出行比例 60%，公交站点实现 500 米全覆盖，公交线网密度达到 2.5 km/km^2，车均用地面积不低于 200 m^2/车，非直线系数小于 1.4。将调度中心、停车场、保养场等基础设施以及步行道、自行车道、公共停车场等配套服务设施建设纳入城市旧城改造和新城建设规划同步实施。适时调整优化公共交通线路和站点设置，逐步提高覆盖率、准点率和运行速度。

鼓励新能源公共交通车辆应用，更新或新增车辆50%以上采用新能源汽车，发展大容量快速交通系统(BRT)，有序发展区内轨道交通。加快“互联网＋”在城市公共交通中的推广应用，完善公共交通移动支付体系，重点建设公众出行信息服务系统、车辆运营调度管理系统、安全监控系统和应急处置系统。设置公共交通专用车道，优化道路交叉口设计，增加公共交通优先通行管理设施投入，形成公共交通优先通行网络。

(三) 提高医疗服务能力

全力推进浐灞生态区医疗卫生设施建设：引进医疗机构4家。构建卫生服务体系。积极引进综合医院，改扩建现有医院，优化配置医疗资源，加强资源整合，设立社区卫生服务中心(站)五处，做实社区卫生服务。建立以社区卫生中心(站)、社区医院、专科医院、综合医院共同构成的区内卫生服务网络，形成较为完善的卫生服务体系。做好重特大突发公共卫生事件防范和应对工作，加强突发公共卫生事件早期预警和预防控制工作。吸引、鼓励社会资本进入医疗健康服务行业，加快健康产业发展，构筑多元化、规模化医疗产业体系，满足群众多层次需求。大力推进浐灞生态区国际化养老示范社区建设项目、医疗设施配套建设项目、浐灞半岛社区居家养老服务中心建设项目等的建设进程。

政府提供补贴，特殊人才凭卡可享受每年一次的免费健康体检和VIP门急诊、住院、出诊、专家会诊等服务。在浐灞生态区内定点医疗机构开通就医“绿色通道”，符合条件的顶尖人才享受每年一次免费健康体检并优先享受门诊、急诊、住院、出诊、专家会诊等服务。用人单位要帮助未参保的高端人才办理医疗保险，鼓励购买商业医疗保险。为高端人才建立健康档案，定期开展健康体检。在体育中心，为高端人才免费提供优质体育健身服务。

进一步提升医护人员外语能力，在本市部分三甲医院实施国际医疗保险结算服务。支持市场主体建立第三方国际医疗保险结算平台。

建设“健康管理中心”，在浐灞生态区医疗机构设立人才医疗快速通道，在大型医院建设“健康管理中心”，每年组织骨干型及以上人才开展休假式体检，建立个人电子健康档案，及时记录动态健康信息，在各定点医院间实现信息共享。

完善高层次人才医疗保健待遇，鼓励社会力量建设国际医院，整合三甲医院等优质医疗资源，为高层次人才提供预约诊疗、外语接待等“一对一”诊疗服务。为高层次人才购买商业医疗保险，推动符合条件的医院、诊疗中心与国内外保险公司合作，探索在浐灞生态区内开展国际医疗保险直付结算服务试点。为急需紧缺人才就医开辟绿色通道。

推进科技馆、体育中心等项目建设，加快浐灞河沿岸绿道网建设。以“世博园”健康跑、国际自行车赛等为基础创建一批有影响力、带动性强的特色体育品牌，积极打造生态区特色文体活动，为在浐人才建造多种多样的解压场所。

加大优质医疗资源的引入力度，鼓励社会资本参与医疗资源建设，加快西安医学院附属医院、宝能医疗综合体等项目建设，西安中医脑病医院等新开工项目均已启动建设，积极推动雁鸣湖湿地公园生态区域康体型医院等项目发展，形成集医疗服务、健康咨询、养老服务为一体的新型服务业。

(四) 提供人才安居保障

加强保障性住房建设。建立区财政保障性住房建设稳定投入机制和引导社会资金投入保障性安居工程机制，构建以政府为主导提供基本保障，以市场为基础满足多层次需求的住房供应体系，确保保障性住房用地“应保尽保”。

健全保障性住房制度，降低保障性住房准入门槛，为新就业大学生、外来务工人员和农村进城落户居民提供保障，确保实现23%以上保障面。

对顶尖人才采取“一事一议”方式解决住房问题，符合条件的高层次人才在工作地购买商品房可不受户籍限制。探索新建商品房住房项目中配建不低于5%的人才专用房。政府投资建设的公租房在满足当地保障性需求后可调剂作为人才临时性租住的人才专用房。对人才集聚的产业生态区和企事业单位经审批后可利用自用存量用地建设人才保障房及其配套设施。

人才公寓房源筹措渠道主要来自6个方面：以公租房为基础，将彩虹湾等项目的部分公租房纳入人才公寓总体统筹；以市场租赁房为补充；鼓励符合条件的产业生态区、旧厂房等改造转型，支持利用工业用地建设人才公寓等配套服务设施；支持区域内酒店、宾馆改造升级，引导市属酒店管理企业探索将部分酒店的短租模式转变为长租型人才公寓使用；探索将浐灞生态区原有历史人文特色的旧式房屋，通过城市更新的方式改造成为高端人才公寓；鼓励社会知名长租公寓、代理经租运营公司参与人才公寓建设，以合作经营或长期包租形式，吸引更多优质社会资本参与。

在浐灞生态区注册纳税且符合产业发展导向的企业优秀人才、社会事业人才、储备人才均可申请入住人才公寓。申请人才需具有大学以上学历，且在西安无产权住房，并与上述认定企业签订劳工合同。符合条件的企业人才通过所在单位向区企业服务局提出申请，区企业服务局在对申请人及其所在企业的相关资质初审后，会同区房管局、区人社局进行综合评审，评审通过后由申请人所在单位(或申请人个人)与人才公寓提供方签订租赁合同及承租承诺书。社会事业人才及储备人才则向有关部门提出申请。

为了给浐灞的优秀人才提供公平均等的申请人才公寓的机会，每个入住人员的租赁期原则上不超过 3 年。到期确有实际困难需要续租的，由所在单位出具意见并提交续租申请，经审核同意方可续住。同一单位享受人才公寓原则上最长不超过 6 年。

对辖区内房源进行分类管理和改造，满足不同层级人才多样化居住需求。在酒店设立高层次人才公寓。规划建设 250 套 D 类人才公寓，计划配备家具、家电等生活必需品，使硬装、软装一应俱全，年底前达到拎包入住条件。

加大人才公寓保障力度，为急需紧缺人才提供人才公寓租赁服务，租住政府提供的人才公寓满 5 年按其贡献可以不高于入住时市场价格购买该公寓。鼓励用人单位按城市规划与土地出让管理有关规定自建人才公寓，提供给本单位基础人才租住。外地本科及以上学历的应届毕业生来浐应聘，可提供青年人才驿站，7 天内免费入住。

为改善投资环境、解决引进人才的居住问题，在生态区生活便利和环境优良的区域组织房源，建设高端人才公寓，为入选人员提供周转住房。

建设生态区精英社区，为高端人才集中提供高品质住房。鼓励用人单位为高端人才提供住房租金补贴。建设白领公寓和蓝领公寓。

(五) 加快配套建设商贸、文娱设施

全力推进浐灞生态区商贸设施建设：完善现有居住区商业网点建设，合理布局大型高端商业综合体，以东二环、东三环商业带、浐灞奥莱商圈、地铁 3 号线、雁鸣湖商业带为重点，创建商业特色示范街区。

以浐灞河流域生态水文化为切入点，通过聚集文化艺术资源，构建濒水文化娱乐休闲中心。紧抓文化产业发展契机，引导社会力量以产业孵化器、文化创客中心、创意工作室等多种形式积极发展广告、图书、设计、影视等文化创意设计产业。充分发挥欧亚创意设计产业园、数字出版基地产业优势及引领作用，支持建立数字内容生产、转换、加工、投送平台，鼓励和支持规模化数字出版、数字图像、游戏娱乐、数字媒体等产业，实现文化创意产业集群化发展。

大力推进欧亚大道星级酒店群、华夏文旅城、砂之船奥莱、麦德龙、迪卡侬商场等大型项目，特别是丝路国际会展中心等重大项目的建设，为群众提供丰富、便利、高端的生活享受。

建成 10 条重点便利街区，打造 5 分钟生活圈。同时，在西安丝路国际会展中心周边，建设西安旅游综合中心、西安市规划馆、西安市科技馆、西安市图书馆、西安市少年宫等公共服务类项目，以“五星级服务”，做好“店小二”，打造宜居兴业乐土，为企业、市民提供更便捷优质的工作、生活环境。

开工建设大剧院、文体中心、国际会议(会展)中心；启用开发区文化馆、老年活动中心和沿江公共服务中心；规划建设区级公办养老机构，实现社区居家养老服务照料中心全覆盖。

借助地铁 5、6 号线的便利交通，以和记万佳、二手车交易市场为基础，以绿地国际城、暖山西安等小区为人流招引，重点发展商贸购物、特色餐饮、酒吧、音乐吧、电子娱乐创意体验吧、绿色骑行俱乐部、汽车零配件周转、二手车评估检测等产业。

到2020年，建成10个市民休闲活动广场，并增加配套体育健身设施，为广大市民提供休闲娱乐和体育健身的自由空间，满足群众精神生活需求，进一步增加城市动感和色彩。

立足生态区实际，进一步整合社区资源，引导邻里商业发展，加快邻里商业布局，完善生活配套商业。通过综合规划、统一管理向社区居民提供高品质邻里商业服务功能，打造功能齐备的社区服务网络。

(六) 打造最美浐灞名片

以传扬浐灞生态区发展愿景和创新创业理念为主导，搭建党群活动平台，举办各类讲座与文体活动，丰富员工业余生活、凝聚人心搭建企业互动平台，举办一些科技创新大赛，为入区企业创新、创意和产品提供展示交流的平台，通过媒体对企业创新故事和创新产品的宣传，展现企业风采，帮助企业拓展市场。

每年组织开展人才工作先进单位和先进个人等评选活动。开办创新创业电视专门频道和报纸专题栏目，充分运用微信公众号等新媒体手段，大力宣传各类人才的创新创业成果和先进事迹，积极弘扬创业精神，激发创新活力，在全社会形成尊重人才、鼓励创新的浓厚氛围。每两年开展一次“人才之星”评比表彰活动，对于成果显著的人才给予生态区拔尖人才专项资金奖励，同时优先推荐参加人大代表、政协委员的选举和先进模范的评选表彰。对于有重大贡献的人才通过授予荣誉称号、建立人才蜡像馆、进入人才星光大道等多种途径给予精神鼓励。以现有人才为“营销素材”，征集与策划系列故事，向媒体、公众展现浐灞生态区人才的城市贡献意识、城市荣誉感及职业成就感，丰富城市人才吸引力中软实力的组成部分。

营造创新创业社会氛围。大力弘扬科学精神、创新精神、创业精神，大力弘扬西安城市精神、浐灞生态区精神，提升生态区文化的多样性和包容性，在全社会进一步形成鼓励创新、宽容失败的价值观和尊重创造、崇尚科学的社会环境。

加强生态区文化建设。营造开放包容、求实创新、追求卓越的区域文化氛围，适应和满足各类人才在艺术、文化等方面的多层次需求，促进多元文化融合，增强区域对人才的凝聚力。

定期通报表扬一批为生态区发展做出突出贡献的优秀人才和人才引进成效突出的重才爱才单位，加大人才先进典型事迹宣传，营造关心人才、尊重人才、宽容人才、成就人才的良好氛围，增强人才荣誉感和归属感。

媒体要设立“人才强市”专栏或专版，广泛宣传浐灞人才引进计划落实过程中的好做法、好成效、好典型，加强对重点工作进度的通报，努力营造人才工作“晒亮点、比业绩”的浓厚氛围。

举办特色体育赛事，力争每年承办 1 场以上大型体育赛事，积极开展各类群众性体育活动，区级职工文体活动三年举办 30 项以上。

每年 4 月最后一周的星期六设为“浐漂人才日”，发布“浐漂”双创指数、举办“浐漂”高峰会、开展招聘会等。重要时段、重大活动期间在地铁、公交、户外 LED 屏播放“浐漂”形象广告片。开展“感知浐灞行”活动，每年暑期邀请国内外知名高校学生来浐考察实践，感受浐灞文化、体验创新创业活力，营造“让浐漂成为时代风尚”的社会氛围。

针对单位年轻人多、交流面窄的情况，定期组织开展各类相亲联谊活动，有力推动青年人才扎根浐灞、融入“本土化”发展。

(七) 打造人才生活服务绿色通道

凡属浐灞生态区产业和企业发展急需紧缺人才在浐工作，可申领“浐灞人才绿卡”。对国际顶尖人才、国家级领军人才、地方高级人才等，分层分类提供住房、落户、配偶就业、子女入园入学、医疗、出入境和停居留便利、创业扶持等服务保障。根据本人要求，其配偶由人事部门负责，尽量对口安置，相关单位不得拒绝接收。其子女需在区内中小学读书的，可选择学校，任何部门或单位不得收取教育行政部门规定以外的费用。

建立人才绿卡积分制度，提供增值服务。同时建立人才服务专员制度，对重点人才(团队)项目提供“一对一”人才专员服务，切实解决人才在浐创新创业的后顾之忧，提高他们的获得感和荣誉感。

深化人才绿卡服务，健全人才绿卡服务制度，扩大人才绿卡服务联盟覆盖范围，为人才提供教育、医疗、交通、落户等方面的便利条件。将非公企业硕士或副高级及以上人才、省级教坛新秀医界新秀、地市级(含)以上名医名师名校长、十大匠人、技能大师工作室行业带头人、部分匠人新秀、产业转型特殊贡献人员纳入人才绿卡服务范畴。

对高级专业技术职务的人才，每两年组织一次健康体检，医疗费按规定给予报销。建立高级人才疗养制度。区财政拨出专款，每年由政府人事部门组织院士健康疗养一次。每两年组织突出贡献专家和一、二层次人选健康疗养一次，经费标准和时间按有关规定执行。

统筹义务教育阶段公立学校资源，妥善安排绿卡人才子女入学。

整合部门服务资源，完善人才服务专员、专窗制度，建立服务联盟成员单位例会制度，定时探讨研究人才服务问题，当好人才服务的“店小二”。对“千人计划”人才等重点人才，采取特制预约上门服务，探索购买服务、服务外包等形式提供服务。以建设人才服务中心为抓手，着力营造好人才之家，利用人才之家开展各项交流联谊、创业创新交流分享、项目路演、业务培训等活动。

推行人才服务卡和“政府引才帮办”制度，为高层次人才提供子女入学、健康医疗、金融服务、图书阅览、体育健身等 VIP 专属服务。

建立浐灞生态区高层次人才服务联席会议制度，设置高层次人才服务专员，在浐灞生态区人才服务中心设立人才服务“一站式”窗口，妥善解决高层次人才工作调动、配偶及子女随调随迁等问题。

对不愿改变户籍或国籍的海内外高层次人才，协助办理西安市“人才居住证”，享受户籍居民同等待遇。

附　录

附录 1　陕西省创业经营环境调查问卷

第一部分：基本信息

以下问题是有关公司和个人基本信息的描述。请您根据真实情形，从中选择最相符的答案，并在“□”中打“√”。

1. 您的性别：

□ 男　　□ 女

2. 您的企业创办人成立企业时的身份是：

□ 科技机构的人员　　□ 大学生

□ 留学归国人员　　□ 农民　　□ 下岗职工

□ 公务员　　□ 教师　　□ 其他

3. 您的职位：

□ 董事长　　□ 总经理

□ 董事长兼总经理　　□ 高层管理人员　　□ 中层管理人员

4. 您的年龄：

□ 20～25 岁 □ 26～30 岁 □ 31～35 岁 □ 36～40 岁 □ 41 岁以上

5. 您是否已婚：

□ 已婚　　□ 未婚

6. 您的最高学历：

□ 专科　　□本科　　□ 硕士　　□ 博士

7. 您的最高学历所学专业：

□ 自然科学(数、理、化、生)　　□ 社会科学(经、政、社、心)

□ 人文学科(文、史、哲、艺)　　□ 工学

□ 农学　　□ 法学

□ 商科(金融、会计、人力资源、市场营销等)

□ 医学　　□ 其他

8. 您是否属于陕西户籍：

□ 是　　□ 否

9. 您选择创业的行业是(国民经济行业分类 GB/T 4754—2017)：

□ 农、林、牧、渔业　　□ 采矿业

□ 制造业　　□ 国际组织

□ 房地产业　　□ 电力、热力、燃气及水生产和供应业

□ 建筑业　　□ 交通运输、仓储和邮政业

□ 批发和零售业　　□ 住宿和餐饮业

□ 信息传输、软件和信息技术服务业

□ 水利、环境和公共设施管理业

□ 居民服务、修理和其他服务业

□ 教育　　□ 金融业

□ 租赁和商务服务业　　□ 科学研究和技术服务业

□ 卫生和社会工作　　□ 文化、体育和娱乐业

□ 公共管理、社会保障和社会组织

□ 其他__________

10. 您公司的成立时间：

□ 1 年以下　　□ 1～3 年半　　□ 3 年半～5 年

□ 5～10 年　　□ 10 年以上

11. 您公司的注册资本(万元)：

□ 10 以下　　□ 10～50　　□ 50～100

□ 100～500　　□ 500 以上

12. 您公司目前的员工数目：

□ 1～10 人　　□ 11～50 人　　□ 51～100 人

□ 101～500 人　　□ 501 人以上

13. 您公司的年销售额：

☐ 5000 万元以上　　☐ 1001 万元～5000 万元

☐ 100 万元～1000 万元　　☐ 100 万元以下　　☐暂无

14. 您公司的性质是：

☐ 国有企业　　☐ 中外合资、合作企业

☐ 外商投资企业　　☐ 股份有限公司

☐ 有限责任公司　　☐ 集体企业

☐ 私营企业　　☐ (有限/普通)合伙制企业

15. 您公司正处于：

☐ 初创期　　☐ 成长期　　☐ 成熟期　　☐ 衰退期

16. 为了企业更快发展，您能接受的风险挑战是：

☐ 高风险　　☐ 零风险　　☐ 低风险

17. 您选择创业的动机是：

☐ 实现个人理想和自我价值　　☐ 提升自己的能力和素质

☐ 高收益　　☐ 就业困难

☐ 想当老板　　☐ 遇到创业机会

☐ 其他__________

18. 您创业的主要融资方式是：(可多选，但不超过 3 项)

☐ 银行贷款　　☐ 个人储蓄借款　　☐ 非国有企业借款

☐ 内部集资　　☐ 中外合资　　☐ 商业信用融资

☐ 补偿贸易融资　　☐ 代理权融资　　☐ 租赁融资

☐ 其他__________

19. 您选择在陕西进行创业的主要因素是：(可多选，但不超过 3 项)

☐ 创业政策好　　☐ 经济效益好　　☐ 交通运输便利

☐ 自然资源丰富　　☐ 发展前景好　　☐ 当地的社会关系丰富

☐ 居住地　　☐ 其他__________

20. 您目前创业面临的挑战是：(可多选，但不超过 3 项)

☐ 人力资本和技术资本不够　　☐ 享受优惠政策较难

☐ 文化理念冲突　　☐ 融资困难

□ 知识产权应用难　　　　□ 国情及市场运作环境了解不足
□ 社会人际关系处理困难　□ 创业孵化平台支持功能不足
□ 缺少配套的基础设施　　□ 自身能力素质不到位
□ 创业团队管理经验不足　□ 其他__________

第二部分：创业环境

以下问题是有关创业环境的描述。请您根据所在公司的真实情形，从中选择与您公司情况最相符的答案，并在“□”中打“√”。

● 政策法规环境

1. 地方政府出台的政策对贵企业的影响：

□ 限制了企业发展　□ 有一定消极影响
□ 说不清　□ 有一定促进作用
□ 极大地促进企业发展

2. 政府部门给企业提供充分清晰的创业信息：

□ 没有　□ 基本没有　□ 说不清　□ 比较充分
□ 充分而清晰

3. 您对政府部门工作人员的服务质量和工作效率：

□ 不满意　□ 基本不满意　□ 说不清
□ 基本满意　□ 满意

4. 贵企业获得和利用政府政策、信息等资源的方便程度：

□ 不方便　□ 比较不方便　□ 说不清
□ 比较方便　□ 很方便

5. 贵企业从政府支持项目中获得所需要的帮助：

□ 没有　□ 基本没有　□ 说不清
□ 较多　□ 很多

● 金融环境

6. 贵企业获取创业资金的难易程度：

□ 容易　□ 比较容易　□说不清
□ 比较难　□ 难

7. 贵企业获取创业资金的渠道数量：

☐ 少　　☐ 比较少　　☐说不清

☐ 比较多　　☐ 多

8. 国家金融政策对贵企业融资的影响程度：

☐ 没有影响　　☐ 基本没有影响　　☐ 说不清

☐ 有一定影响　　☐ 影响很大

9. 信用体系建设对贵企业融资的影响程度：

☐ 没有影响　　☐ 基本没有影响　　☐ 说不清

☐ 有一定影响　　☐ 影响很大

10. 金融机构工作质量对贵企业融资的影响程度：

☐ 没有影响　　☐ 基本没有影响　　☐ 说不清

☐ 有一定影响　　☐ 影响很大

● 市场环境

11. 贵企业的现有产品市场需求较大：

☐ 非常同意　　☐ 比较同意　　☐ 一般

☐ 比较不同意　　☐ 非常不同意

12. 贵企业进入市场的成本：

☐ 很高　　☐ 较高　　☐ 一般

☐ 较低　　☐ 很低

13. 贵企业能否负担起市场进入成本：

☐ 不能　　☐ 基本不能　　☐ 说不清

☐ 基本可以　　☐ 完全可以

14. 您认为陕西省市场竞争的公平性如何：

☐ 不公平　　☐ 比较不公平　　☐ 说不清

☐ 比较公平　　☐ 公平

15. 贵企业是否容易得到良好的市场服务(比如：会计、法律服务等)：

☐ 容易　　☐ 比较容易　　☐ 说不清

☐ 比较难　　☐ 很难

● 科技环境

16. 贵企业获得科技信息的方便程度：

□ 不方便　□ 比较不方便　□ 不好说

□ 比较方便　□ 方便

17. 陕西省现有大学、科研机构及其分布是否满足贵企业发展的需要：

□ 不满足　□ 基本不满足　□ 不好说

□ 基本满足　□ 满足

18. 陕西省建设的与贵企业相关的公共技术平台情况：

□ 没有　□ 基本没有　□ 说不清

□ 基本完善　□ 很完善

19. 贵企业使用公共技术平台的方便程度：

□ 不方便　□ 比较不方便　□ 不好说

□ 比较方便　□ 方便

20. 贵企业是否拥有和大型、成熟公司同样的机会接触新技术、新科学、新成果：

□ 不能　□ 基本不能　□ 说不清

□ 基本可以　□ 完全可以

● 教育与人才环境

21. 大学培养的人才规模和机构是否满足贵企业的创业需要：

□ 不满足　□ 基本不满足　□ 不好说

□ 基本满足　□ 满足

22. 陕西省劳动力市场的发展状况是否满足贵企业需要：

□ 不满足　□ 基本不满足　□ 不好说

□ 基本满足　□ 满足

23. 陕西省教育的水平是否满足贵企业创业的需要：

□ 不满足　□ 基本不满足　□ 不好说

□ 基本满足　□ 满足

24. 贵企业获得所需专业人才的难易程度：

□ 难　□ 比较难　□ 不好说

□ 比较容易　　□ 容易

25. 贵企业最缺乏的人员是：

□ 管理人员　　□ 技术人员　　□ 财务人员

□ 营销人员　　□ 熟练工人　　□ 其他__________

● 社会文化环境

26. 贵企业所处的城市文化是否鼓励个人通过努力获得成功：

□ 反对　　□ 不支持　　□ 说不清

□ 比较支持　　□ 非常支持

27. 贵企业所处的城市文化鼓励创业冒险、创新和创造：

□ 反对　　□ 不支持　　□ 说不清

□ 比较支持　　□ 非常支持

28. 陕西省传统文化对贵企业创办人及管理层的影响：

□ 不显著　　□ 比较不显著　　□ 说不清

□ 比较显著　　□ 显著

29. 作为创业企业管理者，在陕西省您是否受到充分尊重：

□ 被瞧不起　　□ 不太受尊重　　□ 说不清

□ 比较受重视　　□ 受到充分重视

30. 陕西省传统文化是否能促进贵企业创业的发展：

□ 不能　　□ 基本不能　　□ 说不清

□ 可以促进　　□ 充分促进

● 基础设施(注：水、电、气、排污、通信、交通等)

31. 贵企业所处的城市基础设施为贵企业提供的支持：

□ 差　　□ 较差　　□ 一般

□ 较好　　□ 好

32. 贵企业的经营发展是否依赖基础设施：

□ 不依赖　　□ 基本不依赖　　□ 说不清

□ 比较依赖　　□ 依赖

33. 贵企业所处的城市各项收费：

□ 不合理　　□ 基本不合理　　□ 说不清

□ 基本合理　　□ 合理

34. 贵企业能否负担起各项基础设施费用：

□ 不能　　□ 基本不能　　□ 说不清

□ 基本可以　　□ 完全可以

35. 对贵企业经营影响最大的基础设施因素是：

□ 城市交通　　□ 能源供应　　□ 水利状况

□ 土地　　□ 城市建设

● 创业支持、创业机会、创业能力和部门协调

36. 政府对贵企业的创业活动是否重视：

□ 不重视　　□ 比较不重视　　□ 一般

□ 比较重视　　□ 重视

37. 您认为陕西省是否具有很多创办新企业的好机会：

□ 不明显　　□ 比较不明显　　□ 说不清

□ 比较明显　　□ 明显

38. 贵企业是否具有创办新企业经验的员工：

□ 没有　　□ 基本没有　　□ 与其他企业持平

□ 比较多　　□ 很多

39. 贵企业员工能否对开发新项目的好机会迅速做出反应：

□ 没有　　□ 基本没有　　□ 与其他企业持平

□ 比较多　　□ 很多

40. 贵企业创业团队的合作意识和承受风险的能力如何

□ 很弱　　□ 较弱　　□ 一般

□ 较强　　□ 很强

● 自然环境(注：大气、水、植物、动物、土壤、岩石矿物、太阳辐射等)

41. 贵企业的发展是否依赖自然环境：

□ 不依赖　　□ 基本不依赖　　□ 说不清

□ 比较依赖　　□ 依赖

42. 您认为陕西省的自然环境对企业发展的影响：

□ 不显著　　□ 比较不显著　　□ 说不清

□ 比较显著　　□ 显著

43. 您对企业目前所处的自然环境：

□ 不满意　　□ 基本不满意　　□ 说不清

□ 基本满意　　□ 满意

44. 您认为当地是否有合适的创业资源(煤矿、农业资源等)？

□ 没有　　□ 基本没有　　□ 说不清

□ 比较多　　□ 很多

45. 下列自然环境因素对贵企业发展影响最大的是：

□ 气候　　□ 自然灾害　　□ 废弃物

□ 空气质量　　□ 水质　　□ 食品质量

□ 其他__________

第三部分：综合评价

请您综合第二部分的作答，根据所在公司的真实情形，在选定的评语方框中打“√”，并使用“1，2，3，…，9”给每个服务项目排序，其中“1”代表最好，“9”代表最不好。

1. 贵企业对外部创业环境提供的各项支持的满意程度：

服务项目	满意	比较满意	一般	不太满意	不满意	排序
政策法规环境						
金融环境						
市场环境						
科技环境						
教育与人才环境						
社会文化环境						
基础设施						
创业支持与机会						
自然环境						

2. 您认为创业环境提供的各项支持的重要程度：

服务项目	重要	比较重要	一般	不太重要	不重要	排序
政策法规环境						
金融环境						
市场环境						
科技环境						
教育与人才环境						
社会文化环境						
基础设施						
创业支持与机会						
自然环境						

附录 2　女性创业经营环境调查问卷

第一部分：个人基本信息

以下问题是有关您个人基本信息的描述。请您根据真实情形，从中选择最相符的答案，并在“□”中打“√”。

1. 您的年龄：

□ 20～25 岁　　□ 26～30 岁　　□ 31～35 岁

□ 36～40 岁　　□ 41 岁以上

2. 您的婚姻及子女状况：

□ 未婚　　□ 已婚无孩子　　□ 已婚有孩子

3. 您的最高学历：

□ 专科　　□ 本科　　□ 硕士

□ 博士

4. 您的最高学历所学专业：________________

5. 您的家人与您创业的关系：

□ 共同创业　　□ 部分参与　　□ 仅态度支持

□ 反对

6. 您成立企业时的身份是：

□ 家庭主妇　　□ 大学生　　□ 留学归国人员

□ 下岗职工　　□ 公务员　　□ 教师

□ 其他__________

7. 您目前的职位：

□ 董事长　　□ 总经理　　□ 董事长兼总经理

□ 高层管理人员

8. 为了企业更快发展，您能接受的风险挑战是：

□ 高风险　　□ 零风险　　□ 低风险

9. 您选择创业的动机是：

□ 实现个人理想和自我价值

□ 提升自己的能力和素质

□ 想当老板　　□ 高收益　　□ 就业困难

□ 遇到创业机会　　□ 其他__________

第二部分：企业基本信息

以下问题是有关您公司基本信息的描述。请您根据真实情形，从中选择最相符的答案，并在“□”中打“√”。

10. 您选择创业的行业是(国民经济行业分类 GB/T 4754—2017)：

□ 农、林、牧、渔业　　□ 采矿业

□ 制造业　　□ 国际组织

□ 房地产业　　□ 居民服务、修理和其他服务业

□ 教育　　□ 电力、热力、燃气及水生产和供应业

□ 交通运输、仓储和邮政业

□ 批发和零售业　　□ 住宿和餐饮业

□ 信息传输、软件和信息技术服务业

□ 水利、环境和公共设施管理业

□ 金融业　　□ 科学研究和技术服务业

□ 卫生和社会工作　　□ 建筑业

□ 公共管理、社会保障和社会组织

□ 文化、体育和娱乐业　　□ 租赁和商务服务业

□ 其他__________

11. 您公司的成立时间：

□ 1 年以下　　□ 1～3 年半　　□ 3 年半～5 年

□ 5～10 年　　□ 10 年以上

12. 您公司的注册资本(万元)：

□ 10 以下　　□ 10～50　　□ 50～100

□ 100～500　　□ 500 以上

13. 您公司目前的员工数目(人)：

□ 1～10　　□ 11～50　　□ 51～100

□ 101～500　　□ 大于 501

14. 您公司年销售额(万元)：

□ 5000 以上　　□ 1001～5000　　□ 100～1000

□ 100　　□ 暂无

15. 您公司的性质是：

□ 国有企业　　□ 中外合资、合作企业

□ 外商投资企业　　□ 股份有限公司

□ 有限责任公司　　□ 集体企业

□ 私营企业　　□ (有限/普通)合伙制企业

16. 您公司正处于：

□ 初创期　　□ 成长期

□ 成熟期　　□ 衰退期

17. 您创业的主要融资方式是：(可多选，但不超过 3 项)

□ 银行贷款　　□ 个人储蓄　　□ 公司内部集资

□ 找亲朋好友借款　　□ 发起众筹　　□ 风险投资

□ 股票筹资　　□ 申请国家资金　　□ 发行债券

□ 其他＿＿＿＿

18. 您目前创业面临的挑战是：(可多选，但不超过 3 项)

□ 家人不支持　　□ 工作与家庭冲突

□ 税费太沉重　　□ 招聘不到满意的人

□ 融资难　　□ 享受优惠政策较难

□ 知识产权应用难　　□ 国情及市场运作环境了解不足

□ 社会人际关系处理困难　　□ 创业孵化平支持功能不足

□ 缺少配套的基础设施　　□ 自身能力素质不到位

□ 创业团队管理经验不足　　□ 其他＿＿＿＿

19. 未来您希望政府能够给予的最大支持是：(可多选，但不超过 3 项)

□ 技能培训　　□ 信息咨询　　□ 提供信贷

□ 简化工商手续　　□ 土地供给　　□ 提供创业园区

□ 减免税费　　□ 创业项目引导　　□ 其他＿＿＿＿

第三部分：创业环境

以下问题是有关创业环境的描述。请您根据所在公司的真实情形，从中选择与您公司情况最相符的答案，并在表格中打“√”，其中“1”代表完全不同意；“2”代表不同意，“3”代表一般，“4”代表同意，“5”代表完全同意。

题　设	完全不同意	不同意	一般	同意	完全同意
1. 市场上有很多的创业机会	1	2	3	4	5
2. 竞争对手对我的企业构成很大威胁	1	2	3	4	5
3. 目前的行业竞争很激烈	1	2	3	4	5
4. 我的企业进入市场的成本很高	1	2	3	4	5
5. 目前政府一直为创业提供优惠政策	1	2	3	4	5
6. 政府设立项目鼓励支持女性自主创业	1	2	3	4	5

续表

题　　设	完全不同意	不同意	一般	同意	完全同意
7. 政府部门工作人员的服务质量和工作效率很高	1	2	3	4	5
8. 政府非常重视创业	1	2	3	4	5
9. 我的企业目前承担的税费比较合理	1	2	3	4	5
10. 我的企业获取资金比较容易	1	2	3	4	5
11. 我能拿到创业资金的渠道比较多	1	2	3	4	5
12. 国家的金融政策有利于我企业的融资	1	2	3	4	5
13. 我的企业目前可以很便捷地获取到高科技信息	1	2	3	4	5
14. 我有接触企业相关的新技术、新科学、新成果的机会	1	2	3	4	5
15. 目前的劳动力市场能满足我企业发展的需要	1	2	3	4	5
16. 我的企业目前想获取专业人才比较容易	1	2	3	4	5
17. 我身边有许多跟我一样在创业的人	1	2	3	4	5
18. 我因是创业者的身份而被周围的人尊重	1	2	3	4	5
19. 我创业所在城市的各项基础设施比较完善	1	2	3	4	5
20. 我创业所在城市的资源很适合创业	1	2	3	4	5
21. 我创业所在的城市宜居	1	2	3	4	5
22. 我创业所在的城市自然资源丰富	1	2	3	4	5
23. 当我在创业中遇到困难和问题时，我能够从家庭中得到帮助	1	2	3	4	5
24. 因创业，我的生活方式需要改变时，家人能够接受并满足这种改变	1	2	3	4	5
25. 当我遇到创业中的挫折而情绪发生变化时，家人能容忍并安慰我	1	2	3	4	5

第四部分：创业环境满意度

请您对目前创业环境提供的各项支持的满意程度进行打分，请在选定的评语方框中打“√”，其中“1”代表非常不满意；“2”代表不满意，“3”代表一般，“4”代表满意，“5”代表非常满意。

创业环境	非常不满意	不满意	一般	满意	非常满意
市场环境	1	2	3	4	5
政策法规环境	1	2	3	4	5
融资环境	1	2	3	4	5
科技环境	1	2	3	4	5
人才环境	1	2	3	4	5
社会文化环境	1	2	3	4	5
基础设施	1	2	3	4	5
自然环境	1	2	3	4	5
家庭环境	1	2	3	4	5

附录 3　创客的创业经营环境调查问卷

第一部分：个人信息

以下问题是有关您个人基本信息的描述。请您根据真实情形，从中选择最相符的答案，并在“□”中打“√”。

1. 您的性别：

□ 男　　□ 女

2. 您的年龄：

□ 18～25 岁　　□ 26～30 岁　　□ 31～35 岁

□ 36～40 岁　　□ 41 岁以上

3. 您的婚姻状况及子女状况：

□ 未婚　　□ 已婚无孩子　　□ 已婚有孩子

4. 您的最高学历：

□ 专科　　□ 本科　　□ 硕士

□ 博士　　□ 其他__________

5. 您的所学专业：__________

6. 您已成为创客多长时间：

□ 一年及以下　　□ 1～3 年　　□ 3 年及以上

7. 您选择做创客的原因是：

□ 想要实现个人的梦想　　□ 为了提升自己的能力和素质

□ 想要当老板　　□ 可以得到高收益

□ 遇到好的创业机会(如创客大赛)

□ 国家政策大力支持　　□ 受身边朋友感染

□ 被孵化机构吸引　　□ 其他__________

8. 您是通过何种途径成为真正的创客的？

□ 参加创客比赛　　□ 受孵化机构或众创空间的邀请

□ 主动申请成为　　□ 参加创业课程和培训

□ 其他__________

9. 为了尽快推动您的创意落地，您能接受的风险挑战是：

□ 高风险　　□ 零风险　　□ 低风险

10. 您在孵化产品过程中面临的挑战是：(可多选，但不超过 3 项)

□ 家人不支持　　□ 工作与家庭冲突

□ 税费太沉重　　□ 招聘不到满意的人

□ 资金困难　　□ 享受优惠政策较难

□ 知识产权应用难　　□ 国情及市场运作环境了解不足

□ 社会人际关系处理困难　　□ 孵化机构缺少配套的设施

□ 自身能力素质不到位　　□ 创业团队管理经验不足

□ 其他__________

11. 您目前是否已正式成立企业？

☐ 是　　☐ 否

(如选择“否”，则跳过第二部分中的 12～16 题，直接从 17 题开始)

第二部分：企业及孵化机构信息

以下问题是有关您公司基本信息的描述。请您根据真实情形，从中选择最相符的答案，并在“☐”中打“√”。

12. 您公司成立的时间：

☐ 1 年以下　　☐ 1～3 年　　☐ 3 年半～5 年

☐ 5～10 年　　☐ 10 年以上

13. 您公司的注册资本(万元)：

☐ 10 以下　　☐ 10～50　　☐ 50～100

☐ 100～500　　☐ 500 以上

14. 您公司目前人员数(人)：

☐ 1～10　　☐ 11～50　　☐ 51～100

☐ 100～500　　☐ 500 以上

15. 您公司年销售额(万元)：

☐ 5000 以上　　☐ 1001～5000　　☐ 100～1000

☐ 100　　☐ 暂无

16. 您公司的性质是：

☐ (有限/普通)合伙制企业　　☐ 中外合资、合作企业

☐ 外商投资企业　　☐ 股份有限公司

☐ 国有企业　　☐ 有限责任公司

☐ 集体企业　　☐ 私营企业

17. 您进入孵化机构时间：______年______月

18. 您的办公面积：______平方米

19. 您目前所在团队的总人数为(包含自己)：

☐ 1～5 人　　☐ 5～10 人　　☐ 10～30 人　　☐ 30 以上

20. 您目前主要承担的工作是：(可多选，但不超过 3 项)

□ 运营　　□ 创意　　□ 产品

□ 管理　　□ 开发　　□ 其他__________

21. 您的孵化产品所属的产业领域：

□ 电子信息　　□ 先进制造　　□ 生物医药

□ 新材料、新能源　　□ 现代服务业　　□ 现代农业

□ 文化创意　　□ 其他__________

22. 您的孵化产品获得融资的难易程度：

□ 很难　　□ 较难　　□ 一般

□ 较容易　　□ 容易

23. 您孵化产品的主要资金来源是：(可多选，但不超过 3 项)

□ 银行贷款　　□ 个人储蓄　　□ 找亲朋好友借款

□ 众筹　　□ 风险投资　　□ 股票筹资

□ 孵化机构补贴　　□ 其他__________

24. 您获得有关孵化机构信息的途径：

□ 当地政府　　□ 公共媒体　　□ 其他企事业单位

□ 社会个人　　□ 其他__________

25. 进入孵化机构后，您和团队的能力提升情况：

□ 慢　　□ 较慢　　□ 一般

□ 较快　　□ 快

26. 孵化机构内是否有公共实验室、公共技术平台等：

□ 有　　□ 没有

27. 如果有，它们的作用：

□ 不明显　　□ 较不明显　　□ 一般

□ 比较明显　　□ 明显

28. 您得到的孵化机构服务有：(可多选，但不超过 3 项)

□ 公共技术　　□ 市场　　□ 政策

□ 管理　　□ 金融　　□ 财务

□ 其他__________

29. 孵化机构识别企业需求的能力：

□ 弱　□ 较弱　□ 一般

□ 较强　□ 强

30. 孵化机构影响您和团队发展的因素有：

□ 孵化机构管理机制　□ 服务内容与特色

□ 投资资金　□ 可利用中介服务

□ 公共服务平台　□ 其他__________

第三部分：对创业环境和服务的要求

以下问题是有关您对创业环境和要求的描述，请您根据真实情形，从中选择最相符的答案，并在“□”中打“√”。

31. 您认为孵化机构对您和团队的培训，最重要的是：

□ 创业规划辅导　□ 营销辅导　□ 企业管理

□ 人力资源管理　□ 成本控制　□ 融资辅导

□ 政策法律规范　□ 税务知识　□ 其他__________

32. 您认为孵化机构提供的咨询等中介服务，应该：

□ 免费　□ 优惠政策　□ 市场价

33. 您认为孵化机构各项服务的重要性：

服务项目	不重要	较不重要	一般	比较重要	重要
公共技术服务					
投(融)资					
场地(租金优惠等)					
提供政策业务信息					
搭建交流平台(沙龙、俱乐部等)					
组织企业参加展览					
一般行政事务(协助处理工商税务等事务)					
培训(业务、管理、公共技术等)					
向企业推荐合作咨询机构(管理、财务等)					
综合事务(基本生活服务、社区环境等)					

34. 您目前对创业服务的需求：(可多选，但不超过 3 项)

□ 工商注册　□ 人事代理　□ 人才招聘

□ 财税代理　□ 政府资金申报　□ 法律服务
□ 知识产权代理　□ 行业交流　□ 公共技术平台
□ 创业导师　□ 创业讲座　□ 团队融合
□ 投融资对接　□ 创业投资　□ 产品构建
□ 市场拓展　□ 其他__________

35. 未来您希望孵化机构能够给予的最大支持是：(可多选，但不超过3项)

□ 技能培训　□ 信息咨询　□ 提供资金
□ 帮助协调简化工商手续　□ 推进产业融合
□ 扩大使用面积　□ 创业项目引导　□ 其他__________

第四部分：对创业环境和服务的评价

以下问题是有关您对创业环境和服务评价的描述。请您根据真实情形，从中选择最相符的答案，并在表格中打“√”。

36. 贵企业对孵化机构提供的各项服务的满意程度：

服务项目	不满意	较不满意	一般	比较满意	满意
公共技术服务					
投(融)资					
场地(租金优惠等)					
提供政策业务信息					
搭建交流平台(沙龙、俱乐部等)					
组织企业参加展览					
一般行政事务(协助处理工商税务等事务)					
培训(业务、管理、公共技术等)					
向企业推荐合作咨询机构(管理、财务等)					
综合事务(基本生活服务、社区环境等)					

37. 孵化机构内其他企业对贵企业的重要性：

服务项目	不重要	较不重要	一般	比较重要	重要
同行业环境					
企业间技术共享					
行业信息共享					
带来的业务					
人力资源帮助					
企业间投资/持股					
其他(请注明)					

38. 请您对以下影响孵化机构能力的因素进行评分(五项相加的总分为 10 分)

国家政策	硬件设施	软件服务	孵化机构外部资源网络	孵化机构内部管理

附录 4　理工科大学生创业意愿调查问卷

1. 您的性别：

□ 男　　□ 女

2. 您当前所在的年级：

□ 大一　　□ 大二　　□ 大三

□ 大四

3. 您当前所学的专业属于：

□ 理工类　　□ 人文类　　□ 经管类

□ 其他__________

4. 您对自主创业感兴趣吗？

□ 感兴趣　　□ 不感兴趣　　□ 无所谓

5. 您觉得您创业的主要目的是：

□ 就业形势严峻　　□ 追求富裕
□ 亲朋影响　　□ 发展自己
□ 其他__________

6. 您在大学期间是否参加过社会实践活动？

□ 是　　□ 否

7. 您在大学期间是否有创业打算？

□ 是　　□ 否

8. 您认为在大学里参加的何种活动有助于您的创业？(可选 3 项)

□ 学生干部工作　　□ 学校安排的实习
□ 学生社团活动　　□ 社会实践活动
□ 兼职　　□ 模拟创业活动
□ 创新创业竞赛　　□ 其他__________

9. 您是否同意“我未来五年创业的可能性很大”？

□ 非常同意　　□ 比较同意
□ 一般　　□ 不是很同意
□ 非常不同意

10. 您认为创业教育的好方法是：

□ 请成功人士讲授经验
□ 到创业成功企业实地参观考察
□ 请专家讲授理论
□ 在新闻媒体多宣传成功创业人士的经验

11. 如果参加创业培训，您更希望参加的课程是：(可多选)

□ 市场营销　　□ 财务税收
□ 人际交流沟通　　□ 创业管理
□ 与自己创业方向相同的课程
□ 项目管理

12. 您打算创业的原因是：(可多选)

□ 个人兴趣　　□ 解决就业

□ 创造致富机会　　□ 自由不被人管

□ 不愿给人打工　　□ 其他__________

13. 您不愿意创业的原因是：(可多选)

□ 资金不足　　□ 经验不足

□ 缺乏人才和技术　　□ 风险大

□ 没有成熟的创业方案　　□ 创业成功率太小

□ 亲人反对　　□ 其他__________

14. 您对创业概念的看法是：

□ 开办一个公司

□ 开创一份自己的事业，无论大小

□ 开发一项前沿的科技项目

□ 其他__________

15. 您对在校大学生创业的看法是：

□ 认同，是实现自我理想的一种途径

□ 反对，大学生还是应该以学习为主

□ 应该会是解决目前大学生就业问题不错的选择

□ 其他__________

16. 您觉得创业关键要素是：(多选题)

□ 创业者　　□ 商业机会　　□ 资金

□ 人际关系　　□ 产品服务　　□ 其他__________

17. 您认为创业需要具备的知识是：(可多选)

□ 市场营销　　□ 财务管理　　□ 公共关系

□ 项目运作　　□ 不知道　　□ 其他__________

18. 您知道如何进行工商注册吗？

□ 很清楚　　□ 不太清楚　　□ 完全不知道

19. 您知道银行贷款的相关知识吗？

□ 很清楚　　□ 不太清楚　　□ 完全不知道

20. 您觉得大学生创业需要具备的基本素质是：(可多选)

□ 身体素质　　□ 心理品质　　□ 创业精神

□ 竞争意识　　□ 机会意识　　□ 全面的创业能力
□ 风险意识　　□ 不知道

21. 您觉得大学生创业需要的能力有：(可多选)

□ 专业技术能力　　□ 经营管理能力
□ 驾驭市场能力　　□ 社会交往沟通协调能力
□ 风险承担能力　　□ 社会实践能力
□ 创新能力　　□ 其他__________

22. 您认为提高大学生创业能力应：(可多选)

□ 完善创业教育体系　　□ 营造良好的创业环境
□ 积极开展创业实践活动　　□ 提高自身素质
□ 其他__________

23. 如果您近期准备创业，您会提前做的准备有：(可多选)

□ 博览群书，多学习各方面的知识，不仅仅局限于专业知识
□ 多参加创业类的讲座和创业比赛，以积累经验
□ 多向长辈请教，多做总结
□ 积极主动与他人交往，形成自己强大的人脉网
□ 培养自己的洞察力，善于在生活中发现商机
□ 其他__________

24. 如果创业，您打算将来在哪里创业？

□ 一线城市　　□ 二线城市
□ 三线城市　　□ 四线城市

25. 如果您要创业，您认为所需要的启动资金大概是：

□ 1 万元以下　　□ 1 万元～5 万元
□ 5 万元～10 万元　　□ 10 万元～20 万元
□ 20 万元以上

26. 如果创业，您一般会选择哪种途径获得资金？

□ 合伙创业　　□ 自己筹资创业
□ 向政府部门申请贷款　　□ 家庭投资，学生创业
□ 向银行贷款

27. 如果创业，您一般会选择的领域是：

☐ 与自身专业相关的领域

☐ 自己感兴趣的领域

☐ 往当今热门的方向发展(如软件、网络等高科技行业)

☐ 启动资金少、容易开业且风险相对较低的行业

28. 您认为学校应采取何种方式鼓励大学生创业？

☐ 提供配套资金

☐ 设立创客空间

☐ 纳入大学科技园区，提供市场、实验设备等环境和服务

☐ 将创业课程纳入必修课程

☐ 其他__________

29. 您对国家、地方出台的扶持大学生自主创业的相关政策、法规的态度是：

☐ 经常关注，很清楚

☐ 偶尔关注，比较清楚

☐ 不太愿意主动去了解，知道一点

☐ 一点也不知道

30. 您是通过哪些途径了解到国家和地方扶持创业的政策和措施的？(可多选)

☐ 网络或网络搜索　　☐ 专家和教师讲座

☐ 同学间交流　　☐ 报刊电视等媒体

☐ 学校的创业工作站、创业园、创业社团等

31. 您是否同意“探索解决问题的新方案是表明我身份的重要方式”？

☐ 非常同意　　☐ 比较同意

☐ 一般　　☐ 不是很同意

☐ 非常不同意

32. 在自主创业方面，您最希望政府为您做的事情是：

☐ 提供专业技能培训　　☐ 提供创业机会

☐ 及时提供有效的创业信息　　☐ 提供社会保障

□ 优惠的扶助政策　　　　□ 解决实际生活难题
□ 维护权益　　　　　　　□ 其他__________

33. 您认为大学生创业相对于社会其他阶层的优势是：(可多选)

□ 年轻有活力，勇于拼搏　　□ 学习能力强，有创新精神
□ 专业素质较高　　　　　　□ 网络信息能力强
□ 其他__________

34. 您认为大学生创业相对于社会其他阶层的劣势是：(可多选)

□ 社会经验不足　　　　　□ 缺乏一定的社会关系
□ 没有好的创业方向　　　□ 面对风险心理承受能力不足
□ 其他__________

35. “寻找到满足市场需求的方案，并将其商业化是非常令人兴奋的”，您对此观点的看法是：

□ 非常同意　　□ 比较同意　　□ 一般
□ 不是很同意　□ 非常不同意

36. 您是否同意“我相信我可以与很多人建立和维持长久的关系，并从中获得资金、信息等资源支持”？

□ 非常同意　　□ 比较同意　　□ 一般
□ 不是很同意　□ 非常不同意

37. 您是否同意“我相信我可以不断地发现新的市场，提供满足顾客需求的新产品或服务”？

□ 非常同意　　□ 比较同意　　□ 一般
□ 不是很同意　□ 非常不同意

38. 您是否同意“如果创业失败了，会打击我的信心”？

□ 非常同意　　□ 比较同意　　□ 一般
□ 不是很同意　□ 非常不同意

39. 您是否同意“创业行为会影响我在周围人心中的形象”？

□ 非常同意　　□ 比较同意　　□ 一般
□ 不是很同意　□ 非常不同意

40. 您是否同意“我认为我将来会创业”？

☐ 非常同意　　☐ 比较同意　　☐ 一般

☐ 不是很同意　　☐ 完全不同意

附录5　浐灞生态区企业人力资源部门管理者调查问卷

一、单位基本情况

1. 您所在企业的企业性质：

A. 国有企业	B. 集体企业	C. 股份合作制企业	D. 私营企业
E. 合伙企业	F. 有限责任公司	G. 股份有限公司	

2. 单位所属行业：

A. 金融	B. 生态旅游	C. 会议会展	D. 文化创意
E. 涉外商务业	F. 现代商贸	G. 健康教育	H. 高新技术产业

3. 您所在企业的创立时间：

A. 1年以下	B. 1～3年	C. 3～5年	D. 5年以上

4. 单位现有正式员工总数：(指在开发区内的用工，下同)

A. 50以下	B. 50～100人	C. 100～200人	D. 200人以上

5. 单位正式员工的学历结构大约为：

研究生及以上学历________%，本科________%，

专科(高职)________%，高中(中专)及以下________%

6. 单位正式员工按岗位类别分，所占比例大约为：

管理人员(包括一般行政文员)________%，专业技术人员________%，

中高级技能工人________%，一般生产工人和服务人员________%

(注：技术人员指财务、培训、咨询、销售，工程师、技术员、设计开发)

7. 管理人员按职位等级分，占比大约为：

高层________%，中层________%，基层________%

8. 专业技术人员按职位/职称等级分，占比大约为：

高级________%，中级________%，初级________%

二、单位人才现状

1. 评价单位人才结构：

	很合理	比较合理	一般	不太合理	很不合理
A. 学历结构					
B. 职称结构					
C. 年龄结构					
D. 性别结构					

2. 评价本单位人才紧缺情况：

	非常急缺	紧缺	大体均衡	人才过剩	备注
A. 人员队伍总体状况					
B. 管理人员					
C. 专业技术人员					
D. 中高技能人员					

3. 单位紧缺的人才类别：(限五条，不含普工和一般服务人员岗位)

请填写紧缺人才岗位	紧缺程度(请标记)		
	3. 极度	2. 严重	1. 一般
	3. 极度	2. 严重	1. 一般
	3. 极度	2. 严重	1. 一般
	3. 极度	2. 严重	1. 一般
	3. 极度	2. 严重	1. 一般

4. 单位内未来5年的人才需求状况：

	不变	减少	增加	若增，估计人数为：
A. 人员队伍总体状况				(　　　　)人
B. 管理人员				(　　　　)人
C. 专业技术人员				(　　　　)人
D. 中高技能人员				(　　　　)人

5. 最近一年来，单位人才流失情况评价：

人才类型	非常严重	比较严重	一般	很少流失	没有流失
A. 人才队伍总体情况					
B. 管理人员					
C. 专业技术人才					
D. 中高技术人才					

6. 单位人才流失可能的原因：[多选题]

A. 薪资待遇低	B. 工作条件	C. 人员关系不融洽	D. 晋升机会少
E. 能力发挥受限	F. 对企业前景担忧	G. 对居住环境不满	H. 工作压力大
I. 家庭原因	J. 其他		

7. 单位是否有招聘留学归国人才的需求？

A. 是　　　　　B. 否

8. 如果需要留学归国人才，大约需要________人才。

9. 单位是否有招聘外籍人才的需求？

A. 是　　　　　B. 否

10. 如果需要外籍人才，大约需要________人才。

11. 根据西安市引进人才的分类(A、B、C、D、E)，您的单位是否有引进的需求？

A. 非常需要　　　　B. 需要　　　　　C. 暂不需要

12. 如果需要引进人才，计划引进五类人才(A、B、C、D、E)中的哪一类别人才？

A.　　B.　　C.　　D.　　E.

13. 单位吸引人才的主要来源和渠道：(限选 3 项)

A. 公开招聘	B. 工作调动	C. 员工推荐
D. 自己培养	E. 职业介绍机构	F. 与高校、科研机构联合培养

14. 单位 2018、2019 年是否有对员工的培训计划？

A. 有　　B. 无

15. 2018 年单位员工的人均培训费用投入大约是__________元/人。

16. 人才激励工作可能遇到如下问题，请对下列问题的严重性做出评价。

	非常严重	较严重	一般	较少存在	没有问题
A. 薪酬预算不足					
B. 企业提供培训难					
C. 晋升岗位有限					
D. 绩效评价不够合理					
E. 激励制度待完善					
F. 领导不够重视					
G. 其他					

三、人才政策评价

1. 单位对开发区人才政策的了解情况如何？

A. 非常了解	B. 了解	C. 略有了解	D. 基本不了解	E. 完全不了解

2. 单位是通过何种途径了解开发区人才政策的？

A. 开发区网站	B. 政府相关文件	C. 报刊、杂志等传统媒体	D. 朋友同事
E. 企业公告	F. 微信、微博等新媒体	G. 广播、电视等	

3. 您所在的企业看重目前浐灞生态区公布的哪些政策？

政　策	一般	重视	比较重视	十分重视	特别重视
入区企业开工保证金返还相关政策	○	○	○	○	○
促进超高层建筑项目建设相关政策	○	○	○	○	○
鼓励金融机构入驻金融商务区政策	○	○	○	○	○
促进基金产业发展政策	○	○	○	○	○
总部经济发展奖励扶持政策	○	○	○	○	○
支持大众创业万众创新政策	○	○	○	○	○
支持创业咖啡发展政策	○	○	○	○	○
扶持产业发展若干招商优惠政策	○	○	○	○	○
扶持企业争创驰名著名商标奖励政策	○	○	○	○	○
扶持现代服务业发展政策	○	○	○	○	○
推进文化产业发展政策	○	○	○	○	○
加快文化创意产业发展政策	○	○	○	○	○
涉外机构招商优惠政策	○	○	○	○	○
加快发展新兴产业政策	○	○	○	○	○

4. 您所在的企业享受到了哪些人才政策？[多选题]

	1	2	3	4	5
人才引进“5121 计划”					
“浐灞智库”建设项目					
战略合作基地建设项目					
人力资源经理联盟项目					
归国留学人才联盟项目					

续表

	1	2	3	4	5
继续教育培训集中面授课程收费不超过 5 元/人课时					
设立博士后科研工作站，给予一次性奖励，资源共享					
人才安居工程(人才公寓供应、住房优惠)					
“年度优秀企业”评选					
均没有享受过					

5. 如未享受，原因是：[多选题]

A. 对自己没有吸引力	B. 办理手续繁杂、享受政策成本高昂
C. 知道该政策，但有关部门没有执行	D. 其他 ________

6. 您认为，开发区人才政策在制定和落实过程中需要进一步完善的是：(可多选)

A. 改革体系的配套、完善	B. 政府要多听企业意见
C. 引进第三方组织对效果进行评估	D. 及时调整优化

7. 单位在人才引进过程中遇到的主要问题有：(可多选，限选 3 项)

A. 住房	B. 子女教育	C. 配偶工作	D. 社会福利待遇
E. 人才争夺	F. 人才成本过高	G. 其他	

8. 您认为开发区人才政策具体优势有哪些？

A. 人才引进政策	B. 人才培养政策	C. 人才评价政策	D. 人才激励政策
E. 人才保障政策	F. 服务人才政策	G. 其他________	

9. 您的单位对浐灞生态区人才政策和服务的满意度评价：

	很不满意	不满意	一般	满意	很满意
对于浐灞生态区的人才政策					
人才市场建设和人才市场网站					
建立大学生人才数据库					
建设大学生就业见习基地，提供见习岗位					
建设大学生创新创业实践基地					
组织就业创业系列(大型招聘会等)活动、人才交流活动					
定期收集大学毕业生继续教育需求，提供继续教育渠道					
定期组织专业或业务培训					
相近专业领域、跨行业领域研讨交流的组织服务平台					
信息获取和发布平台					
研究成果共享交流和转移服务平台					

10. 根据您的认识，您认为浐灞生态区还需要出台哪些政策措施。请您提出建议。

问卷到此结束，感谢您的合作与支持。

附录 6　浐灞生态区企业基层员工调查问卷

一、个人和企业基本信息

1. 年龄：

A. 25 岁及以下　　B. 26～35 岁

C. 36～45 岁　　D. 46 岁及以上

2. 性别：

A. 男　　B. 女

3. 学历：

A. 大专及以下　　B. 大学本科　　C. 研究生

4. 您的户籍形式是：

A. 西安市户籍　　B. 非西安市籍

5. 您在浐灞生态区的落户状况为：

A. 落户浐灞生态区　　B. 未落户浐灞生态区

6. 婚姻状况：

A. 已婚　　B. 未婚

7. 您在浐灞生态区已工作时间：

A. 1～3 年　　B. 4～6 年

C. 7～10 年　　D. 10 年以上

8. 您在本企业的职位/职务属于：

A. 管理人员　　B. 人事人员　　C. 技术人员

D. 财务人员　　E. 销售人员　　F. 市场人员

G. 行政人员　　H. 生产人员　　I. 物流仓储人员

J. 其他___________

9. 您的薪酬等级：

A. 1000～3000 元　　B. 3000～6000 元

C. 6000～10 000 元　　D. 10 000 元以上

10. 您享有的社保类别：

A. 养老保险　　B. 医疗保险　　C. 失业保险

D. 工伤保险　　E. 生育保险　　F. 住房公积金

G. 商业保险　　H. 其他___________

11. 您所在企业成立时间：

A. 0～3 年　　B. 3～6 年　　C. 7～10 年

D. 10 年以上

12. 您所在的企业规模：

A. 50 人以下　　B. 50～100 人　　C. 100～300 人

D. 300 人以上

13. 您所在工作企业性质是：

A. 国有企业　B. 股份合作制企业　C. 私营企业

D. 个体户　E. 合伙企业　F. 集体企业

G. 有限责任公司　H. 股份有限公司　I. 其他__________

14. 您从事的产业领域为：

A. 金融服务产业　B. 旅游产业　C. 会议会展产业

D. 文化创意产业　E. 高新技术产业　F. 现代商贸商务

G. 健康体育　H. 其他__________

二、基层员工工作满意度

1. 您是通过以下哪种方式来到现工作单位的？

A. 公开招聘　B. 人力资源中介/招聘会

C. 政府引才计划　D. 朋友推荐

E. 组织调动/国家安排　F. 其他__________

2. 您选择到现工作地工作的原因，主要是：(请选出最重要的 3 项)

A. 引才政策好　B. 解决户口

C. 硬件设施好　D. 故乡情结和感情因素

E. 工作自主性强　F. 家庭因素

G. 工作学术氛围好　H. 薪酬待遇好

I. 子女上学　J. 住房条件好

K. 发展前景好　L. 单位声誉好

M. 地域优势　N. 其他__________

3. 引进初期承诺的应享政策是否落实到位？

A. 是　B. 部分落实　C. 否

4. 您认为目前人才流动顺利吗？

A. 非常顺利　B. 比较顺利　C. 还可以

D. 不太顺利　E. 非常不顺利

5. 您现在通勤时间为：

A. 30 分钟以内　B. 0.5～1 小时　C. 1～2 小时

D. 2 小时以上

6. 您上下班以及出行方式主要是：

A. 步行　　B. 共享单车　　C. 公共交通

D. 出租车　　E. 自驾　　F. 其他__________

7. 您的身体健康状况：

A. 健康、精力充沛　　B. 一般，但可以应付工作

C. 积劳成疾，需要休养

8. 您的心理状况：

A. 积极进取　　B. 枯燥乏味　　C. 承受巨大压力

D. 想逃避现实

9. 您对目前的生活环境满意吗？

A. 非常满意　　B. 比较满意　　C. 还可以

D. 不太满意　　E. 非常不满意

10. 您现在的住房是：

A. 单位分房　　B. 自购　　C. 租房

D. 其他_________

11. 您近期是否已购理想新房或正在考虑购置新房？

A. 是　　B. 不是　　C. 未考虑

12. 您现在工作上最主要的问题是：(请选出最重要的 3 项)

A. 工作条件艰苦　　B. 工资待遇低　　C. 得不到领导赏识

D. 人际关系紧张　　E. 专业不对口　　F. 对现有工作无兴趣

G. 无法胜任现有工作　　H. 家庭负担重，影响工作

I. 人才培训投入不够　　J. 经费管理死板，使用困难

K. 对个人贡献奖励机制激励性不够

L. 缺乏宽容失败的环境和安全感

M. 对人才尊重和关心不够

N. 缺乏公平竞争环境

O. 频繁加班

13. 您想离开浐灞生态区去其他地方工作吗？

A. 非常想　　B. 有点想　　C. 无所谓

D. 不太想　　E. 完全不想

14. 您认为哪种流动方式最有效？(请逐一打√进行评价)

	无效	一般	比较有效	有效	非常有效
招聘会					
各种媒体发布的招聘信息					
猎头公司					
人才中介					
熟人介绍					
其他					

15. 工作之余是否有培训的机会？

A. 有　　B. 无

16. 培训费用由何人支付？

A. 单位支付　　B. 免费培训　　C. 个人支付

17. 无培训机会的主要原因是：

A. 工作忙，没时间　　B. 经济压力大　　C. 没需求，不想学

D. 单位不让　　E. 其他＿＿＿＿＿＿

18. 您希望工作中能获得怎样的激励？(请选出最看重的 3 项)

A. 薪酬福利　　B. 户籍住房　　C. 安顿家人

D. 工作条件　　E. 荣誉称号　　F. 培养培训

G. 人才团队　　H. 尊重认同　　I. 评价激励

J. 其他＿＿＿＿＿＿

19. 您认为自身价值实现了吗？

A. 充分实现　　B. 比较充分实现　　C. 一般

D. 没有实现　　E. 完全没有实现

20. 您认为目前的生活环境最需改善的方面是：(请选出最重要的 3 项)

A. 教育与培训　　B. 文化娱乐　　C. 社交活动

D. 公共秩序与安全　　E. 居住条件　　F. 医疗服务

G. 卫生保健　　I. 交通设施　　J. 其他＿＿＿＿＿＿

三、对人才政策的了解与评价

1. 近年来浐灞生态区出台了一系列人才政策，您比较了解的是：

A. 鼓励金融机构入驻金融商务区办法(试行)

B. 关于增补《西安浐灞生态区鼓励金融机构入驻金融商务区办法(试行)》优惠政策

C. 扶持企业争创驰名著名商标奖励暂行办法

D. 扶持产业发展若干招商优惠政策实施细则

E. 扶持现代服务业发展的优惠措施

F. 推进文化产业发展若干优惠政策

G. 入区企业开工保证金返还办法(修订)

H. 促进超高层建筑项目建设的若干措施

I. 总部经济发展奖励扶持政策

J. 大众创业万众创新试行办法

K. 浐灞生态区促进基金产业发展试行办法

L. 涉外机构招商优惠政策

M. 促进博士后科研工作管理办法

N. 支持创业咖啡发展暂行办法

O. 关于修订《西安浐灞生态区推进大众创业万众创新试行办法》的通知

P. 加快发展新兴产业优惠政策

Q. 加快文化创意产业发展的若干措施(试行)

R. 推进大众创业万众创新实施细则

S. 其他__________

2. 您是通过哪些途径知道浐灞生态区人才政策的？

A. 开发区网站　　B. 政府相关文件

C. 报刊、杂志等传统媒体　　D. 朋友同事

E. 企业公告　　F. 微信、微博等新媒体

G. 广播电视等

四、人才政策的满意度

1. 请您对浐灞生态区人才政策工作做出评价。(请逐一打√进行评价)

	很不满意	不满意	一般	满意	很满意
总体满意度					
人才评审环节的合理性					
人才政策覆盖面					
人才政策的执行情况					
人才政策易理解程度					
办事程序或手续便利性					
人才政策吸引力度					
企业收入水平					
户籍政策制度					
学历职称限定条件					
人事关系限定条件					
中介机构推荐人才力度					
中介机构服务满意度					
信息获取渠道和交流成本满意度					
人才市场效果					
人才流动渠道					
企业用人机制灵活性					
培育员工新工作技能效果					
校企合作模式有效性					
科技成果转化的政策					
奖励资金力度					
创新创业帮扶资金力度					
贡献企业，个人荣誉奖励力度					
个人所得税收优惠政策					
知识产权保护情况					

续表

	很不满意	不满意	一般	满意	很满意
专门人才奖励政策					
配偶安置就业					
社会保障待遇					
子女教育					
医疗卫生方便					
安居政策					
管委会人事部门的工作作风办事效率					

2. 请您对浐灞生态区的人事管理服务提出建议：

____

附录 7　浐灞生态区大学生人才政策调查问卷

一、受访者基本情况(请勾选具体选项，单选)

1. 年龄：

A. 25 岁及以下　　B. 25～35 岁　　C. 35～45 岁

D. 45 岁以上

2. 性别：

A. 男　　B. 女

3. 学历：

A. 大专及以下　　B. 本科　　C. 硕士

D. 博士及以上

4. 您的户籍形式：

A. 浐灞生态区户籍人口(西安市籍贯)

B. 浐灞生态区户籍人口(非西安市籍贯)

C. 非浐灞生态区户籍人口

5. 婚姻状况：

1. 已婚　　2. 未婚　　3. 其他

6. 在我区已工作时间：

A. 不足1年　　B. 1～3年　　C. 3～5年

D. 5年以上

7. 您从事的产业领域为：

A. 金融　　B. 生态旅游

C. 会议会展　　D. 文化创意

E. 新兴产业(生态型)　　F. 现代商贸

G. 健康教育　　H. 涉外商务业

I. 其他__________

8. 您在本单位的职位/职务属于：

A. 企业高层管理人员　　B. 企业中层管理人员

C. 管理岗位工作人员　　D. 核心研发团队成员

E. 技术岗位工作人员　　F. 其他

9. 您是通过以下哪种方式来到现工作单位的？

A. 公开招聘　　B. 人力资源中介/招聘会

C. 政府引才计划　　D. 朋友推荐

E. 组织调动/国家安排　　F. 其他__________

二、人才政策评价(请勾选具体选项，可多选)

1. 您知道我区的人才政策有哪些？

A.《西安浐灞生态区鼓励金融机构入驻金融商务区办法(试行)》

B.《西安浐灞生态区扶持现代服务业发展的优惠措施》

C.《西安浐灞生态区总部经济发展奖励扶持政策》

D.《西安浐灞生态区促进基金产业发展试行办法》

E.《西安浐灞生态区管理委员会涉外机构招商优惠政策》

F.《西安浐灞生态区促进博士后科研工作管理办法》

G.《西安浐灞生态区关于加快发展新兴产业的优惠政策》

H.《西安浐灞生态区关于进一步加快文化创意产业发展的若干措施(试行)》

I.《西安浐灞生态区推进大众创业万众创新实施细则》

J. 其他________

2. 您是否了解以下人才项目/计划？

A. 丝路英才计划　B. 百名优秀人才培养计划

C.“百名双创新星”计划　D.“百名管理人才培训(交流)计划”

E.“浐灞智库”建设项目　F. 战略合作基地建设项目

G. 人力资源经理联盟项目　H. 归国留学人才联盟项目

I. 听过其他人才计划(请注明)：________

3. 您对人才政策的整体评价是：

A. 满意　B. 基本满意　C. 不满意

4. 您是否持续关注浐灞区人才政策的内容与变动？

A. 持续关注　B. 偶尔关注　C. 不关注

5. 您享受过浐灞区哪些人才政策？

A. 教育政策　B. 落户政策

C. 住房政策　D. 补贴政策

E. 没有享受过　F. 其他__________

6. 如未能享受，原因是：

A. 不满足政策要求

B. 政策办理手续繁杂、享受政策的成本高

C. 知道该政策，但有关部门没有执行

D. 其他__________

7. 您选择到浐灞生态区工作的原因，主要是：

A. 引才政策好　B. 解决户口　C. 硬件设施好

D. 故乡情结和感情因素　E. 工作自主性强

F. 家庭因素　G. 工作学术氛围好

H. 薪酬待遇好　I. 子女上学

J. 住房条件好　K. 发展前景好

L. 单位声誉好　M. 地域优势

N. 其他__________

8. 您是否有一直留在浐灞区发展的意向？

A.是　B. 否　C. 没考虑过

9. 在生活环境方面，浐灞生态区最让您满意的地方是：

A. 住房价格　B. 户籍制度　C. 交通便捷

D. 医疗卫生　E. 基础教育　F. 商业文化设施

G. 政务服务　H. 金融服务　I. 科研创新氛围

J. 社会保障制度　K. 生态环境　L. 其他__________

10. 您对当前保障房小区的住房条件满意程度：

	很不满意	不满意	一般	满意	很满意
居住整体舒适程度					
供水、气、热、厕所等设施完善					
通信(包括宽带网络)状况良好					

11. 在工作环境方面，浐灞生态区最让您满意的是：

A. 财税优惠　B. 政策扶持　C. 金融支持

D. 产业配套　E. 就业服务　F. 创新创业氛围

G. 国际化水平　H. 重视人才的氛围　I. 知识产权保护力度

12. 您近期是否有购房需求？

A. 有　B. 无　C. 不确定

13. 您目前工作生活急需解决的问题是：

A. 工资待遇偏低　B. 住房条件差

C. 子女升学和就业困难　D. 配偶调动或就业困难

E. 继续深造机会少　F. 研究成果转化困难

G. 职称晋升困难　H. 调动困难

I. 学术交流困难　G. 其他__________

14. 您了解的浐灞区的人才奖励金额是：

A. 建设惠泽居高校毕业生保障房小区，高校毕业生凭毕业证、身份证即可申请到月租金不到 3 元/平方米的公寓(租住过渡期内)

B. 引进的国家“千人计划”或陕西省“百人计划”高端人才，每人奖励5万元

C. 为生态区新兴产业的发展做出重大贡献的企业投资者、高级管理人员和高级技术人员，每人奖励5万元

D. 对总部企业高管人员全额返还企业高管人员上一年度实际缴纳的“工资、薪金所得项目”个人所得税生态区留成部分，返还期为五年

E. 工作1年以上的文化创意类企业高管和技术人才，按照其上一年实际缴纳“工资、薪金等所得项目”个人所得税地方留成部分给予奖励，有效期3年，每人每年个人所得税奖励最高额度10万元

F. 其他__________

15. 您了解的浐灞区对高校毕业生的奖励有：

A. 生活津贴　　B. 购房补贴

C. 租房补贴　　D. 研发资金补充资助

E. 其他__________

16. 您一般每年有几次机会参加本区组织的各类培训？

A. 1次　　B. 2～4次

C. 5次(含)以上　　D. 一次也没有

17. 您认为生态区人才交流服务中心在大学生人才服务方面需要加强的有：

A. 建立人才市场和人才市场网站

B. 建立高校大学生就业见习基地，提供见习岗位

C. 建立大学生创新创业实践基地

D. 组织、举办就业创业系列(大型招聘会等)活动、人才交流活动

E. 定期收集大学生毕业生继续教育需求，提供继续教育渠道

F. 定期组织专业或业务培训

18. 您认为浐灞区在人才信息交流方面存在的问题是：

A. 相近专业领域、跨行业领域研讨交流的组织服务平台不健全

B. 人才交流的信息壁垒较多，信息获取和发布平台不健全

C. 研究成果共享交流和转移服务的平台不健全

D. 其他__________

19. 鼓励企业设立引进人才补贴，您认为合适的有：

A. 招聘一位博士后，并稳定工作3个月，一次性补贴企业2万元

B. 招聘一位博士，并稳定工作3个月，一次性补贴企业1万元

C. 引进一位“千人计划”一次性补贴企业3万元

D. 招聘一位研究生，并稳定工作3个月，一次性补贴企业5000元

20. 为在生态区工作但不在保障房小区居住的高校毕业生按月提供租房补贴，毕业3年内，博士1000元/月，研究生800/月，本科600/月，大专300/月。

毫无吸引力 ○1　○2　○3　○4　○5　极具吸引力

21. 在我区工作的毕业大学生首次购房补贴标准为：博士每人6万元，硕士每人4万元，本科毕业生每人2万元。

毫无吸引力 ○1　○2　○3　○4　○5　极具吸引力

22. 高校毕业生5年内首次在我市创办企业或者从事个体经营，领取工商营业执照且正常经营6个月以上的，给予5000元一次性创业补贴；大学生创业贷款最高额度有50万元。

毫无吸引力 ○1　○2　○3　○4　○5　极具吸引力

23. 设立专项资金，支持院校向有就业创业愿望的毕业大学生提供免费培训。

毫无吸引力 ○1　○2　○3　○4　○5　极具吸引力

24. 对新引进落户的博士、35岁以下的硕士、本科和预备技师(技师)，三年内按每人每月1500元、1000元、500元的标准发放生活补贴。

毫无吸引力 ○1　○2　○3　○4　○5　极具吸引力

25. 外地应届毕业生到浐灞区面试将享受1000元的面试补贴。

毫无吸引力 ○1　○2　○3　○4　○5　极具吸引力

26. 您是如何看待浐灞区高校毕业生留灞政策的？

A. 形成了良好的竞争氛围　　B. 优化了人才结构

C. 不利于人才的集聚　　D. 造成了人才的流失

E. 其他__________

27. 您对高校毕业生留在浐灞区的政策有何建议？

A. 高学历优先　　B. 紧缺专业优先

C. 考核办法多样化　　D. 减少准入限制

E. 其他__________

附录 8　浐灞生态区人才引进政策调查问卷

(行政主管部门)

一、基本信息

1. 所属部门名称：__________

2. 职务：

A. 单位领导　　B. 部门主管

C. 技术人员　　D. 一般行政人员

3. 在我区工作年限：

A. 3 年及以下　　B. 4～6 年

C. 7～9 年　　D. 10 年及以上

二、请根据您的实际工作情况，对以下题目的选项进行勾选

	极不符合	不符合	一般	符合	非常符合
1. 正确理解上级工作政策和方针，按要求出色完成工作					
2. 积极主动完成上级工作安排，并及时汇报工作进展					
3. 人际关系好，与其他同事配合					
4. 积极与其他部门进行必要的工作沟通					
5. 积极提出建议，听取他人意见					
6. 与上级协商，确定任务并排出先后顺序					
7. 与部门人员协商，明确共同目标及计划步骤					

续表

	极不符合	不符合	一般	符合	非常符合
8. 与相关资源部门保持协作关系					
9. 工作方法和活动符合行为规定					
10. 分析工作目标要求及特点，合理、准确设置监控点及检查标准					
11. 根据确定的目标评估工作结果					
12. 根据工作需要，制定工作流程、规范及制度					
13. 在自己职责范围内立即实施改正措施					

三、请根据您所了解的浐灞区人才规划情况，对以下题目的选项进行勾选

1. 您认为人才政策从制定到实施要遵循的原则(思想原则)是：

A. 加强党对人才工作的领导

B. 更好集聚做好人才工作的合力

C. 着力营造一流的创新创业环境

D. 切实提升人才公共服务的水平

E. 服务发展　　F. 人才优先

G. 以用为本　　H. 创新机制

I. 高端引领　　J. 整体开发

K. 尊重规律　　L. 优化环境

2. 您认为浐灞区人才现状存在的问题是：

A. 人才结构不合理　　B. 专业技术人员缺乏

C. 引进制度不完善　　D. 工作机制不完善

E. 人才发展环境待改善　　F. 其他__________

3. 您认为在人才政策制定中，最重要的环节是：

A. 引进集聚环节　　B. 培养开发环节

C. 选拔使用环节　　D. 评价发现环节

E. 流动配置环节　　　　F. 激励保障环节

G. 其他__________

4. 您认为在人才政策体系中哪一方面需要加强?

A. 完善党管人才的领导体制

B. 实施产学研合作培养创新人才政策

C. 实施知识产权保护政策

D. 实施鼓励人才创新创业政策

E. 整体谋划统筹各类人才开发工作

F. 实施鼓励非公有制经济组织人才发展政策

G. 开发重点领域高层次人才，引导人才队伍结构调整

H. 促进人才投资优先保证的财税金融政策

I. 健全符合人才成长规律的培养机制

J. 实施人才引领产业发展的政策

K. 实施人才国际化政策

L. 实施促进人才公共服务政策

M. 引进和培养科技创新创业人才，提升自主创新能力

N. 健全完善更开放更便捷的人才引进使用机制

O. 不断创新和完善人才价值评价和激励机制

P. 积极创新有利于释放活力的人才流动配置机制

Q. 改进人才管理方式

5. 您认为在人才队伍建设的过程中有哪些方面需要加强?

A. 建设勤政廉政的党政人才队伍

B. 建设具备较高造诣的拔尖人才队伍

C. 建设具备良好职业素养的社会专业人才队伍

D. 建设具备优良素质的社会组织管理人才队伍

6. 您认为在人才队伍建设的过程中最需要哪类人才?

A. 高水平的创新创业团队　　B. 高层次的科技人才

C. 高技能的实用人才　　D. 高素质的管理人才

E. 高层次创新型人才　　F. 重点领域紧缺人才

G. 主导产业人才　　H. 党政人才队伍
I. 企业经营管理人才　　J. 专业技术人才
K. 社会工作人才　　L. 其他__________

7. 您认为在吸引人才时应考虑的因素(目标)是：
A. 人才资源总量　　B. 人才结构　　C. 人才层次
D. 人才素质　　E. 人才效能　　F. 管理方式
G. 人才环境　　H. 本土人才国际化程度
I. 人才竞争比较优势　　J. 其他__________

8. 您所知道的参与人才政策制定的部门有：
A. 党工委办公室　　B. 纪工委　　C. 宣传中心
D. 办公室　　E. 发改委　　F. 行政审批局
G. 财政局　　H. 国土局　　I. 规划建设局
J. 生态局　　K. 商务局　　L. 城管局
M. 社会事业局　　N. 安监局　　O. 金融区管理办
P. 贸易园办　　Q. 总部园办　　R. 公安浐灞分局
S. 其他__________

9. 您所在的部门参与了西安市的哪些人才计划、人才工程？
A. 创业行动计划　　B. “5531”计划
C. 丝路英才计划　　D. “西安伯乐奖”
E. “百万大学生留西安 5 年行动计划”
F. “百名管理人才培训(交流)计划”
G. “百名双创新星”计划
H. “百名优秀人才培养计划”
I. “西安工匠”
J. 高校毕业生“就业奖”
K. “西安之星”
L. “西安英才奖”

10. 您所在的部门参与了浐灞区的哪些人才计划、人才工程？
A. “5121 计划”　　B. “浐灞智库”建设项目

C. 战略合作基地建设项目　　D. 人力资源经理联盟项目

E. 归国留学人才联盟项目　　F. 高校保障房政策

G. 其他__________

11. 您是否参与了政策立项、制定、决策、发布及执行等全过程？

A. 是的，参与政策立项、制定、决策、发布及执行等全过程

B. 仅参与政策部分工作

C. 刚接手该项工作

12. 您认为政策在执行过程中存在哪些问题？

A. 曲解政策　　B. 截留政策

C. 上有政策下有对策　　D. 政策敷衍

E. 政策附加　　F. 政策照搬

G. 政策抵制　　H. 执行者素质不齐

I. 重视政策制定轻视政策执行

J. 其他__________

13. 您认为政策在制定过程中存在哪些问题？

A. 政策参与主体的不平衡性

B. 智囊系统出现负面影响

C. 人才政策制定中的价值冲突

D. 人才政策制定资源不足

E. 政策资源分布不合适

F. 政策制定机构存在缺陷

G. 政策制定的公开性、可预测性较差

H. 政策制定人员的素质有待提高

I. 缺乏公众参与

J. 信息反馈不充分

K. 其他__________

14. 您所在部门对人才政策是否实行了审议制度？

A. 是　　B. 否

15. 管委会是否出台了人才政策实行的监管制度？

A. 是　　B. 否

16. 您认为人才政策监管制度的主要抓手是：

A. 强化备案工作　　B. 加强公示与公报工作

C. 强化检查与监督工作　　D. 加强公众举报工作

E. 加强信息工作　　F. 加强惩戒机制建设

17. 您认为企业在发展过程中，政府哪些人才政策需加强？(至少选 3 项)

A. 办公场地补贴　　B. 融资支持　　C. 企业创收奖励

D. 企业落户奖励　　E. 企业按发展程度奖励

F. 专利、知识产权奖励　　G. 存量房产改造奖励

H. 企业上市奖励　　I. 场馆达一定面积奖励

J. 企业获奖奖励　　K. 园区建设奖励　　L. 其他__________

18. 您认为个人在发展过程中，政府哪些人才政策需加强？(至少选 3 项)

A. 子女教育政策　　B. 配偶工作　　C. 落户政策

D. 住房政策　　E. 补贴政策　　F. 医疗政策

G. 交通政策　　H. 金融政策　　I. 就业指导政策

J. 其他__________

19. 您认为浐灞区人才交流服务中心应具有哪些功能？

A. 开展区内人力资源宏观管理

B. 宏观指导、服务区内企业人力资源工作

C. 开展劳动和社会保障业务

D. 提供人才初级职称认定和职称评审申报服务

E. 开展人事代理服务

G. 其他__________

20. 您认为建立人才市场、人才市场网站是否有必要？

A. 有　　B. 无

21. 您认为人才市场应具有哪些功能？

A. 提供招聘服务　　B. 提供求职服务

C. 提供培训服务　　D. 承办党工委工作

E. 承办管委会工作　F. 承办办公室交办工作　G. 其他__________

附录 9　浐灞生态区人才引进职业岗位目录(2018 年)

产业	岗位名称	专业需求
现代金融	金融市场分析师	经济、管理、金融等相关专业
	运营财务总监	财经类专业
	投融资总监	金融类专业，有注册会计师证优先
	供应链财务总监	财经类专业
	高级风险评审经理	金融、法律、财务等相关专业
	法律合规主管	金融、法律、经济、风控等相关专业
	分支机构高管	金融、企业管理等相关专业
	投资顾问	金融、经济、管理、计算机、数学等相关专业
	基金经理	金融、经济、财经、法律等相关专业
	金融产品经理	金融学、金融工程类等专业
	证券投资经理	经济、财务、金融类相关专业
	信托业务经理	经济、金融、财务、法律等专业
	投行业务经理	金融、经济、财经、法律等相关专业
	风险控制专员	管理类、经济学类或相关专业
	保险培训师	保险、金融、经济等相关专业
	保险精算师	保险、精算、统计等相关专业
	精算责任人	保险学(精算)、数学、统计学等相关专业
	金融产品研发与运营	金融学、企业管理、经济管理、工商管理等相关专业
	保险产品开发	保险、精算、统计等相关专业
	注册会计师	财务管理、会计学、审计学、经济学、金融等相关专业

续表一

产业	岗位名称	专业需求
现代金融	地方金融监管及风险管理	金融学类、法学类硕士，通过国家司法考试(A类)优先考虑
	渠道销售经理	金融学相关专业
会议会展	会展策划师	市场营销、工程管理，中文、广告新闻学等专业
	会展业国际联络员	商务英语、英语翻译专业
	会展策划专员	会展策划与管理、旅游管理、市场营销
	安全监理	建筑工程、工程管理、工民建等专业
	管理培训	旅游管理
生态旅游	旅游规划设计	旅游策划、城市规划、景观规划相关专业
	旅游营销策划	旅游大型活动组织及会务工作，营销策划
	旅游景区管理	旅游景区管理
	项目经理	市场营销、经济学、管理等相关专业
	融资主管	财务会计、金融学相关专业
	投资主管	产业研究、经济学等相关专业
	招商专员	市场营销、金融相关专业
	景区策划	市场营销、广告、传播或相关专业
	景观设计师	园艺专业
	市场营销	市场营销专业知识
	园艺	园艺专业知识
	艺术设计	艺术设计专业知识
	市场传媒经理	市场营销、公共关系管理、传媒等相关专业
文化创意	策划/文案	广告学、传播学、市场营销等相关专业
	平面设计师	平面设计、空间设计、视觉陈列
	文旅策划专家	旅游规划等相关专业
	创意总监	视觉设计等相关专业
	资深品牌策划	广告等相关专业
	广告营销	广告学市场营销、工商管理等相关专业

续表二

产业	岗位名称	专业需求
文化创意	艺术馆馆员	艺术史论、历史或文学、博物馆学、新闻广告、策展、艺术管理等专业
	规划设计师	城市规划或相关专业
	建筑设计师	建筑设计师等相关专业
	导演	影视戏剧导演等相关专业
	文史、文献专业技术人员	中国语言文学、新闻传播学、考古学、历史学
	博物馆考古	史前考古学、历史考古学、田野考古学以及特殊考古学
	美术创作与培训	美术类专业
	博物馆项目专员	市场营销管理、企业管理、工商管理等专业
	艺术设计	数字媒体艺术、公共文化艺术专业
	文化产业项目管理	市场营销管理、企业管理、工商管理等专业
	戏剧表演	戏剧表演专业
	器乐表演	器乐相关专业
	音乐表演	音乐表演、音乐学、作曲与作曲技术理论等相关专业
	曲艺表演	戏曲专业
	古建筑类文物保护	文物保护技术、历史建筑保护工程
	展览陈列设计	美术学、设计学、艺术设计学
	文化产业项目管理员	企业管理、工商管理、市场营销
	仿古建筑设计	建筑历史与理论、建筑遗产保护
	影视编导	电视编导、新闻等相关专业
	视频编辑师	新闻、编导、影视戏剧文学等相关专业
	文案剧情策划	文学相关专业
	国画家	美术类专业
	文化创意项目总监	会展、艺术相关专业
	戏剧、戏曲导演	戏剧影视文学、导演等影视相关专业

续表三

产业	岗位名称	专业需求
文化创意	京剧演员	京剧表演相关专业
	京剧演奏员	戏曲音乐相关专业
	影视制作营销制片人	市场营销、影视制片等相关专业或领域
	导演	影视戏剧导演等相关专业
	艺术品销售主管	无
	非遗保护	中国语言文学、非物质文化遗产学等相关专业
	文物修复	文物保护与修复相关专业
	古建筑修缮与保护	建筑学、古建筑修缮与保护等相关专业
	文物保护	历史及文物保护专业
	图书馆学、情报学研究	图书学、档案学、情报学
生态型新兴产业	高级软件测试工程师	计算机相关专业
	自动化设备设计工程师	机械设计、结构设计、机电一体化等相关专业
	研发工程师	机械设计、结构设计、机电一体化等相关专业
	IC 设计/IC 版图	微电子等相关专业
	测试工程师	电力电子相关专业
	结构工程师	机械设计与制作及自动化、材料、机械工程、流体力学与液压传动等相关专业
	测试工程师	机械设计、结构设计、机电一体化等相关专业
	EDA 仿真工具测试工程师	微电子学相关专业
	测试工程师(SOC 工具)	计算机、微电子等相关专业
	DSP 算法工程师	电力电子、电机拖动与控制、自动化控制等相关专业
	嵌入式工程师(视频方向)	电子、自动化、计算机、通信及相关专业
	工业设计师	工业设计相关专业
	电气工程师	电气工程、电力电子、自动化相关专业

续表四

产业	岗 位 名 称	专 业 需 求
生态型新兴产业	电子元件研发工程师	电子材料与元件、电子类、电路、微波、机械设计类专业
	FICO 内部顾问	计算机、财会相关专业
	ABAP 工程师	计算机相关专业
	电信设计师	电子信息工程、电子与通信工程、电磁场与微波、电子对抗技术、信号与信息处理、自动控制等相关专业
	软件实施工程师	计算机、机械制造相关专业
	软件工程师(数据库)	计算机相关专业
	软件工程师(SQL)	计算机相关专业
	电子信息产业研究	电子信息产业研究相关专业
	研发工程师(PCB)	工业设计、电子信息工程等相关专业
	软件工程师	软件工程、计算机科学与技术等相关专业
	软件工程师(C++)	计算机等相关专业
	软件工程师(JAVA)	计算机等相关专业
	软件工程师(.net)	计算机等相关专业
	产品工程师	计算机等相关专业
	全栈工程师	计算机等相关专业
	大数据开发工程师	数学、计算机等相关专业
	开发工程师(PHP)	计算机等相关专业
	销售工程师(软件开发)	计算机等相关专业
	现场应用工程师	电子、自动化、计算机等相关专业
	平板显示(FPD)设计软件技术支持工程师	微电子、电子工程相关专业
	硬件工程师	电力电子相关专业
	信息总监	计算机相关专业
	市场营销主管	市场营销、软件相关专业

续表五

产业	岗位名称	专业需求
生态型新兴产业	数字医学影像处理	计算机软件、生物医学工程等专业
	环保技术管理	环境工程等相关专业
	水处理工艺工程师	给排水、环境工程等相关专业
	反光膜技术工程师	高分子化学相关专业
	技术研发中心工程师	有色金属压延加工及金属材料学相关专业
	生产技术主管	环境工程、化学工程、有色金属压延加工及金属材料学相关专业
	脱硫脱硝工程师	化学工程、环境工程相关专业
	架构设计工程师	工程力学相关专业
	环境工程师	环境工程
	太阳能光伏系统工程师	电力系统、供配电、光伏发电技术等相关专业
	燃料电池研发工程师	电化学、化学工程、分析化学、材料化学相关专业
	晶体硅太阳电池制造工程师	应用物理、电力、电气工程、自动化、高分子材料等专业
	自动化工程师	自动化相关专业
	设备工程师	机械、设备相关专业
	化工生产技术员	化工相关专业
	电池工艺工程师	理工类专业
	动力工程师	环境、电气、化学、特气、自动化、化工、机械、给排水等相关专业
	MES 系统工程师	计算机、自控、生产管理、电子商务、经济学等相关专业
	设备工程师	机械、机电一体化等相关专业
	冶金工程师	冶金工程(湿法冶金方向)
	分析检测	应用化学、化学工程与工艺等相关专业

续表六

产业	岗 位 名 称	专 业 需 求
现代商贸	外贸业务经理	管理学、行政管理、涉外管理、国际市场营销
	投资融资主管	证券及经济学相关
	企划管理	经济学
	营运经理	市场营销管理专业
	策划经理	平面设计、广告学等相关专业
	财务主管	财会专业
	慧云工程师	机电、暖通、消防、计算机、控制、建筑智能化
	政策研究经理	公共关系管理、国际政治、市场营销相关专业
健康体育	健康医疗管理	不限
	心理咨询师/心理治疗师	应用心理学专业
	产业发展策划师	医学、经济学、管理学、卫生政策等相关专业
	高级管家	不限
	康复师	精神康复相关专业
	美容外科医生	医学专业
	美容皮肤科医生	医学专业
	医美运营总经理	管理学、市场营销、经济学等专业
	体育产业管理	经济、管理相关专业
	项目赛事运营与开发	经济学、体育学等相关专业(体育产业方向)
	体育项目推广管理	人力资源管理、财务管理、经济管理、市场营销、行政管理相关专业
	科技体育教练员	体育管理、运动训练、计算机等相关专业
	赛事项目经理	不限
	赛事执行专员	运动竞赛学、体育管理
	海外赛事 BD	英语能力为硬性要求，英语口语流利，完全胜任全英文工作环境及英语商务洽谈
	DBA	计算机相关专业
	社会体育工作人员	体育教育、社会体育指导与管理等相关专业

续表七

产业	岗位名称	专业需求
健康体育	教练(乒乓球)	乒乓球项目
	教练(篮球)	篮球项目
	体育文化宣传员	体育新闻学、新闻学、传播学等相关专业
	体育赛事策划	体育教育训练等相关专业
	竞赛干事	体育相关专业
	训练干事	体育教育、体育管理等相关专业
	乒乓球教练	体育训练专业(乒乓球专项)
	围棋教练	棋类相关专业
	象棋教练	棋类相关专业
	国际象棋教练	棋类相关专业
	五子棋教练	棋类相关专业
	健康管理师	中医健康管理师
	康复医师	临床医学
涉外商务	大客户经理	市场营销等相关专业
	税务助理	财务、会计、金融、税务等经管类相关专业
	管理咨询经理	金融学、应用数学、统计学、计算机等相关专业
	审计经理	财务、会计、金融等经管类相关专业
	人力资源高级顾问	企业管理、人力资源、工商管理类专业
	信息化管理岗	拥有软件、计算机或通信工程专业背景
	中高级产品经理	计算机科学与技术
	产品经理	电子商务，软件开发
	营销总监	经济、管理、市场营销
	国际贸易法律人员	金融、法律、审计类专业
	传媒销售总监	市场营销，广告传媒专业
	校园项目经理	市场营销、电子商务、工商管理等专业
	海外销售经理	市场营销、国际贸易等相关专业
	招商引资专员	市场营销、工商管理、国际贸易、法律、金融、物流、电子商务服务贸易等相关专业
	国际商务	经济、国际贸易、管理、市场营销等相关专业

附录 10　浐灞生态区人才引进综合评价分值表(2018 年)

一级指标	二级指标	三级指标	指标分值	实施说明	备注
个人素质	文化程度及技术技能水平	1. 大专以上学历并具有中级以上全国统考专业技术人员职业(执业)资格； 2. 专项职业能力一级(紧缺类)	100 分	1. 由申请人提供学历和技术技能水平等证书，经验证后得分。 2. 高级技工学校或技师学院全日制毕业不超过 4 年并具有高级技能以上职业资格的，另加 30 分。 3. 非陕西省评定颁发的专业技术资格(不含经全国统考取得)，须经我区人力资源部门审核后方可积分。 4. 以技能职业资格证书和专项职业能力证书积分的，需在取得证书(以参加考试取得的证书以发证时间为准)后在我区依法参加社会保险一年以上方可积分。 5. 本项指标最高积分不超过 100 分，按就高不就低原则计分，不累积。 6. “以上”包括本数	1. 全日制本科学历指普通高等教育本科学历。全日制大专学历指：普通高等教育大专学历、高级技工学校或技师学院全日制毕业并具有高级技能以上职业资格。 2. 专业技术资格分为三级，分别为：高、中、初级，其中初级包括助理级和员级。 3. 技能职业资格指国家职业资格证书，分为五级，分别为：高级技师、技师、高级技能、中级技能、初级技能。技能职业资格(紧缺类)《浐灞生态区技能人才引进紧缺职业目录(2018 年)》。 4. 专项职业能力证书是指通过浐灞生态区人力资源保障部门组织的新职业新工种专项能力考核所取得的证书，分为一、二、三、四、五级。专项职业能力(紧缺类)《浐灞生态区技能人才引进紧缺职业目录(2017 年)》。 5. 全国统考专业技术人员职业(执业)资格的积分和学历要求参照同级专业技术资格执行，具体目录和对应等级见《全国统考专业技术人员职业(执业)资格目录》
		1. 非全日制的本科学历并具有初级专业技术资格； 2. 技师(紧缺类)； 3. 专项职业能力二级(紧缺类)	90 分		
		1. 非全日制的本科学历； 2. 大专学历并具有初级专业技术资格	80 分		
		1. 全日制大专学历； 2. 专项职业能力三级(紧缺类)	70 分		
		非全日制的大专学历	60 分		
		1. 中级技能(紧缺类)； 2. 专项职业能力四级(紧缺类)	40 分		

续表一

一级指标	二级指标	三级指标	指标分值	实施说明	备注
个人素质	技能竞赛	在陕西省、浐灞生态区、区人力资源保障部门举办或与有关行业联合举办的职业技能竞赛中获奖	省级一等奖 50 分； 省级二等奖或市级一类一等奖 40 分； 省级三等奖、市级一类二等奖、市级二类一等奖 30 分； 市级一类三等奖、市级二类二等奖 20 分； 市级二类三等奖 10 分	由本人提供荣誉证书，经验证后得分。近五年内有效，不累积。近五年指 2014—2018 年	取得的奖项等次中的市级相当于现市级一类，区级相当于现市级二类
	发明创造	发明专利	每获得 1 项积 50 分。多人共有专利的，发明人所得分数按 50/(人数+1)计算，如为第一专利人的，加计一份平均分，即得分再“乘以 2”。可累积	1. 专利积分以发明人为准。由本人提供在有效期内的国家专利证书，经验证后得分。最高不超过 50 分。 2. 专利的授权公告日必须在 2018 年 12 月 31 日之前。 3. 实用新型专利存在发明人变更情况不能积分。发明专利在授权公告日后存在发明人变更情况不能积分	
		实用新型专利	获得 1 项积 10 分。多人共有专利的，发明人所得分数按 10/(人数+1)计算，如为第一专利人的，加计一份平均分，即得分再“乘以 2”。不可累积		

续表二

一级指标	二级指标	三级指标	指标分值	实施说明	备注
纳税情况(最近3个年度内在我市累计缴纳)	个人所得税，仅限以下项目： 1. 工资、薪金所得(含全年一次性奖金)； 2. 劳务报酬所得	24万元以上	100分	1. 由本人提供纳税证明及与申请事由相适应身份资格的相关证明。(上限不含本数，下限含本数)； 2. 只能任选其中一类进行积分，不叠加计分	1. 以个人所得税积分的，须在最近3个年度内每年均有完税记录(以申报日期/入库日期为准)，但最近3个年度内累计纳税达到24万以上的除外。 2. 以企业法定代表人、投资人、自然人股东、出资人(合伙人)、个体工商户经营者身份积分的，须在最近3个年度内及申请时均具备与申请积分事由相适应的身份资格。同时具备多家企业法定代表人、投资人、自然人股东、出资人(合伙人)或个体工商户经营者身份资格的，只能以一家企业的身份资格积分，不叠加计分。 3. 企业和个人缴纳的各项税款必须是依法申报并已经完税的税款。由税务、司法部门追缴入库的不予计算。 4. 以个人所得税积分的，纳税额计算以“税款所属时期”为准。以企业纳税积分的，纳税额计算以“税款缴纳时间”为准。 5. 最近3个年度指2015—2018年
		20.2万元～24万元	90分		
		15.7万元～20.2万元	80分		
		11.2万元～15.7万元	70分		
		9.4万元～11.2万元	60分		
		7.6万元～9.4万元	50分		
	本市依法登记注册企业的法定代表人，其所在企业纳税	150万元以上	150万元积50分，每增加30万元积10分，以30万元整倍数计分，最高100分		
	本市依法登记注册个人独资企业的投资人、有限责任公司的自然人股东、合伙企业的出资(合伙)人，以其投资份额占该企业实收资本的比例而分摊企业已缴纳税额	30万元以上	30万元积50分，每增加6万元积10分，以6万元的整倍数计分，最高100分		
	在本市依法登记注册个体工商户的经营者纳税	15万元以上	15万元积50分，每增加3万元积10分，以3万元的整倍数计分，最高100分		

续表三

一级指标	二级指标	三级指标	指标分值	实施说明	备注
参保情况	浐灞生态区参保情况	缴纳浐灞生态区社会养老保险年限	每满一年积3分	1. 由区人力资源保障部门直接从社会保险系统读取其正常缴纳社保数据后得分。补缴社会保险的年限不予计算。 2. 少儿医疗保险缴费年限不予计算	参保情况总分最高不超过30分
		缴纳浐灞生态区其他社会保险险种年限	每险种每满1年积1分		
年龄情况	实际年龄情况	18～35周岁	5分	以申请时实际年龄为准，上限不含本数，下限含本数	
		35～40周岁	无加减分		
		40～45周岁	从40周岁起减分，每增长1岁减2分		
奖励加分	申办类型	单位申办，最近在本单位连续缴纳工伤保险费2年以上	10分	由区人力资源保障部门直接从社会保险系统读取正常缴纳社保数据后得分，补缴年限不予计算	
减分	不良诚信记录	个人存在不良诚信记录	经查询浐灞生态区人才引进系统，存在不良诚信记录的，每条扣40分	由人力资源部门在人才引进系统中查询	

附录 11 浐灞生态区引进人才优惠政策规定

(一) Ⅰ类人才优惠政策

1. Ⅰ类人才调入(迁入)或引进浐灞工作的，优先保障人才公寓申请。

2. Ⅰ类人才未申请到人才公寓的，每月提供住房补贴 300 元，且最长提供时间不超过 1 年。

3. 引进到党政机关专业技术岗位的Ⅰ类人才，可实行聘任制，岗位职务、薪酬可由用人单位与本人协商，并报经区人力资源和社会保障局确定。

4. Ⅰ类人才在本区工作并在本区缴纳个人所得税，地方留成部分实行前 1 年全额返还。

5. Ⅰ类人才创办并经有关部门认定的高新技术企业，企业注册资本按照最低注册标准计算，可在一年内分步到位。符合国家规定的，免交登记费、房屋鉴证费，并比照享受西部大开发的税收优惠政策。

6. 为Ⅰ类人才办理重大医疗疾病保险和人身意外伤害保险；引进到企业的人才可要求用人单位为其提供有别于基本养老保险的、由相应商业险种组合的人才保险；人才组合保险可办理异地转移或退保。

7. Ⅰ类人才在本区工作期间，由卫生部门发放专门医疗保健证，由用人单位每年组织健康检查 1 次。

(二) Ⅱ类人才优惠政策

1. Ⅱ类人才未申请到人才公寓的，每月提供住房补贴 150 元，且最长提供时间不超过 1 年。

2. 对考取高级工、技师、高级技师证书等相同等级的Ⅱ类人才，人才凭职业资格(技术)考试成绩单可享受一定优惠补贴，在我区参加考试的按报名费的 50%给予返还，非在我区参加考试的可申请 50 元报名补助。

附录 12　浐灞生态区基层员工人才政策满意度调查统计表

题　目	很不满意 1	不满意 2	一般 3	满意 4	很满意 5	空 0	平均值
总体满意度	2.78%	2.78%	40.97%	38.89%	9.72%	4.86%	4.2
覆盖面和执行力度	2.08%	4.86%	47.92%	35.42%	5.56%	4.17%	4.11
政策的执行情况	3.47%	4.17%	45.14%	36.81%	5.56%	4.86%	4.07
人才政策吸引力度	1.39%	6.25%	50%	31.25%	6.94%	4.17%	4.08
政策易理解程度	2.08%	3.47%	40.97%	43.06%	6.25%	4.17%	4.24
培育员工新工作技能效果	2.78%	5.56%	43.75%	36.81%	6.94%	4.17%	4.13
校企合作模式有效性	1.39%	4.86%	40.28%	40.97%	8.33%	4.17%	4.26
评审环节的合理性	2.08%	4.17%	47.92%	36.11%	5.56%	4.17%	4.12
学历职称限定条件	2.78%	2.08%	43.75%	40.28%	6.94%	4.17%	4.22
用人机制灵活性	2.08%	8.33%	42.36%	36.11%	6.94%	4.17%	4.10
科技成果转化意识力度	2.08%	8.33%	40.28%	38.19%	6.94%	4.17%	4.13
奖励资金力度	1.39%	10.42%	43.06%	32.64%	8.33%	4.17%	4.08
创新创业帮扶资金力度	1.39%	9.03%	36.81%	40.97%	7.64%	4.17%	4.19
贡献企业、个人荣誉奖励力度	1.39%	7.64%	42.36%	37.5%	6.25%	4.86%	4.10
个人所得税收优惠政策	1.39%	5.56%	45.83%	36.11%	6.94%	4.17%	4.16
加强知识产权保护	1.39%	6.94%	40.28%	38.89%	7.64%	4.86%	4.17
人才奖励政策	1.39%	8.33%	40.97%	37.5%	7.64%	4.17%	4.16
配偶安置就业	2.08%	9.03%	47.22%	30.56%	6.25%	4.86%	3.98
社会福利待遇	2.78%	4.86%	43.06%	36.11%	8.33%	4.86%	4.14
子女教育	2.78%	11.81%	46.53%	26.39%	7.64%	4.86%	3.91
医疗社保	2.78%	9.72%	41.67%	33.33%	8.33%	4.17%	4.07
安居政策	2.08%	6.94%	45.14%	32.64%	8.33%	4.86%	4.08
户籍政策	2.08%	5.56%	38.19%	40.97%	9.03%	4.17%	4.25
人事关系限定条件	1.39%	6.94%	47.22%	34.03%	6.25%	4.17%	4.096
中介机构推荐人才力度	1.39%	9.72%	46.53%	31.25%	6.94%	4.17%	4.04

续表

题　目	很不满意 1	不满意 2	一般 3	满意 4	很满意 5	空 0	平均值
中介机构服务满意度	1.39%	7.64%	44.44%	37.5%	4.86%	4.17%	4.096
信息获取和交流成本满意度	1.39%	9.03%	36.81%	40.97%	7.64%	4.17%	4.19
人才市场效果性能	0.69%	10.42%	38.89%	36.11%	9.72%	4.17%	4.18
人才地区流动渠道	2.78%	8.33%	41.67%	34.03%	8.33%	4.86%	4.07
办事程序或手续便利性	2.78%	2.78%	40.97%	39.58%	9.72%	4.17%	4.27
管委会人事部门的工作作风办事效率	0.69%	4.86%	43.06%	34.72%	12.5%	4.17%	4.3

附录 13　浐灞生态区大学生人才政策满意度调查统计表

题　目	很不满意 1	不满意 2	一般 3	满意 4	很满意 5	空 0	平均值
总体满意度	2.04%	0%	16.33%	55.1%	14.29%	12.24%	3.4
评审环节的合理性	2.04%	4.08%	18.37%	44.9%	10.2%	20.41%	2.96
覆盖面和执行力度	2.04%	4.08%	20.41%	38.78%	14.29%	20.41%	2.98
政策的执行情况	2.04%	2.04%	14.29%	44.9%	16.33%	20.41%	3.1
政策易理解程度	2.04%	2.04%	22.45%	36.73%	16.33%	20.41%	3.06
办事程序或手续便利性	2.04%	2.04%	16.33%	44.9%	14.29%	20.41%	3.06
人才政策吸引力度	2.04%	2.04%	22.45%	44.9%	8.16%	20.41%	2.93
户籍政策制度	2.04%	2.04%	16.33%	48.98%	10.2%	20.41%	3.02
学历职称限定条件	2.04%	4.08%	20.41%	44.9%	8.16%	20.41%	2.92
人事关系限定条件	2.04%	2.04%	22.45%	40.82%	12.24%	20.41%	2.98
中介机构推荐人才力度	2.04%	2.04%	24.49%	40.82%	10.2%	20.41%	2.94
中介机构服务满意度	2.04%	2.04%	24.49%	40.82%	8.16%	22.45%	2.84
信息获取渠道和交流成本	2.04%	2.04%	22.45%	42.86%	10.2%	20.41%	2.96

续表

题　目	很不满意 1	不满意 2	一般 3	满意 4	很满意 5	空 0	平均值
人才市场效果性能	2.04%	2.04%	16.33%	48.98%	10.2%	20.41%	3.02
人才地区流动渠道	2.04%	4.08%	22.45%	38.78%	12.24%	20.41%	2.94
用人机制灵活性	2.04%	4.08%	22.45%	46.94%	4.08%	20.41%	2.86
培育员工新工作技能效果	2.04%	2.04%	22.45%	44.9%	8.16%	20.41%	2.94
校企合作模式有效性	2.04%	4.08%	26.53%	36.73%	10.2%	20.41%	2.87
科技成果转化意识力度	2.04%	4.08%	18.37%	46.94%	8.16%	20.41%	2.94
奖励资金力度	2.04%	4.08%	26.53%	36.73%	8.16%	22.45%	2.77
创新创业帮扶资金力度	2.04%	4.08%	16.33%	44.9%	10.2%	22.45%	2.92
贡献企业、个人荣誉奖励力度	2.04%	2.04%	18.37%	44.9%	10.2%	22.45%	2.92
知识产权保护力度	2.04%	2.04%	14.29%	51.02%	8.16%	22.45%	3.06
落户政策	2.04%	2.04%	18.37%	40.82%	18.37%	18.37%	3.16
安居政策	2.04%	0%	28.57%	34.69%	14.29%	20.41%	2.98
人才奖励政策	2.04%	2.04%	32.65%	32.65%	8.16%	22.45%	2.75
配偶安置就业	4.08%	0%	38.78%	28.57%	6.12%	22.45%	2.65
社会福利待遇	4.08%	0%	36.73%	28.57%	8.16%	22.45%	2.70
子女教育	4.08%	0%	42.86%	24.49%	6.12%	22.45%	2.61
医疗社保	2.04%	0%	30.61%	38.78%	6.12%	22.45%	2.79
金融税收政策	2.04%	0%	32.65%	34.69%	8.16%	22.45%	2.79

参考文献

ADNER R，KAPOOR R，2010. Value Creation in Innovation Ecosystems：How the Structure of Technological Interdependence Affects Firm Performance in New Technology Generations[J]. Strategic Management Journal.

ANDERSON C，2012. Makers：The New Industrial Revolution[M]. New York：Crown Business.

AHL H，NELSON T，2015. How Policy Positions Women Entrepreneurs：A Comparative Analysis of State Discourse in Sweden and the United States[J]. Journal of Business Venturing，30(2)：273-291.

AJZEN I，1991. The Theory of Planned Behavior[J]. Organizational Behavior and Human Decision Processes，(50)：179-211.

ALDRICH，1979. Organization and Environment[M]. Fort Worth：Harcourt College Publishers.

ALSOS G，ISAKSEN E，LJUNGGRE E，2006. New Venture Financing and Subsequent Business Growth in Men-and Women-led Ventures[J]. Entrepreneurship：Theory and Practice，30(5).

BANDURA A，1977. Self-efficacy：Toward a Unifying Theory of Behavioral Change[J]. Psychological Review，84(2)：191-215.

BARON R A，2008. The Role of Affect in the Entrepreneurial Process[J]. Academy of Management Review，33(2)：328-340.

BARSADE S G，2002. The Ripple Effect：Emotional Contagion and Its Influence on Group Behavior[J]. Administrative Science Quarterly，47(4)：644-675.

BAUGHN C C，CHUA B L，NEUPERT K E，2006. The Normative Context for Women's Participation in Entrepreneurship：A Multicounty Study[J]. Entrepreneurship Theory and Practice，30(5)：687-708.

BAUM J R，LOCKE E A，2004. The Relationship of Entrepreneurial Traits，Skill，and

Motivation to Subsequent Venture Growth[J]. Journal of Applied Psychology，89(4)：587-598.

BIRD B，1988. Implementing Entrepreneurial Ideas：The Case for Intention[J]. Academy of Management Review，13(3)：442-453.

BOYD N G，VOZIKIS G S，1994. The Influence of Self-efficacy on the Development of Entrepreneurial Intentions and Actions[J]. Entrepreneurship Theory & Practice，18(1).

BRANNBACK M，CARSRUD A，ELFVING J，et al，2006. Sex，Drugs and Entrepreneurial Passion?：An Exploratory Study (Summary)[J]. Frontiers of Entrepreneurship Research.

BREUGST N，DOMURATH A，PATZELT H，et al，2012. Perceptions of Entrepreneurial Passion and Employees' Commitment to Entrepreneurial Ventures[J]. Entrepreneurship Theory & Practice，36(1)：171-192.

BUTTNER E H，ROSEN B，1988. Bank Loan Officers' Perceptions of the Characteristics of Men，Women，and Successful Entrepreneurs[J]. Journal of Business Venturing，3(3)：249-258.

CARDON M S，GREGOIRE D A，STEVENS C E，et al，2013. Measuring Entrepreneurial Passion：Conceptual Foundations and Scale Validation[J]. Journal of Business Venturing，28(3)：373-396.

CARDON M S，WINCENT J，SINGH J，et al，2009. The Nature and Experience of Entrepreneurial Passion[J]. The Academy of Management Review，34(3)：511-532.

CARDOZO R.N，RICHARD N，1965. An Experimental Study of Consumer Effort，Expectation and Satisfaction[J]. Journal of Marketing Research，2(3)：244-249.

CHEN X P，YAO X，KOTHA S，2009. Entrepreneur Passion and Preparedness in Business Plan Presentations：A Persuasion Analysis of Venture Capitalists' Funding Decisions[J]. Academy of Management Journal，52(1)：199-214.

CHESBROUGH H W，2003. The Era of Open Innovation[J]. MIT Sloan Management Review.

CHILD J，1972. Organizational Structure，Environment and Performance：The Role of Strategic Choice[J]. Sociology，6(1)：1-22.

CHURCHILL G A，SURPRENANT C，1982. An Investigation into the Determinants of Customer Satisfaction[J]. Journal of Marketing Research，19(4)：491-504.

CLIFF J E，1998. Does One Size Fit All? Exploring the Relationship between Attitudes towards Growth，Gender，and Business Size[J]. Journal of Business Venturing，13(6)：523-542.

CONNER M，ARMITAGE C J，1998. Extending the Theory of Planned Behavior：A Review and Avenues for Further Research[J]. Journal of Applied Social Psychology，28(15)：1429-1464.

CROMIE S，1987. Motivations of Aspiring Male and Female Entrepreneurs[J]. Journal of Organizational Behavior，8(3)：251-261.

DALE K，2000. Characteristics of the Female Entrepreneur[J]. Journal of Business & Entrepreneurship，12(3).

DANA L P，DANA T E，2003. Innovative Policies for Entrepreneurship：The Principality of Liechtenstein and the Grand Duchy of Luxembourg[J]. International Journal of Entrepreneurship and Innovation Management，3(3)：295-302.

DE NOBLE A F，JUNG D，EHRLICH S B，1999. Entrepreneurial Self-efficacy：The Development of a Measure and Its Relationship to Entrepreneurial Action[J]. Frontiers of Entrepreneurship Research：107-131.

DESAI，GOMPERS，LERNER，2003. Institutions，Capital Constrains and Entrepreneurial Firm Dynamics：Evidence from Europe[R]. NBER Working Paper：10165.

FREDRICKSON B L，2001. The Role of Positive Emotions in Positive Psychology[J]. American Psychologist.

GEORGE F L，WEBER E U，HSEE C K，et al，2001. Risk as Feelings[J]. Psychological Bulletin，127(2)：267-286.

GNYAWALI D R，FOGEL D S，1994. Environments for Entrepreneurship Development：Key Dimensions and Research Implications[J]. Entrepreneurship Theory & Practice，18(4)：43-62.

GODWIN L N，Stevens C E，Brenner N L，2006. Forced to Play by the Rules? Theorizing How Mixed-Sex Founding Teams Benefit Women Entrepreneurs in Male-Dominated Contexts[J]. Entrepreneurship Theory and Practice，30(5)：623-642.

GOHMANN S F，2012. Institutions，Latent Entrepreneurship，and Self - Employment：An International Comparison[J]. Entrepreneurship Theory & Practice，36(2)：295-321.

GOSSELIN H，GRISÉ J，1990. Are Women Owner-managers Challenging Our Definitions of Entrepreneurship[J]. Journal of Business Ethics，9.

GRANT L，1996. 2006 ERNST & YOUNG ENTREPRENEUR OF THE YEAR：WALTER NELSON，Against the Odds[J]. Annual Review of Plant Physiology & Plant Molecular Biology，47(4)：327-350.

HAYNES P，HELMS J，2000. When Bank Loans Launch New Ventures：A Profile of the Growing Female Entrepreneur Segment[J]. Bank Marketing，32(5).

HOLLAND J L，1997. Making Vocational Choices：A Theory of Vocational Personalities and Work Environments[M]. 3rd ed. Odessa FL：Psychological Assessment Resources.

HOOD J N，YOUNG J E，1993. Entrepreneurship's Requisite Areas of Development：A Survey of Top Executives in Successful Entrepreneurial Firms[J]. Journal of Business Venturing，8(2)：115-135.

HUNSINGER J，2011.The social workshop as PLE：lessons from hackle[J]. Proceedings of the PLE Conference，(10)：7-13.

KENT C A，SEXTON D L，VESPER K H，1982. Encyclopedia of Entrepreneurship[M]. Englewood Cliffs：Prentice-Hall.

KIRCHHOFF B A，1991. Entrepreneurship's Contribution to Economics[J]. Entrepreneurship Theory and Practice，16(2)：93-112.

KRUEGER N F JR，REILLY M D，CARSRUD A L，2000. Competing Models of Entrepreneurial Intentions[J]. Journal of Business Venturing，15(5)：411-432.

LISA B，1976. The Feasibility and Value of Broadband Communications in Rural Areas：A Preliminary Evaluation[J]. NASA STI/Recon Technical Report N，77.

LIU I C，2014. Evaluation of Taiwan's National Health Insurance Policy：An Importance Satisfaction Analysis[J]. International Journal of Health Planning & Management，29(2)：e145-e158.

MARK B，2001. On the Move：How to Succeed and Survive as an Entrepreneur[J]. CMA Management，75(5)：46.

MARKEN A，2006. The Long Tail Why the Future of Business is Selling Less of More[J]. Hyperion，24(3)：274-276.

MASON C，ARSHED N，2013. Teaching Entrepreneurship to University Students through Experiential Learning[J]. Industry & Higher Education，27(6)：449-463.

MCMILLAN J H，1987. Enhancing College Students' Critical Thinking：A Review of Studies[J]. Research in Higher Education，26(1)：3-29.

MCMULLEN J S，SHEPHERD D A，2006. Entrepreneurial Action and The Role of Uncertainty in The Theory of The Entrepreneur[J]. The Academy of Management Review，31(1)：132-152.

MEGELAS A，2014. Power Up! Learning in a Hackerspace[D]. Montreal：Concordia University.

MURPHY P J，KICKUL J，BARBOSA S D，et al，2007. Expert Capital and Perceived Legitimacy Female-Run Entrepreneurial Venture Signalling and Performance[J]. Post-Print，8(2)：127-138(12).

OLIVER R L，LINDA G，1981. Effect of Satisfaction and Its Antecedents on Consumer Preference and Intention[J]. Advances in Consumer Research，8(1)：88-93.

ORSER B，RIDING A，MANLEY，2006. Women Entrepreneurs and Financial Capital[J]. Entrepreneurship：Theory and Practice，30(5).

PENNINGS J M，1982. Organizational Birth Frequencies：An Empirical Investigation[J]. Administrative Science Quarterly，27(1)：120-144.

POWELL M，ANSIC D，1997. Gender Differences in Risk Behavior in Financial Decision-making：An Experimental Analysis[J]. Journal of Economic Psychology，18(6)：605-628.

RAJESWARARAO C，RAKESH S，1986. Strategic Orientation and Upper Echelon Characteristics[J]. Academy of Management Proceedings，(1)：2-6.

RAUCH A，FRESE M，2007. Let's Put the Person Back into Entrepreneurship Research：A Meta-analysis on the Relationship between Business Owners' Personality Traits，Business Creation，and Success[J]. European Journal of Work and Organizational Psychology，16(4).

RIDING A L，SWIFT C S，1990. Women Business Owners and Terms of Credit：Some Empirical Findings of the Canadian Experience[J]. Journal of Business Venturing，5(5)：327-340.

RIVAS L，2014. Creating a Classroom Makerspace[J]. Educational Horizons，93(1)：25-26.

ROBERT H，BRUSH C G，1983. The Woman Entrepreneur：Implications of Family，Educational and Occupational Experience[J]. Frontiers of Entrepreneurship Research，1(1)：255-270.

SELS L，LEROY H，MAES J，2014. Gender Differences in Entrepreneurial Intentions：A TPB Multi-group Analysis at Factor and Indicator Level[J]. European Management Journal.

SHANE S，VENKATARAMAN S，2000. The Promise of Entrepreneurship as a Field of Research[J]. Academy of Management Review，25(1)：217-226.

SHAPERO A，SOKOL L，1982. The Social Dimensions of Entrepreneurship[J]. Social Science Electronic Publishing，25(8)：28.

SHELDON K M，HOUSER-MARKO L，KASSER T，2006. Does Autonomy Increase with Age? Comparing the Goal Motivations of College Students and Their Parents[J]. Journal of Research in Personality，40(2)：168-178.

SITKIN S. B.，WEINGART L R，1995. Determinants of Risky Decision-making Behavior：A Test of the Mediating Role of Risk Perceptions and Risk Propensity[J]. Academy of Management Journal. 38(6)：1573-1592.

SWANN K，1975. Entrepreneurship in Large Companies[J]. Journal of General Management，2(4)：48-54.

TAHSILDARI H，HASHIM M T，NORMEZA W，2014. The Influence of Transformational Leadership on Organizational Effectiveness through Employees' Innovative Behavior[J]. Journal of Economics & Sustainable Development.

TAJFEL H，TURNER J，1979. An Integrative Theory of Intergroup Conflict[J]. Social Psychology of Intergroup Relations，33：94-109.

TANG L Y，2011. The Influences of Patient's Trust in Medical Service and Attitude towards Health Policy on Patient's Overall Satisfaction with Medical Service and Sub Satisfaction in China[J]. BMC Public Health，11(1)：1-8.

TOMAS G，HULT M，SNOW C C，et al，2003. The Role of Entrepreneurship in Building Cultural Competitiveness in Different Organizational Types[J]. Journal of Management，29(3)：401-426.

TSE A C B，1998. Comparing the Response Rate，Response Speed and Response Quality of Two Methods of Sending Questionnaires：E-mail vs. Mail[J]. Journal of the Market Research Society Market Research Society，40(1)：353-361.

VALLERAND R J，2010. On Passion for Life Activities：The Dualistic Model of Passion[J]. Advances in Experimental Social Psychology，42(10)：97-193.

VALLERAND R J，BLANCHARD C，MAGEAU G A，et al，2003. Les Passions de L'âme[J]. Journal of Personality & Social Psychology，85.

VAN PRAAG C M，CRAMER J S，2001. The Roots of Entrepreneurship and Labour Demand：Individual Ability and Low Risk Aversion[J]. Economica.

VOGEL P，2013. The Employment Outlook for Youth：Building Entrepreneurial Ecosystems as a Way Forward[J]. Social Science Electronic Publishing.

WESTBROOK R A，REILLY M D，1983. Value-Percept Disparity：An Alternative to the Disconfirmation of Expectations Theory of Consumer Satisfaction[J]. Advanccs in Consumer Research，10(4)：256-261.

阿萨埃尔，2000. 消费者行为和营销策略[M]. 北京：机械工业出版社.

白芙蓉，张金锁，张茹亚，2002. 员工满意度与顾客满意度[J]. 企业研究，(3)：55-56.

蔡莉，单标安，2013. 中国情境下的创业研究：回顾与展望[J]. 管理世界，(12)：160-169.

蔡莉，赵镝，朱秀梅，2005. 女性创业特性研究[J]. 科学与科学技术管理，26(9)：43-47.

曹兴，汤勇，2012. 大学技术创业意向影响因素模型及实证研究[J]. 系统工程，(11)：68-76.

陈劲，童亮，周永庆，2004. 复杂性创新的机理和管理模式[J]. 中国创新管理前沿.

陈美君，2009. 主动性人格与大学生创业意向的关系研究[D]. 广州：暨南大学.

陈兴琳，1999. 高科技企业创业者“高”在何处：高科技企业创业者的八种基本素质[J]. 中国人力资源开发，(12)：25-26.

陈亚惠，2018. 基于生命周期的大学生创业能力提升[J]. 教育与职业，920(16)：56-58.

陈震红，董俊武，2007. 中国创业者的风险感知与创业决策：以武汉“中国光谷”的创业者为例[J]. 当代财经，(9)：10-16.

成都市妇女联合会，2018. 探索新路径 培育新动能 推动女性创新创业高质量发展：女性创新创业问题研究与思考[J]. 中国经贸导刊，(30)：52-53.

池仁勇，2002. 美日创业环境比较研究[J]. 外国经济与管理，24(9)：13-19，封三.

达夫特，2003. 组织理论与设计精要[M]. 北京：机械工业出版社.

丁栋虹，张翔，2016. 风险倾向对个体创业意愿的影响研究[J]. 管理学报，13(2)：229-238.

董元梅，2010. 大学生创业政策研究[D]. 合肥：安徽大学.

段利民，杜跃平，2012. 创业环境对大学生创业意愿的影响：兼对 GEM 模型的再检验[J]. 技术经济，(10)：66-72+99.

范巍，王重鸣，2006. 创业意向维度结构的验证性因素分析[J]. 人类工效学，12(1)：14-16.

方凯，王厚俊，2012. 基于因子分析的农村公共品农民满意度评价研究：以湖北省农户调查数据为例[J]. 农业技术经济，(6)：30-36.

方卓，张秀娥，2016. 创业激情有助于提升大学生创业意愿吗？：基于六省大学生问卷调查的研究[J]. 外国经济与管理，(7)：41-56.

江树革，费多丽，2016. 国际视野和大众创业时代的中国女性创业[N]. 中国妇女报，2016-03-01.

高静，贺昌政，刘娇，2014. 基于 SEM 模型的大学生创业倾向影响因素研究：来自重庆的实证数据[J]. 教育发展研究，34(1)：57-62.

高琴，尹宗成，2014. 安徽省农民工返乡创业经济支持满意度及其影响因素分析[J]. 蚌埠学院学报，3(1)：94-99.

郭本禹，姜飞月，2003. 职业自我效能理论及其应用[J]. 东北师大学报(哲学社会科学版)，(5)：126-133.

郭晓丹，2009. 基于 GEM 模型框架的辽宁省创业环境解析与评价[J]. 财经问题研究，(11)：24-31.

郭小艳，王振宏，2007. 积极情绪的概念、功能与意义[J]. 心理科学进展，15(5)：

810-815.
何蒙，2017. 与成功跨界女性面对面交流[N]. 中国妇女报，2017-10-11.
贺丹，2006. 大学生创业倾向的影响因素分析[D]. 杭州：浙江大学.
侯淼，2017. “双创”背景下中国妇女创业的机遇与挑战研究[D]. 武汉：武汉大学.
黄翠，2016. “创客”的发展现状与趋势[J]. 新材料产业，(1)：54-56.
吉文昌，2015. 教育满意度测评方法与原则[J]. 教育研究，36(2)：82-85.
科特勒，梅汝和，梅清豪，等，1997. 营销管理：分析、计划、执行和控制[M]. 上海：上海人民出版社.
李成文，2005. 企业员工满意度测评方法及实证研究[J]. 四川大学学报(哲学社会科学版) (5)：34-37.
李福英，2006. 女性企业家领导风格：引领 21 世纪领导风格的主流模式[J]. 长沙大学学报，20(6)：34-36.
李敏，董正英，2014. 风险认知因素对创业意愿的影响研究：感知风险的中介效应与规则聚焦的调节效应[J]. 管理工程学报，28(3)：26-32.
李雪灵，王利军，姚一玮，2010. 城市创业制度环境满意度的评价研究：以长春市为例[J]. 城市发展研究，(10)：131-134+138.
李燕萍，陈武，2017. 中国众创空间研究现状与展望[J]. 中国科技论坛，(5)： 12-18，56.
李永强，白璇，毛雨，等，2008. 基于 TPB 模型的学生创业意愿影响因素分析[J]. 中国软科学，(5)：122-128.
厉校麟，2013. 女性创业动机变迁与当代女性创业动机和创业态度的研究[D]. 杭州：浙江理工大学.
林志文，2015. 广州将构建女性创业就业服务体系[N]. 中国妇女报，2015-08-11.
刘磊，朱红根，康兰媛，2014. 创业农户对政策支持环境认同度分析：基于年龄差异的响应[J]. 广东农业科学 (21)：232-236.
刘亮，吴笙，2017. 众创空间集群与区域产业结构转型升级[J]. 科研管理，38(8)：20-26.
刘炜，2017. 海南省侨资企业创业制度环境满意度评价研究[D]. 海口：海南大学.
刘芸，2004. 如何实现员工满意与企业绩效的“双赢”[J]. 经济师，(11)： 163-164.
刘志迎，武琳，2018.众创空间：理论溯源与研究视角[J]. 科学学研究，36(3： 569-576.

芦亚柯，2017. 我国众创空间的运行模式、制度环境及制度创新策略[J]. 商业经济研究 (4)：121-123.

陆艳，2006. 女性管理者的个性特征及其对管理风格的影响[J]. 广西大学梧州分校学报，(3)：31-33.

马建珍，2004. 打造高效政府优化创业环境：南京地方服务型政府建设的实践与思考[J]. 南京社会科学，(Z2)：366-370.

穆胜，2015. 未来是创客平台的天下[J]. 中外管理，(1)：36-40.

南东周，2017. 高校理工类大学生创新能力培育研究[D]. 济南：山东大学.

齐昕，刘家树，2011. 大学生创业意愿影响因素研究：模型与实证[J]. 科技进步与对策，28(16：151-155.

钱永红，2007. 创业意向影响因素研究[J]. 浙江大学学报(人文社会科学版)，(4)：144-152.

沈婉华，2012. 基于结构方程模型的女性企业家优势素质成因研究[D]. 镇江：江苏科技大学.

史明纯，2016. 上海市众创空间的发展现状与模式探究[D]. 上海：华东师范大学.

宋述强，钟晓流，焦丽珍，等，2016. 创客教育及其空间生态建设[J]. 现代教育技术，26(1)：13-20.

宋妍妍，2018. 推动女性创业+社区治理[N]. 成都日报，2018-11-20

孙琪，2011. 大连市海外归国学子创业环境研究[D]. 大连：东北财经大学.

覃晟，2003. 女企业家的自我限制心理研究[D]. 武汉：武汉大学.

王华锋，李生校，2009. 女性创业中的性别歧视及其对策研究[J]. 企业经济，(8)：74-76.

王金丽，2017. 创业环境对回国留学人员满意度的影响研究[D]. 海口：海南大学.

王晓鹏，2014. 创业谈：机遇留给有准备的人[J]. 中国战略新兴产业，(12)： 47.

王语，2014. 我国女性创业者的企业创业特征综述[J]. 商场现代化，(17)： 196-197.

王校培，2009. 福建省留学生创业的制度环境满意度评价研究[D]. 厦门： 厦门大学.

王颖，2010. 女性企业家的创业动机研究[D]. 西安：西安理工大学.

王佑镁，叶爱敏，2015. 从创客空间到众创空间：基于创新 2.0 的功能模型与服务路径[J]. 电化教育研究，36(11)：5-12.

温忠麟，叶宝娟，2014. 中介效应分析：方法和模型发展[J]. 心理科学进展，(5)：731-745.

吴启运，张红，2008. 创业环境对大学生创业倾向影响的调查研究[J]. 黑龙江高教研究，(11)：129-131.

夏小荣，张丹，2018. “品质西安”在南山环线西安段生态环境治理中的应用初探[J]. 技术与创新管理，(5)：625-628.

项国鹏，宁鹏，罗兴武，2016. 创业生态系统研究述评及动态模型构建[J]. 科学学与科学技术管理，37(2)：79-87.

解春艳，2013. 创业环境对农民创业意愿的影响研究[D]. 南昌：江西农业大学.

谢科范，郭伟，2009. 创业团队成员风险感知机理与计量方法[J]. 统计与决策，(14)：56-57.

谢雅萍，陈小燕，2014. 创业激情研究现状探析与未来展望[J]. 外国经济与管理，36(5)：3-11.

解蕴慧，张一弛，高萌萌，2013. 谁会成为创业者?：主动性人格及社会资本对创业意愿的影响[J]. 南京大学学报(哲学社会科学)，50(2)：148-156.

邢蕊，王国红，周建林，2015. 基于 GEM 模型的区域创业合成能力评价研究[J]. 中国管理科学，(S1)：718-725.

徐晋，2017. 浙江省农民工返乡创业环境的满意度调查分析[J]. 农村经济与科技，28(6)：172+179.

杨敏，张亚芳，2015.“海归”人才创业企业成长现状及对策研究：基于常州市的调查[J]. 产业与科技论坛 (2)：104-106.

杨田，2015. 创业效能感与创业意愿的关系研究[D]. 南京：南京财经大学.

姚改改，2017. 浙江女性创业为何能领跑全国？[N]. 中国妇女报， 2017-02-15.

叶依广，刘志忠，2004. 创业环境的内涵与评价指标体系探讨[J]. 南京社会科学，(Z2)：228-232.

叶映华，2009. 大学生创业意向影响因素研究[J]. 教育研究，(4)：73-77.

占小军，2013. 员工工作态度、情绪劳动与顾客满意度的实证研究[J]. 江西社会科学，(9)：193-197.

张程，2015. 设立女性创业引导基金[N]. 深圳特区报，2015-06-01.

张玲斌，董正英，2014. 创业生态系统内的种间协同效应研究[J]. 生态经济，(5)：105-107.

张苏，樊勇，2014. 税收政策与大学生创业意愿[J]. 税务研究，(8)：40-45.

张玉利，白峰，2017. 基于耗散理论的众创空间演进与优化研究[J]. 科学学与科学技术管理，(1)：22-29.

张玉利，陈立新，2004. 中小企业创业的核心要素与创业环境分析[J]. 经济界，(3)：31-36.

张再生，李萌，2014. 天津市创业型留学归国人员满意度分析及对策[J]. 天津师范大学学报(社科版) (4)：67-71.

赵静，李傲，赵正，等，2014. 集体林权制度改革满意度评价研究：基于利益相关者视角[J]. 经济与管理研究，(3)：18-27.

赵学清，王仕军，2004. 制度创新与创业环境优化[J]. 南京社会科学，(Z2)：296-301.

赵逸靖，千庆兰，2017. 广州市众创空间现状特征及其满意度评价[J]. 科技管理研究，37(22)：93-98.

周海英，2016. 众创空间创业生态系统的构建[J]. 科技视界，(25)：78-79.

周丽，2006. GEM 框架下珠三角欠发达城市创业环境研究：以广东省肇庆市为例[J]. 特区经济，(11)：67-69.

周勇，凤启龙，陈迪，2014. 创业环境对大学生自主创业动机的影响研究：基于江、浙、沪高校的调研[J]. 教育发展研究，34(17)：33-37.

朱红根，翁贞林，陈昭玖，2011. 政策支持对农民工返乡创业影响的实证分析：基于江西调查数据[J]. 江西农业大学学报·社会科学版：19-27.

朱慧，2011. 女性领导的特质及其对管理风格的影响[J]. 经营管理者，(2)：190.

朱丽，2015. 创客是新一轮工业革命的先声[J]. 中外管理，(1)：51.

后　记

创新是引领发展的第一动力，是建设现代化经济体系的战略支撑。近年来，大众创业、万众创新持续向更大范围、更高层次和更深程度推进，创新创业与经济社会发展深度融合，对推动新旧动能转换和经济结构升级、扩大就业和改善民生、实现机会公平和社会纵向流动发挥了重要作用，为促进经济增长提供了有力支撑。当前，我国经济已由高速增长阶段转向高质量发展阶段，一个以国内循环为主、国际国内互促的双循环发展的新格局正在形成，对推动大众创业、万众创新提出了新的更高要求。推动创新创业高质量发展，有利于进一步增强创业带动就业能力，有利于提升科技创新和产业发展活力，有利于创造优质供给和扩大有效需求，对增强经济发展内生动力、实现高质量发展和加快形成发展新格局具有重要意义。

习近平总书记多次强调指出，要营造有利于创新创业创造的良好发展环境。要向改革开放要动力，最大限度释放全社会创新创业创造动能，不断增强我国在世界大变局中的影响力、竞争力。要坚持“两个毫不动摇”，落实鼓励引导支持民营经济发展的各项政策措施，为各类所有制企业营造公平、透明、法治的发展环境，营造有利于企业家健康成长的良好氛围，帮助民营企业实现创新发展，在市场竞争中打造一支有开拓精神、前瞻眼光、国际视野的企业家队伍。

随着大众创业、万众创新蓬勃发展，陕西省的创新创业环境持续改善，创新创业主体日益多元，各类支撑平台不断丰富，创新创业社会氛围更加浓厚，创新创业理念日益深入人心，取得了显著成效。但同时，还存在创新创业生态不够完善、科技成果转化机制尚不健全、大中小企业融通发展还不充分、创新创业国际合作不够深入以及部分政策落实不到位等问题，制约着陕西省创新创业高质量发展。

近年来，西安电子科技大学经济与管理学院创新创业管理研究所的研究团队持续关注和研究陕西的创新创业环境评价和优化对策，先后承担完成了一批省部级创新创业研究方面的课题，出版和公开发表了一批学术研究成果和智库研究报告，受到同行研究者的关注和好评。本书是我们承担完成的陕西省软科学研究课题和开发区委托研究课题的研究成果。希望出版此著作，能够进一步开展相关学术研究交流，活跃创新创业研究领域，为创新创业者表达诉求，促进陕西创新创业环境的不断优化，进一步激发创新创业的动力和活力，为陕西在新时代追赶超越贡献力量。

本书的研究思路和撰写提纲由杜跃平教授、王林雪教授和段利民副教授共同设计提出，研究团队成员共同讨论确定，研究课题和本书的修改定稿由杜跃平、王林雪、段利民负责完成。参加合作完成课题和著作的成员有：杜跃平、王林雪、段利民、张霞、李晟昊、马露泽、王彦红、王峥、李大玉、王超、王欢欢。

在课题和著作研究过程中，我们大量学习参考和吸收了相关研究成果，未能全部列出，在此表示衷心感谢。特别感谢陕西省科技厅软科学基金、相关开发区和西安电子科技大学工商管理学科建设基金的经费支持。还要感谢西安电子科技大学出版社编辑的辛勤劳动付出。由于研究者的水平限制，本书定会存在许多不足和遗憾，恳请读者批评指正。我们将继续关注和研究创新创业管理问题，努力为创新创业研究及政策咨询提供更好的研究成果和决策参考。